異形の労働組合指導者「松崎明」の〝死〟とその後

〜「ＪＲ東日本革マル問題」の現状〜

宗形　明

高木書房

はじめに

昨、二〇一〇年十二月、拙著（二〇〇九年四月刊）で〝異形の労働組合指導者〟と名付けた松崎明氏（以下、「松崎明」又は「松崎」と敬称略）死去の報に接し、一瞬茫然、同氏との過去の様々な関わりを想起しつつ「ひとつの時代の終焉」を痛感、また突然的に唯一、最大の主役を失った「JR東日本革マル問題」の今後の変動を思い、深い感慨にとらわれた。

私は『もう一つの「未完の国鉄改革」』（二〇〇二年六月刊）以降、『異形の労働組合指導者「松崎明」の誤算と蹉跌』（二〇〇九年四月刊）まで、ほぼ年に一冊のペースで計六冊の著書を世に問うたが、そのすべてが同一のテーマ――「JR東日本革マル問題」の恐るべき実態の詳細な報告と、これを放置することへの危惧、批判、警告など――である。

そして、第二冊目である『続　もう一つの「未完の国鉄改革」』では、「松崎は、昔も今も革マル（だ）」と断定した上で、更に「わが国旅客鉄道輸送の基幹的重要企業、JR東日本の最大労組である『東労組』、この五万人を超す巨大労組が、たかだか数百人のJR革マル派（＝JR産別革マル）の完全支配下にあることは厳然たる事実であります。この〝断言〟がもし間違っていたら、私はどのような責任でも取る覚悟です」とまで述べた。

また、『異形の労働組合指導者「松崎明」の誤算と蹉跌』の中では、「松崎明」と革マル派中央との関係について、**【「松崎明」は、黒田死後の党中央を完全に抑えきった】**という〝宗形仮説〟を提示した。そしてそのエッセンスを、私は次のように述べた。

> おそらく、松崎にとって黒田議長退任から「黒田・死亡」を経て『松崎明　秘録』の刊行に至るまでの日々は、〝党中央を抑え、納得させるため、知恵と努力を傾けた日々〟

だったのではないか。そして、華麗なキャリアと豊富な軍資金を持つ松崎はこれに成功した。

　こう考えなければ、（黒田個人及び黒田指導の「革マル派路線」を揶揄、かつ痛烈に批判してやまない）『松崎明秘録』に対する「党革マル派の異常な沈黙」は説明がつかないのではなかろうか。で、私の推理が当たっているとすれば、その〝沈黙〟の代償はなんらかの方法による「活動資金」の継続的提供であろう。

　党中央は、「花」（JR革マル派）を捨て（諦めて）、「実」（活動資金）を取る（＝『松崎明秘録』刊行への明示または黙示の了承）。松崎は、そもそもの始まりから革マル派とは相容れない「松崎派（組）」であったのだということを〝公知〟のものとした上で、〝大左翼構想〟の中核としての地位を目指す。

　ざっとこんなところだろう、というのが私の〝仮説〟である。


「松崎明」死去の二〇一〇年という年は、今や私のライフワークである「JR東日本革マル問題」にとって画期的な年であった。以下時系列に簡単に記すと次のとおりだ。

＊三月、民主党は「JR連合」の強い反対を押し切って、〝「松崎明」の運転手であり、腹心〟で知られたJR総連政策調査部長の田城郁氏を夏の参院選公認候補の一人に決定

＊四月二十七日、自民党・佐藤勉衆議院議員（元国家公安委員長）が「革マル派によるJR総連及びJR東労組への浸透に関する質問主意書」を衆議院議長に提出

＊五月十一日、「鳩山内閣総理大臣名政府答弁書」は、自民党政権時代と全く同一のスタンスで、「革マル派によるJR総連及びJR東労組への浸透」は〝事実〟であると肯定

＊七月十一日、参議院選挙に民主党公認で出馬したJR総連政策調査部長・田城郁氏（比例代表）当選で、初の「JR革マル派（＝松崎組）国会議員」が誕生

＊八月三日、自民党の平沢勝栄議員が衆院予算委員会で、①民主党が七月の参院選比例代表で、政府が革マル派が浸透していると見ているJR総連の組織内候補を公認し、当選させた　②枝野幸男幹事長が平成八年衆院選で、JR東労組幹部で革マル派幹部と目されている人物と「推薦に関する覚書」を交わした——ことなどを批判

＊　十月一日、自民党佐藤勉衆議院議員が再度「革マル派によるＪＲ総連及びＪＲ東労組への浸透に関する質問主意書」を国会提出

＊　十月十二日、菅民主党政権は、上記「佐藤勉議員提出・第二次質問主意書」に関わる内閣総理大臣名「政府答弁書」を閣議決定し、公表

＊　十一月八日、自民党平沢勝栄議員は、佐藤勉議員の第二次「革マル派によるＪＲ総連及びＪＲ東労組への浸透に関する質問主意書」とそれに対する「政府答弁書」に関し、衆議院予算委員会の場で、政府の見解を質すと共に、国民への説明や調査など適切な対処方を要求

詳しくは第一章で説明するが、ＪＲ総連政策調査部長・田城郁氏の参院選出馬にゴーサインを出したのは「松崎明」である。これを私は、晩年に至りしばしば判断ミスを繰り返した彼の「最後の、そして致命的なミス」だと考えている。何故ならば、「田城郁氏の参院選出馬」なかりせば、自民党・佐藤勉衆議院議員提出「革マル派によるＪＲ総連及びＪＲ東労組への浸透に関する質問主意書」に始まる上記「時系列事項」は、どれも起こり得なかった可能性大であるからだ。「松崎明」は先行きに不安を抱いて去ったと思う。

佐藤勉衆議院議員（元国家公安委員長）の選挙区は栃木県で、田城郁氏も同比例区からの出馬である。国家公安委員長経験者として、「ＪＲ東日本革マル問題」の表裏を熟知している佐藤勉議員にとって、自分の選挙区からの「ＪＲ革マル派（＝松崎組）国会議員」誕生の動きなど、「安易に看過できない」事柄であったであろう、と想像するに難くない。

ともあれ、「松崎明」最後のミスに関しては、私は大いに歓迎、評価する。「ＪＲ東日本革マル問題」の風化と世間の無関心こそ、私が最も心配、危惧するところであったからだ。因果応報、図らずも「松崎明」は、最後の判断ミスによって、〝未解決〟の「ＪＲ東日本革マル問題」をこれ以上ない形で公的に顕在化させ、そしてこの世を去った。

敢えて繰り返すが、「ＪＲ東日本革マル問題」は、〝未解決〟である。そして、私が「仮説」で提示したように、ＪＲ総連・ＪＲ東労組を完全支配している「ＪＲ革マル派（＝松崎組）」から党革マル派への「活動資金流通のしくみ」は、異形の労働組合指導者「松崎明」が巧妙に創り上げたまま、そっくり残っている。

「松崎明」一人の力量で今日まで持ち堪えていたJR総連、JR東労組。言い換えれば、「松崎明」あってこそのJR総連、JR東労組において必至の「今後の変動」と、これに対するJR東日本経営陣の「適応能力」と「対応姿勢」を、公安警察はもちろん、マスコミ、労働など各界の識者が大きな関心を持って凝視している。〈二〇一一年五月〉

目　次

第三章　「松崎明」と〝松崎組〟が「党・革マル派と〝絶縁した〟」と称する時期の徹底検証　107

第一章　ＪＲ革マル派（＝松崎組）国会議員を誕生させ、〝重荷〟を背負い込んだ民主党政権

菅民主党政権が参議院議員選挙で大敗した結果、波乱が予想される中で開かれた昨年八月三日の衆議院予算委員会の場で、自民党の平沢勝栄議員が「ＪＲ総連及びＪＲ東労組への革マル派浸透問題」に関連する衝撃的な質問を行った。そしてこの質問こそ、国鉄で労働組合策関係業務一筋で過ごした私がライフワークとしてここ二十年の余、懸命に追求し続けてきた「ＪＲ東日本革マル問題」の根幹に触れるものであり、私がその日の到来を切望してきたものであった。

「遂に来るべきものが来た…」と私は国会中継テレビの画面を注視し、深い感慨にとらわれていたが、この場面の到来に至る伏線として、実は、それ以前数ヵ月の間にさまざまな重要な事件、問題が発生していたのだ。以下に、時系列的にそれらを紹介していくことにする。

「革マル派によるＪＲ総連及びＪＲ東労組への浸透に関する質問主意書」に対する二〇一〇年五月十一日付「鳩山内閣総理大臣名答弁書」（内閣衆質一七四第四三〇号）

自民党の佐藤勉衆議院議員（元国家公安委員長）は昨年四月二十七日、次の内容の「革マル派によるＪＲ総連及びＪＲ東労組への浸透に関する質問主意書」を衆議院議長に提出した。

> 平成二十二年四月二十七日提出
> 質問第四三〇号
> **革マル派によるＪＲ総連及びＪＲ東労組への浸透に関する質問主意書**
>
> 提出者　佐藤　勉
>
> 警察庁は、本年二月、広報誌『焦点 第二七八号 平成二

十一年の警備情勢を顧みて～回顧と展望～』を発行し、「現在の社会経済情勢を好機ととらえ、労働運動等への介入を強めた過激派」の動向に警鐘を鳴らしている。

とりわけ、革マル派に関しては、「非正規労働者等の組織化に取り組むなど、労働運動に介入」しており、「革マル派が相当浸透しているとみられるＪＲ総連及びＪＲ東労組は、組合員を大量動員し、ＪＲ東労組の組合員らによる組合脱退及び退職強要事件に対する支援行動に取り組みました。平成二十一年六月五日、一審有罪判決に対する被告人の控訴は棄却されましたが、これらの組合は、それ以降も『不当判決』などと訴える集会に取り組み、組織の引き締めを図りました」としている。警察庁は、革マル派の労働組合に対する介入工作、とりわけＪＲ総連への浸透について、平成十一年以降の『焦点』において、繰り返し指摘しているところである。

政府においては、ＪＲという公共交通機関の労働組合に過激派・革マル派が浸透している事態を看過することなく、国の治安維持のために取り組みを強化すべきであると考える。

以上の認識に立ち、以下質問する。

1　平成十一年版警察庁出版の広報誌『焦点』という冊子に、革マル派は、「平和で自由な民主主義社会を暴力で破壊、転覆しようと企てている反社会的な集団であり、治安を脅かす要因となっている」と記されている。革マル派の社会的な危険性と、ＪＲ総連・ＪＲ東労組をはじめとするＪＲの労働組合への浸透と影響力行使の実態、および、その目的について具体的に明らかにされたい。

2　ＪＲ総連・ＪＲ東労組には、現在も革マル派が相当浸透し、同派幹部が多数存在しているとみてよいか。また、ＪＲ東労組の元委員長や会長を歴任した松嵜明氏は、現在も革マル派最高幹部であるとみてよいか。

3　革マル派については、平成十八年十二月十九日の伴野豊議員の質問主意書に対する政府の答弁書（内閣衆質一六五第二二八号）によれば「全日本鉄道労働組合総連合会及びＪＲ東労組という公共交通機関の労働組合における革マル派の動向について、公共の安全と秩序の維持の観点から重大な関心を払うこととしている」と回答しているが、今後想定される革マル派の活動及び危険性についての警察の認識を明らかにされたい。

4　警察庁出版の、平成二十一年の『警備情勢を顧みて』によれば、「革マル派が相当浸透しているとみられるＪＲ総連及びＪＲ東労組」と書かれているが、その見解は今でも変わらないか。

5　警視庁が平成二十年三月十八日に東京地方検察庁に送致した、ＪＲ総連の関連団体である日本鉄道福祉事業協会の元理事長にかかわる業務上横領被疑事件の内容を明らかにされたい。

また、前述の業務上横領被疑事件に関し平成十九年二月に警察が行った捜索や差し押さえに関して、前記松嵜明氏らは東京都と国を被告として賠償等請求訴訟を提起しているのか。また当該事件にかかわる捜索及び差し押さえの実態を具体的に明らかにされたい。

6　革マル派組織が将来的に国政の場への浸透を企図する動きや懸念はあるのか、見解を明らかにされたい。

この佐藤勉・自民党議員の「質問主意書」に対して、五月十一日、次の内容で「鳩山内閣総理大臣名による答弁書」が出された。当然のことだがこれは「閣議決定」を経ており、鳩山内閣の全閣僚が承認・署名しているものである。

内閣衆質一七四第四三〇号
平成二十二年五月十一日

内閣総理大臣　鳩山　由紀夫

衆議院議員佐藤勉君提出革マル派によるＪＲ総連及びＪＲ東労組への浸透に関する質問に対する答弁書

1から4まで及び6について

日本革命的共産主義者同盟革命的マルクス主義派（以下「革マル派」という。）は、共産主義革命を起こすことを究極の目的としている極左暴力集団であり、これまでにも、火炎びんの使用等の処罰に関する法律（昭和四十七年法律第十七号）違反事件や対立するセクトとの間での殺人事件等、多数の刑事事件を引き起こしている。革マル派は、将来の共産主義革命に備えるため、その組織拡大に重点を置き、周囲に警戒心を抱かせないよう党派性を隠して基幹産業の労働組合等各界各層への浸透を図っており、全日本鉄道労働組合総連合会（以下「ＪＲ総連」という。）及び

> 東日本旅客鉄道労働組合内には、影響力を行使し得る立場に革マル派活動家が相当浸透していると認識している。今後も、革マル派は、組織拡大に重点を置き、党派性を隠して基幹産業の労働組合等各界各層への浸透を図っていくものと見られる。
>
> なお、2の後段のお尋ねについては、今後の警察活動に支障を及ぼすおそれがあることから、答弁は差し控えたい。
>
> 5について
>
> お尋ねの件については、財団法人日本鉄道福祉事業協会の元理事長が、同協会のため業務上預かり保管中の金員を、自己の用途に充てる目的で横領した嫌疑で、警視庁が、平成十九年二月十五日及び同月十九日に、関係箇所に対する捜索を実施し、証拠物を差し押さえたものと承知している。
>
> また、この警視庁が行った捜索及び差押えについて、JR総連等が、東京都及び国を被告とする国家賠償請求訴訟を提起しているものと承知している。

ここで重要なことは、私の既刊本で繰り返し述べてきたように、歴代自民党政権が国会の場で警察庁警備局長答弁や法務大臣答弁を通じ一貫して認め続けてきた「JR東日本革マル問題」に関する事柄と問題点のすべてを、民主党鳩山政権も完全に踏襲した形で認めたことである。そして【「松崎明」が現在も革マル派最高幹部であるか否か】についてのみ、政府は「今後の警察活動に支障を及ぼすおそれがあることから、答弁は差し控えたい」としているが、これはこの種類の事柄に対する警察関係者の常套的答弁表現で〝暗に認めた〟ということである。要するに「そのとおり（＝「松嵜明氏は、現在も革マル派最高幹部である」とみている）だが、問題の性質上、はっきり言っちゃまずいので、意のあるところをお察し下さい」ということだろうと思う。

なお、佐藤勉衆議院議員（元国家公安委員長）の「革マル派によるJR総連及びJR東労組への浸透に関する質問主意書」（2010．4．27）の第六項に「革マル派組織が将来的に国政の場への浸透を企図する動きや懸念はあるのか、見解を明らかにされたい」とあるのは、民主党による〝田城郁氏公認時期〟と併せて、私が「はじめに」の中で指摘した「『田城郁氏の参院選出馬』なかりせば、……」と述べたことを裏付けるものであることが、お判りいただけるだろうと思う。

「鳩山内閣総理大臣名答弁書」（２０１０．５．１１）の衝撃と「ＪＲ連合」と「ＪＲ総連及びＪＲ東労組」との間の公開質問バトル

（１）民主党本部選挙対策委員長に宛てたＪＲ総連委員長名の「要請書」

ＪＲ総連及びＪＲ東労組はこれまで、いわゆる「ＪＲ東日本革マル問題」について、〝国家権力とその手先による「事実無根」のでっち上げ〟、〝国鉄改革に反対する勢力の誹謗中傷〟、〝反戦平和を志向するＪＲ総連・東労組運動を心良しとしない官憲の国家的弾圧〟などと強弁して恥じなかった。

しかし、現在は「政権交代」による民主党政権である。〝国家権力〟は、ＪＲ総連・東労組が頼り、支援する民主党の手中にある。ということは、ＪＲ総連・ＪＲ東労組の「強弁」が正しいならば、同労組は、自民党政権に引き続き、自らが支持・支援する民主党政権からも相変わらず「国家的弾圧」を受けているという奇妙なことになる。

自民党・佐藤勉衆議院議員提出の「革マル派によるＪＲ総連及びＪＲ東労組への浸透に関する質問主意書」に対する二〇一〇年五月十一日付「鳩山内閣総理大臣名答弁書」（内閣衆質一七四第四三〇号）は、折から同時進行中の田城郁《かおる》・ＪＲ総連政策調査部長の参議院選挙出馬と民主党の公認問題とも絡んで、関係各界へ衝撃を与え、大きな波紋が広がった。

ＪＲ総連は、五月二十日、民主党石井一選挙対策委員長（当時）宛に、「『政治活動への妨害』に対する要請書」を提出した。内容は、自民党の佐藤勉衆議院議員提出の「革マル派によるＪＲ総連及びＪＲ東労組への浸透に関する質問主意書」への政府答弁書を利用した「誹謗・中傷」に対して「適切な指導」を求めるというものだ。

要請書の内容は以下のとおりである。

ＪＲ総連発第四号
二〇一〇年五月二十日

民主党本部
選挙対策委員長　石井　一　様

全日本鉄道労働組合総連合会（ＪＲ総連）
執行委員長　武井　政治

「政治活動への妨害」に対する要請書

貴党の益々のご活躍に敬意を表するとともに、日頃よりご指導をいただき、心より感謝申し上げます。

さて、私たちＪＲ総連の組合員である「たしろかおる」は、去る三月三日に民主党参議院比例代表予定候補者として公認をいただき、民主党の支持者拡大と自らの知名度をあげるべく、民主党ならびに本人の政策を全国各地で精力的に訴えるなど、日夜奮闘しています。

その真っ只中において、「政治活動への妨害」を意図した動向が発生しています。

四月二七日、自民党の佐藤勉衆議院議員から『革マル派によるＪＲ総連及びＪＲ東労組への浸透に関する質問主意書』が提出されました。これに対して政府は、五月十一日の閣議で自民党政権時代の見解を踏襲した『答弁書』を決定しました。さらに、この『答弁書』を利用した誹謗・中傷がおこなわれています。

これらの妨害行為は、ＪＲ総連や「たしろかおる」のみならず、「たしろかおる」を公認した民主党へも向けられているものと断ぜざるを得ません。

したがって、ＪＲ総連は、遺憾の意を表するとともに、かかる状況に鑑み、適切なご指導をお願い申し上げます。

記

1．五月十一日に閣議決定された『答弁書』では、「（中略）全日本鉄道労働組合総連合会（以下「ＪＲ総連」という。）及び東日本旅客鉄道労働組合内には、影響力を行使し得る立場に革マル派活動家が相当浸透していると認識している。」としていますが、これは事実無根であり、ＪＲ総連およびＪＲ東労組を誹謗・中傷するものです。

2．佐藤勉衆議院議員の『質問主意書』は、明らかに参議院議員選挙を意識した内容であると思われます。特に、佐藤勉議員の選挙区は、参議院議員選挙において激戦が予測されている栃木県です。「たしろかおる」が民主党参議院比例区第七十八総支部長として、栃木県宇都宮市に事務所を開設したことが関係しているものと思われます。

3．『答弁書』は、労働組合への弾圧を意図した自民党政権時代の見解を踏襲した内容であり、起死回生を策す自民党や佐藤勉議員による「民主党の政治活動への妨害行為」を助長するものと言わざるを得ません。

4．ＪＲ総連は、組織内予定候補者としての「たしろかおる」の躍進を期すると同時に、民主党の支持者拡大をはかるべく、組織の総力をあげて奮闘している真っ只中にあります。したがって、『答弁書』での誹謗・中傷は、奮闘している組合員の神経を逆撫でするものです。

5．また、このたびの事態に際して、同じ連合に加盟し、民主党を支持するＪＲ連合は、組織の広報紙である『民主化闘争情報』において、『答弁書』を利用し、ＪＲ総連への誹謗・中傷をおこなっています。その行為は、ＪＲ総連や「たしろかおる」のみならず、「たしろかおる」を公認した民主党へも向けられた「政治活動への妨害」です。

6．したがって、「たしろかおる」およびＪＲ総連の「政治活動への妨害行為」が発生することがないよう、各方面への適切なご指導と特段の処置を要請します。

以　上

民主党政権の閣議決定を経た《『答弁書』での誹謗・中傷》など、噴飯物のＪＲ総連発「要請書」に対し、民主党本部選対がどう答えたのか、あるいは答えなかったのか、全く聞こえてこない。

それにしても上掲要請書中の【２０１０．５．１１政府『答弁書』での「ＪＲ総連」及び「ＪＲ東労組」内には、影響力を行使し得る立場に革マル派活動家が相当浸透していると認識している」は全くの誤り、これは「事実無根」であり、「ＪＲ総連およびＪＲ東労組を誹謗・中傷するもの」】とは、よくもヌケヌケと言ったものだと思う。しかし、この時点でこの「文書」をＪＲ総連委員長名で世に出したことは、いずれ「松崎明」とＪＲ総連及びＪＲ東労組自らの首を絞めるようなことになるのではないかと思う。

なお、同じナショナルセンター「連合」の中にあって、ＪＲ総連と組織的対立関係にあるＪＲ連合は、「ＪＲ東日本革マル問題」や「浦和電車区事件」を理由に、民主党による「田城　郁」公認に最後まで反対し、譲らなかったという。

参考までに、ＪＲ連合の強い反対を押し切ってＪＲ総連政策調査部長「田城　郁」を公認してくれた民主党選対に宛てたＪＲ総連の礼状を次に紹介しておく。

民主党　選挙対策委員長
石井　一　様

御　礼

春暖の候　ますますご健勝のことと存じます。

過日はご多忙な折り、ＪＲ総連主催「『たしろ　かおる』を国政へ！　総決起集会」に駆けつけていただきご激励を賜りましたことに、心より感謝を申し上げます。

集会当日は多くの来賓の皆さまから「たしろ　かおる」への激励のことばをいただき、またＪＲ総連が組織内候補を擁立して闘う意義、選挙戦へ向けた具体的な心構えなど、組合員に熱く訴えていただきました。

お陰様で、今後の闘いを進める上で、文字通り大きな弾みとなる総決起集会として成功させることが出来ました。

私たちは皆さまよりいただいた温かい激励・ご期待に応えるため、全組合員一丸となって「たしろ　かおる」を国政へ！を合い言葉に、確実な勝利に向けて、残された期間を全力で奮闘する所存です。

今後ともＪＲ総連へ温かいご支援・ご指導を賜りますことを重ねてお願いし、御礼とさせていただきます。

末文ながら、貴下のますますのご活躍をご祈念申し上げます。

二〇一〇年　四月吉日

全日本鉄道労働組合総連合（ＪＲ総連）
執行委員長　武井政治

(2) ＪＲ連合とＪＲ総連との間の文書バトル

上述のＪＲ総連の動きに呼応して、組織対立関係にあるＪＲ連合は、五月二十六日、以下の「公開質問状」をＪＲ総連に送付した。

ＪＲ連合発第四十九号
二〇一〇年五月二十六日

全日本鉄道労働組合総連合会
執行委員長　武井政治　様

日本鉄道労働組合連合会

公開質問状

会長　坪井義範

さる五月十一日、自民党佐藤勉衆議院議員提出の「革マル派によるJR総連及びJR東労組への浸透に関する質問主意書」（内閣衆質一七四第四三〇号）に対し、鳩山内閣が「全日本鉄道労働組合総連合会及び東日本旅客鉄道労働組合内には、影響力を行使し得る立場に革マル派活動家が相当浸透していると認識している」などとする別紙の答弁書を閣議決定した。

歴代の政府は、答弁書や国会質疑において、上記の認識を繰り返し明らかにしてきた。そして、政権交代後、民主党・鳩山内閣として、初めてこの内容を閣議決定し、公式に認めたことになる。

答弁書が指摘する通り、革マル派は「共産主義革命を起こすことを究極の目的としている極左暴力集団」である。

同派の活動家が貴労組及びJR東労組内の影響力を行使し得る立場に相当浸透していることは、わが国の治安の問題としてきわめて由々しきことであり、決して看過することのできない事態であると考える。JR連合は、JR労働者で組織する労働組合の立場から、革マル派のJR労働者への浸透について、深刻な問題意識を持ち、これまでも再三警鐘を鳴らしてきたところである。

今回の答弁書を受け、貴労組は、直ちに革マル派の浸透の実態を解明し、同派の排除に取り組むべきである。そのことこそが、貴労組に求められる社会的な要請であり、組織としての責務でもあると考える。

以上の認識に基づき、貴労組に対し、下記について見解を明らかにするよう求めるので、六月二日までに文書で回答されたい。なお、この質問状及び回答については、公開することを申し添える。

記

1．鳩山内閣が閣議決定した「全日本鉄道労働組合総連合会及び東日本旅客鉄道労働組合内には、影響力を行使し得る立場に革マル派活動家が相当浸透していると認識している」などとする答弁書に対する貴労組の見解を明らかにされたい。また、この答弁の内容を否定するのであれば、その理由を明らかにされたい。

以上

この「公開質問状」に対して、六月一日、JR総連は以下の内容の「返答」を行った（傍線は宗形）。

JR総連発第五号
二〇一〇年六月一日

日本鉄道労働組合連合会
会　長　坪井義範　殿

全日本鉄道労働組合総連合会
執行委員長　武井政治

「JR連合発四十九号」による『公開質問状』に対する返答

これまで貴組織は、私たちJR総連及び加盟単組に対して悪意に満ちた様々なデマキャンペーンによる攻撃を繰り返してきた。　特に角田前会長が警視庁公安二課長と飲食を共にし、国家権力と連携して意図的な組織破壊攻撃をかけてきたことは周知の事実である。　今回の『公開質問状』もその延長上のものであることは明白であり、私たちは「回答」の要を認めない。

貴組織のこのような行為は、自民党佐藤勉衆議院議員の「質問主意書」と同様、現在、民主党及び連合が組織をあげて取り組んでいる参議院議員選挙、特に連合推薦候補である「たしろかおる」の政治活動及び選挙闘争に対する許し難い妨害を意味するものであり、糾弾するものである。

以　上

JR連合は、政府答弁書に対する見解が示されていないJR総連回答は不満であるとして、六月四日、以下の「再公開質問状」をJR総連に送付した（傍線は宗形）。

JR連合発第五十一号
二〇一〇年六月四日

全日本鉄道労働組合総連合会
執行委員長　武井政治　様

日本鉄道労働組合連合会
会　長　坪井義範

再公開質問状

JR連合が送付した公開質問状に対する「返答」（JR総連発第五号）を受領した。　しかし、我々が求めた、鳩山内閣が五月十一日に閣議決定した答弁書（以下「政府答弁書」という）に対する見解が示されておらず、甚だ遺憾である。

貴労組に革マル派が浸透しているというのは、民主党政権の公式見解である。「意図的な組織破壊攻撃」云々という主張は、政府答弁書の内容とはまったく関係のないことであり、貴労組が回答を拒む理由にはならない。

また、わが国の治安に関わるきわめて公益性の高い政府答弁書の内容を広報し、革マル派の浸透を明確に指摘された貴労組にその見解を求めることが、なぜ参議院選挙の妨害になるのかも理解できない。むしろ、社会的な公益性に適う行為であると考える。

ところで貴労組は、ＪＲ連合の公開質問状への回答を拒む一方で、民主党選挙対策委員長に五月二十日付文書『政治活動への妨害』に対する要請書」（ＪＲ総連発第四号）を提出し、政府答弁書の内容に対し「これは事実無根であり、ＪＲ総連およびＪＲ東労組を誹謗・中傷するものです」などと訴えている。そのように考えるならば、民主党政権に対し抗議すべきであり、また、事実無根というならば、社会が納得できる形で実態を徹底調査し結果を説明しなければならないと考える。

以上の認識を踏まえ、あらためて下記について見解を求めるので、誠意をもって対応されたい。

記

1．政府答弁書に対する貴組織の見解を明らかにされたい。

なお、貴組織への革マル派の浸透が事実無根だとするならば、その根拠を明らかにされたい。

2．政府答弁書の内容について、政府に抗議を行う意思はあるのか、貴組織の見解を明らかにされたい。

3．わが国の治安に関わるきわめて公益性の高い政府答弁書の内容を広報し、貴組織の見解を求めることが、なぜ民主党及び連合が取り組む参議院選挙活動の妨害になるのか説明されたい。

4．上記の点について、六月十四日までに文書で回答されたい。なお、本状および回答については公開することを申し添える。

以　上

上記、ＪＲ総連「再公開質問状」は、社会常識的に見て、「道理を尽くした至極まっとうな文書」だと私は思うのだが、不思議なことに、ＪＲ総連は完全沈黙。回答期限の六月十四日に至っても、無回答であったようである。

これは、私に言わせれば「鳩山政権の認識は」は真実、換言すれば〝JR総連・東労組への革マル派の浸透〟などの「JR東日本革マル問題」は今や〝明々白々の事実〟だから、「回答しようにもできない」のだ。

　そして、このような状況の中で、JR連合は八月二十五日、あらためてJR総連に対して以下の公開質問状を送付した（傍線宗形）。

JR連合発第四号
二〇一〇年八月二十五日

全日本鉄道労働組合総連合会
執行委員長　武井政治　様

日本鉄道労働組合連合会
会長　坪井義範

公開質問状

　民主党・鳩山内閣は本年五月十一日に、「全日本鉄道労働組合総連合会及び東日本旅客鉄道労働組合内には、影響力を行使し得る立場に革マル派活動家が相当浸透していると認識している」などとする答弁書（以下「政府答弁書」という）を閣議決定した。　そして本年八月三日には第一七五臨時国会の衆議院予算委員会で中井洽国家公安委員長は「私どもは、JR総連、JR東労組と革マル派の関係については、革マル派が相当浸透していると認識しているのは事実でございます」と答弁し（以下「大臣答弁」という）、今もなお、政府の認識に変わりがないことを改めて明言した。

　これに対して貴組織は、「JR総連通信No．986」で「『革マル派浸透』風評流布・悪罵を許すな！」として、政府見解を真っ向から否定している。　わが国の中心的な基幹産業であり、多数の人命を預かるJRの主要な労働組合に、共産主義革命を目指す過激派・革マル派が、影響力を行使し得る立場に浸透しているという問題は、わが国の治安上の重要問題である。

　そうした問題を広報し、警鐘を鳴らすことが「風評流布」「悪罵」「悪宣伝」「妨害」であるはずはなく、公益に適う行為であることは言うまでもない。　政府見解を一方的に否定する貴組織の主張や姿勢が社会的に許されるはずはない。

　それならば、国民が理解、納得できるよう、少なくとも、第三者による徹底的した真相解明を行うべきである。

　さらに、貴組織の現職、元職の幹部役員ら四十三名が、「JR東労組を良くする会」が「JR革マル派リスト」を作成、配布したことなどに対し二〇〇八年九月二十二日に提訴した民事裁判（以下「リスト裁判」という）において、原告側は、本年六月三十日付の準備書面で「ＪＲ内の組合内にはかつては革マル派の組織が存在した」などとする新たな主張を行った。　原告側は「経緯を含めて必要な限度・最小限の範囲で明らかにしておく」としていることから、記載以上の詳細な実態を把握しているはずである。

かねて革マル派との一切の関係を否定してきた貴組織は、この重大な主張についても、納得のいく説明をすべきである。

ＪＲへの革マル派浸透は、きわめて公益性の高い重要な治安問題であることから、貴組織は、この問題について説明すべき社会的責任がある。　以上の認識を踏まえ、下記の事項について見解を求めるので、誠意をもって回答されたい。

記

1. 政府答弁書、大臣答弁に対する貴組織の見解を明らかにされたい。　なお、貴組織への革マル派の浸透が事実無根だとするならば、その根拠を明らかにされたい。
2. 政府答弁書、大臣答弁の内容について、政府に抗議を行う意思はあるのか、貴組織の見解を明らかにされたい。
3. 「ＪＲ総連通信　Ｎｏ．９８６」にある「まじめな労働組合活動、平和や人権を守る活動を〝良〟としない輩」とは、政府も指しているのか、貴組織の見解を明らかにされたい。
4. 貴組織への革マル派浸透の問題について、公益に照らして、第三者による徹底した真相解明を行うべきと認識するが、そうした考えはないか、見解を明らかにされたい。
5. 「リスト裁判」において、貴組織の現職、元職幹部役員ら四十三名の原告側は、本年六月三十日付の準備書面で「ＪＲ内の組合にはかつては革マル派の組織が存在した」などとする新たな主張を行ったが、この内容に関し、以下の点について見解を明らかにされたい。
(1) 「ＪＲ内の組合内にはかつては革マル派組織が存在した」などとする内容は、貴組織の公式見解と理解してよいか。
(2) 貴組織は、かねてより革マル派との一切の関係を否定してきたが、従来のそうした主張や見解は虚偽であったことを認めるのか。

(3) 貴組織への革マル派浸透の経緯や実態について、貴組織が把握しているすべての内容を詳細に公表すべきと考えるが、どうか。

6. 上記の点について、九月三日までに文書で回答されたい。なお、本状および回答については公開することを申し添える。

以上

そして、回答期日ぎりぎりに、JR連合に届いたJR総連の返書は、次のものだった。

JR総連発第一号
二〇一〇年九月二日

日本鉄道労働組合連合会
会長 坪井義範 殿

全日本鉄道労働組合総連合会
執行委員長 武井政治

『JR連合発第四号』に対する回答

貴労組からの『公開質問状』に対し、答える理由もなければ、義理もないものと判断します。

以上

JR総連及びJR東労組定期大会での関連重要発言抜粋

(文中の傍線は宗形)

① JR総連は、六月六~七日、「ホテルイースト21東京」において、第二十六回定期大会を開催した。民主党による「たしろかおる」氏公認問題などに関連する重要発言が多くあったが、以下に抜粋して紹介しておく。

*【武井委員長挨拶】

参議院議員選挙について、総力を挙げて闘おう。JR総連組織内候補田城郁は全国の職場や地域を回り、組合員と討論し、時には夜更けまで語らい、そして仲間との絆を固めてきた。その実践的格闘を通じてひと回りもふた回りも大きく成長したと確信している。その成長は間違いなく全組合員の声を代弁する気概と、組織を代表する自覚が備わってきたと高く評価できる。

……（中略）……

この間、参議院議員選挙における田城郁の公認や推薦をめぐって妨害をしてきた者達は、ＪＲ総連の組織内候補の勝利とそれを通じた組織の躍進に恐怖している。　したがって、権力と意を同じくして、ＪＲ総連の組織内候補擁立を全力をかけて阻止することに蠢いている。　ただしここで言う権力は、民主党政権ではなく、小沢前幹事長をターゲットにした旧政権等と連携している警察権力を指している。　それゆえに妨害は常軌を逸して暴力的であった。　妨害の尖兵はいつもそうであるようにＪＲ連合である。　最近では自民党の佐藤勉衆議院議員が革マルキャンペーンとして、国会に質問主意書を提出するワンパターンな茶番劇をやった。

そしてまたもやＪＲ連合が、民主化闘争情報や公開質問状など悪さを仕掛けてきている。どんな策を講じようとも我々ＪＲ総連の見解は一貫している。　事実無根であり、相手がどこであろうとも動じることはない。　しかし我々は今、参議院議員選挙闘争の真っ只中にあって、民主党公認候補として、連合推薦候補として民主党の支持者拡大と連合運動の前進のために奮闘している田城郁の政治活動を妨害する行為は断じて認めることはできない。　ＪＲ連合の行為は、明らかに連合推薦候補への選挙妨害であり、いずれ厳しく弾劾する。

……（後略）……

＊【来賓挨拶・山岡賢次民主党副代表】

田城さんは、国会の一歩手前のところに来ている。　私も民主党を代表して皆様の今までの努力に心から敬意を表するとともに、なんとか当選をさせて欲しいとお願いに来た。　いろいろと紆余曲折はあった。　公認になるまでは大変であった。　この道では、新興勢力という大変なのである。　民主的な世の中にも新しく出てくるものは歓迎をしたくないというのが心のどこかにある。　公認についても「大丈夫ですよね」と私は何回も言われたが、「請け負います」と言い続けて今日に至るわけである。

田城さんの当選が出来る基盤は確実にできており、あとは本人や皆様の頑張りに頼るだけである。　率直に言って、色々な妨害が当初からあったし、今でもあるだろうし、これからもあるだろうが、乗り越えなければならない。　また、政治のみならず普段でもいろいろと誹謗中傷がされたが、田城さんを中に送り込んでもらえれば、言われなき誹謗中傷や妨害は無くなっていく。　私どもはえこひいきするつもりは無いが、正しいものは正しいと貫いていくのが我が党であるので、その一員として頑張っていただきたい。

生活者中心、勤労者中心、弱いものが中心、地方中心、言うならば民主主義を守る原点を育てて行くという方向で我々は進んでいる。　田城さんはまさにその担い手であり、皆さんの代表と同時に我々の考え方の担い手でもあるから、どうか皆さんのためはもちろん、日本国民全体のために勝つことが国民のためになるとの信念の下、何としても勝ち抜くよう心からお願いする。　私個人はもちろんであるが、党としても全力を挙げて応援をするので、皆さんの力を今一度発揮していただくことを心からお願いして挨拶とさせていただく。

＊【鎌田書記長総括答弁】

ＪＲ連合は相変わらず私たちの政治活動、選挙闘争の妨害を繰り返している。　これまでも、民主党の公認、連合の推薦を受けるときに「公認をさせない」「推薦をさせない」そのための妨害をさんざんやってきた。　今年の二月に、ＪＲ連合の坪井会長が定期中央委員会で「最後まで反対する」と言っていたので、おそらくは公認、推薦を受けた後は、落選をさせる妨害をやってくると思っていたが、案の定であった。　だから別段びっくりはしていないが、頭にくる。　元国家公安委員長の佐藤議員が国会質問主意書を提出し、その答弁書が五月十一日に出された。　なんと素早いことか、次の十二日にＪＲ連合は民主化闘争情報で早速反応した。　以降今日まで、すでに使い古されたものではあるが、革マルキャンペーンを繰り広げているという状況である。　妨害するきっかけもないので、ここぞとばかりに乗ったということなのか、ひょっとすると、キッカケを作るために用意周到に仕組まれた可能性すらあると私は見ているが、あながちこれは間違いないのではないか。

恐らくこれからも妨害は続く。　もちろん、その担い手はＪＲ連合のみではない。　色々な所から色々な形で恐らくかけられてくるであろう。　非常に怒りを持つわけであるが、その怒りを選挙闘争にぶつけて勝利をもぎ取っていきたい。　それが、妨害者への我々の答えである。

②　ＪＲ東労組は、六月十三〜十五日、「東京ベイ幕張ホール」において、第二十六回定期大会を開催した。

＊【千葉委員長挨拶】

今大会の課題の第一は、田城郁を国政に送る闘いの最終場面における総決起の意思統一をはかることである。

田城郁が国会議員になってもらっては困る部分からの執拗な妨害がこれまでもあったし、今後もかけられてくることは充分予測できる。最近では、自民党の栃木県出身の佐藤勉衆議院議員が相も変わらぬ、「ＪＲ総連・ＪＲ東労組に革マル派が浸透しているか」なる質問主意書を提出し、それに対して自民党時代と同様の答弁書を鳩山内閣が出すという事態があった。その答弁書を産経新聞がとりあげ、その報道を根拠としてＪＲ連合が躍起になって「民主化闘争情報」で騒いでいる。近頃では、ＪＲ総連に公開質問状なるものまで出してくる始末である。私には、あまりにも見え見えの連係プレーにしか見えない。使い古された革マルキャンペーンによって、田城郁を国政に送ることを妨害しようとする行為は断固として粉砕しなければならない。民主党公認・連合推薦候補に対して、連合加盟組合であるＪＲ連合が常軌を逸した選挙妨害を行うこと自体、許されるわけがないし、**そのような妨害に利する答弁書を出した内閣に強く抗議するとともに、そのことを民主党にはしっかり受け止めて頂きたい。**

……（後略）……

＊【田城郁参議院選挙組織内候補・挨拶】

組合員の雇用と労働条件を脅かす問題について、国鉄改革を担った者として国政の場に立ち、ＪＲ総連傘下の各組合、組合員が国鉄改革の成就にむけて努力していることをしっかりと主張したい。また、えん罪ＪＲ浦和電車区事件の解決と、えん罪を生まない取り調べの全面可視化をめざしていく。

＊【来賓挨拶・山岡賢次民主党副代表】

特にお願いを申し上げたいのは、本当に何としても田城さんを今度の選挙で、しかも立派な成績で当選させていただいて、民主党の直接内部にお入りいただき、民主党とＪＲさんの、あるいは国民の皆様との絆を強めていっていただきたいと、こういう思いである。

先程お話しがあったが、内閣に対して質問主意書ということを出せるようになっているが、何であろうことか、栃木四区の佐藤勉という人なのかと、不思議でしょうがない。**政界の中では、**こんな事は言いたくないが事実なので申し上げるが、**最も能力のない人と言われており、質問主意書など出したというのは、これが最初で最後だと思う。**これは、当然ＪＲさんへの攻撃であると同時に、私への攻撃でもある。そんなことは充分覚悟の上で、**この対応について**も内閣に対して強く抗議を申し上げた。**何をやっているんだと**、こういうふうに申し上げたら、何となくボソボソボソボソ答えていたが、その答えによれば、質問主意書というのはある程度機械的に処理をしており、警察がそれに対する担当としての答えをあげているんだと。しかし、内閣できちんと把握をしているんだろうと、こう申し上げたら、最終的には、その扱う大臣、つまり警察を担当している大臣になるわけだが、特に名前は申し上げないが、西の方にいらっしゃる大臣さんであった。**今後こういうことは充分注意するようにと、こういうふうに申し上げておいた。**

そういうことで、私も私なりに、気がつくと対応をしているが、若干遅めのところがあるわけである。**是非とも田城さんを当選をさせていただいて、皆様の直接の窓口として、内部で働いていただきたいと、そしてそういう田城さんからのご要請があれば、私も党の副代表の立場で仲間を募って、そういうことの行われないように、あるいは事前に防げるように、全力を挙げていきたいと思っている。**

どうかJRの皆様の益々のご発展と、そして田城さんが立派な成績で当選されますことを、心からご祈念を申し上げる（文字のゴシック化も宗形）。

＊【吉川書記長総括答弁】

まず、田城郁を国政に送る闘いについてである。全職場の分会長の皆さんに再度訴えたい。職場のリーダーの皆さん、選挙闘争に勝ちにいかなければならない。闘いは最後まで真剣にやろうではないか。皆おのれの壁をぶち壊す勇気が必要なのである。もし分会長のなかで自信がなかったり、本当に大丈夫なのか、というような問題意識があれば、是非、支部や地本あるいは本部の私たちに相談をしてほしい。出来ない理由を共に語り合って解決し、全組合員に向かっていこうではないか。なかには、紹介者カードすら提出していない組合員とも議論しなければいけなくなる。しかし、勇気をもって向き合ってほしい。

私たち東労組の組織内候補者田城郁が国政に行くのである。組合員の意見は全て聞いてほしい。選挙より職場の問題の方が大切と言われるかも知れない。職場の問題を全て聞いて、選挙が終わったら必ず取り組むことを約束してほしい。

昨年、私たちの手によって政権交代を成し遂げた。今年は、労働者の私たちの代表を国政に送る闘いを実践しているわけである。私たちの闘いは決して間違っていないし、正義の闘いなのである。田城郁を国政に何としても送り、そして、（ＪＲ浦和電車区事件）上告審勝利、蒲郡事件の完全勝利をしよう。国鉄改革を経験した田城さんがいれば一〇四七名の問題など、あるいは、東労組への数々の誹謗・中傷、このようなことも出来なくなることは確かである。社会変革のために何としても選挙闘争を勝利していこうではないか。選挙以降、田城さんは国政で闘う。

私たちは何をするのか。その職場の闘いは権力、あるいは会社、そして御用組合ともしっかり闘うことである。労働者の代表を国政に送り出す労働組合として恥ずかしくない、労働者らしい闘いを徹底的につくり出していかなければならない。他の労働組合の見本となり、そして私たちが打ち出す政策提言や、安全確立の闘いは、政界からも参考になるような質の高いものにしなければならない。

選挙後の闘いになるが、えん罪ＪＲ浦和電車区事件上告審勝利に向けた闘いである。労働者の団結権を何としても守り抜かなければならない。毎月取り組んでいる要請行動は既に二十一回を数えている。裁判闘争は受身であってはならない。要請行動や街宣行動などを強化し、口頭弁論を開催させ、無罪判決、早期職場復帰を勝ち取るための闘いを展開していく。

自民党が「予算委員会質問に関する緊急記者会見」を開催

菅民主党政権は鳩山・小沢両幹部の辞任によって支持率がＶ字上昇したのを好機として、予算委員会を先送りとし、参院選挙を急いだ。

これに対し自民党は、通常国会最終日の六月十六日に緊急記者会見を開き、国会で予算委員会が開かれた場合に予定していた質問内容を公表した。

ＪＲ連合組織部発行の『組織レポート』第二十八号（２０１０．６．２９）は、これについて次のように述べている（傍線宗形）。

会見では、「普天間、外交・安全保障」「経済財政運営」「口蹄疫対応」「政治とカネ」の問題に関する四名の議員の質問要旨が公表された。その際、赤澤亮正衆議院議員（鳥取二区）が予定していた「政治とカネ」の質問要旨の中に、「革マル派の資金支援を受ける公認候補」とする以下の項目が含まれていたことが明らかになった。

６．〈革マル派の資金支援を受ける公認候補〉

（問）革マル派から資金支援を受けているＪＲ組織内候

補（＝革マル派が浸透しているとされるＪＲ総連の幹部、田城郁氏）を政権与党の公認候補とすることは不適当ではないか。
⇒委員長への要求（予算委への調査結果報告）

質問要旨からも明らかなように、赤澤議員はＪＲ総連への革マル派の浸透と参議院議員選挙のＪＲ総連組織内候補の民主党公認問題について、予算委員会で委員長に事実関係を調査し、委員会への調査結果報告を求める方針であった模様である。

注：赤澤議員指摘の「ＪＲ総連組織内候補に対する革マル派の資金支援」とは？

警察は、ＪＲ総連の関連団体にまつわる業務上横領容疑に関して二〇〇七年二月に家宅捜索を行ったが、これに対してＪＲ総連関係者等が原告になって国家賠償請求訴訟を起こした。東京地裁は、昨年六月十九日に原告の請求を棄却したが、判決文から次期参議院選挙のＪＲ総連組織内候補者である田城郁氏も家宅捜索の対象となり差押えを受けたことが明らかになった。

さらに判決では、ＪＲ総連関連団体の元理事長の個人口座に公金一億四八八万円が振り込まれ、ここから田城郁氏の個人口座に三五八万円がマンション購入の手付金として振り込まれていたことも明らかにされている。

そして、被告である警視庁側は裁判で、「ＪＲ総連関連団体の役員のほとんどがＪＲ総連又はその傘下労働組合の役員で占められており、いずれも革マル派に関係する」と主張し、業務上横領被疑事件が「ＪＲ内革マル派による組織的犯行である」と述べている。赤澤議員は警視庁の見解に基づき、ＪＲ内革マル派の組織的犯行という構図の中で、田城郁氏にも資金が流れているとみて、これを「革マル派の資金援助」と指摘しているものと考えられる。

新聞、雑誌等マスコミ各紙誌の動き

① 七月の参院選挙に向けた各政党の準備はそれぞれ水面下で着々と進められていたが、年初の頃から田城　郁・ＪＲ総連政策調査部長をめぐる噂（民主党からの「参院比例公認」は難航…）が幾つか流れ始めていた。

例えば、『週刊新潮』二〇一〇年一月二十一日号の巻頭特集【沙羅双樹の花の色　おごれる「小沢一郎」】では次の記事が掲載された。

革マル影響下「ＪＲ総連」から候補者擁立する「山岡賢次」国対委員長

さる十二月二十九日、民主党は参院選比例代表の後任候補十一人を内定した。実はその直前、ひそかに一人の男性がリストから削除されていた。そもそもの仕掛け人は、あの「側近」――。

削除されたのは、田城　郁《かおる》氏（五十）。ＪＲ総連の組織内候補である。

「田城氏は、傘下のＪＲ東労組に所属し、政策調査部長を務めています。七九年に国鉄入社、機関士などを経て、その後『ＪＲ総連のドン』と呼ばれた松崎明氏の運転手を務めていたと言われており、松崎氏の〝側近〟との評がもっぱらなのです」（ＪＲ関係者）

かねて「革マル派」との関わりが指摘されてきたＪＲ総連は、国政の場でも度々議題にされてきた。〇一年には衆院国交委漆間巌・警察庁警備局長（当時）が、「ＪＲ総連、東労組内において、影響力を行使でき得る立場に革マル派系の労働者が相当浸透している」と答弁。議員提出の質問主意書に対する内閣答弁もこれまで、両組織への〝浸透〟を認めており、松崎氏自身も九四年、会見で「革マル派を作った本人」と公言している。田城氏の擁立について、すんなりと運ばなかったのも当然であろう。

「十二月二十四日、石井一選対委員長や海江田万里・森ゆうこ両代理による『選対三役会』が開かれました。席上、『田城さんには連合内でも異論がある』との意見が出ましたが、石井さんは『小沢君は、その点、鷹揚だ』とかわし、問題なしとされたのです」（政治部記者）

お手上げコンビ

いざ発表の段になって連合などから「待った」をかけられた格好だが、小沢幹事長は双方の顔を立て、あえて一拍おいたのだという。

「いずれは田城氏が追加候補として発表される見通しです。先の総選挙で青木愛議員の当選に向け尽力したことで、幹事長はＪＲ東労組を高く評価しているのです」（民主党関係者）

その田城氏の擁立にとりわけ熱心だったのは、幹事長の〝腰巾着〟こと山岡賢次国対委員長（六十六）。JR東労組の推薦議員等懇談会で代表世話人を務め、田城氏とは同じ栃木県出身という間柄でもある。

「十二月十七日に開かれた東労組の臨時中央委員会では、来賓の山岡議員が田城氏を『即戦力で大歓迎』と激賞していました」（先のJR関係者）

当の田城氏に尋ねると、「個人では対応しません」とのことだが、仕掛け人の山岡氏は近頃「民主党政権は三十年続く」「（藤井財務相辞任は）リフレッシュ」などと言いたい放題。小沢幹事長も、田城氏の〝来歴〟について聞かされた際、「『白い猫でも黒い猫でもいいじゃないか。票が取れるのなら』と言い放ったというのです」（事情通）

かの鄧小平の台詞までもじる始末。強者とイエスマンのコンビは、いよいよ手がつけられないようだ。

② また、情報誌【東京アウトローズ一行情報】（二〇一〇年三月五日）は、次の記事を掲載した（傍線宗形）。

革マル支配下の「JR総連」組織内候補を擁立した民主党

■民主党は三日、夏の参院選の第一次公認候補八十七人などを発表したが、そのリスト（＝左写真）の中に驚くべき候補がいる。JR総連政策調査部長の田城郁氏（比例代表）だ。同氏は七九年に国鉄入社、機関士などを経て、その後、元JR東労組会長・松崎明氏の運転手を務めていた、と言われる人物。しかしJR総連、東労組は、革マル派の支配を度々指摘され、〇一年には衆院国交委で漆間巌・警察庁警備局長（当時）が、両組織への浸透を認める答弁までしている。

■『週刊新潮』（一月二十一日号）によれば、この田城氏擁立にとりわけ熱心だったのが民主党の山岡賢次国対委員長で、小沢一郎幹事長も「白い猫でも黒い猫でもいいじゃないか。票が取れるのなら」と、かの鄧小平の台詞までもじる始末だったという。

■今回、小沢・山岡コンビは、革マル支配下労組を利用するところまで踏み込んでしまった。しかし、同派はそんな甘い組織ではない。国鉄の分割・民営化に際して、松崎氏と手を組んだ葛西敬之氏（現JR東海会長）ら「改革三人組」は、その後、手酷いしっぺ返しを喰らうか、取り込まれている。かつて、同派最高指導者の黒田寛一氏（故人）は、「我々はさなだ虫である」

と語っていたという。　敵を内部から食い破る寄生虫との意であろう。　この黒田理論を体現している人物こそ松崎明その人なのである。

　しかし、松崎が革マルなのではなく、革マルが松崎なのだ、とまで言われる。　同氏は『松崎明秘録』の中で、革マル派副議長だったことを認めている。　現在、同派は「解放社」（早稲田鶴巻町）のグループと、ＪＲ総連松崎グループに分裂した、との説が最も有力だ】

③「ＪＲ東日本革マル問題」に関して画期的な五月十一日付「政府答弁書」については、翌五月十二日付「産経新聞」が次のように報道した。
《政府は十一日の閣議で、多数の刑事事件を起こしている左翼過激派、日本革命的共産主義者同盟革命的マルクス主義派（革マル派）の活動について「全日本鉄道労働組合総連合会（ＪＲ総連）および東日本旅客鉄道労働組合（ＪＲ東労組）内には、影響力を行使し得る立場に革マル派活動家が相当浸透していると認識している」とする答弁書を決定した。

自民党の佐藤勉衆院議員の質問主意書に答えた。》
④『週刊新潮』に長期連載コラム「日本ルネッサンス」を寄稿している桜井よしこ氏は、その第四一七回「菅民主党の政治とカネは清潔か」（七月一日号）で、〝労働組合の人的、金銭的支援〟、〝労組依存民主党〟などと論じた一環で次のように述べている。

今年の参院選の労組出身の候補者は、〇七年より四名多い十一名である。その中にＪＲ東労組の実力者、松崎明元会長の側近といわれる田城郁氏も名を連ねている。

　松崎氏はＪＲ東労組の委員長や会長を歴任したが、ＪＲ東労組と「革マル派」（日本革命的共産主義者同盟革命的マルクス主義派）には警戒すべき関係があると、今年五月十一日、政府が答弁している。　これは自民党衆院議員の佐藤勉氏の質問への答弁で、鳩山首相名でなされた。

　答弁書はまず、革マル派を「極左暴力集団」と断じている。　彼らは、「将来の共産主義革命に備えるため、その組織拡大に重点を置き、周囲に警戒心を抱かせないよう党派性を隠して基幹産業の労働組合など各界各層への浸透を図っていると明記し、「ＪＲ総連および東日本旅客鉄道労働組合内には、影響力を行使し得る立場に革マル派活動家が相当浸透している」とまで断じているのである。
　そのようなJR東労組の松崎氏に近い人物を、菅首相も枝野幹事長も、参院選挙での民主党の候補として、公認しているのだ。有権者として、このことは明確に記憶しておかなければならない。

⑤　そして、参院選挙後の七月十七日発売の月刊誌『新潮45』は、【枝野幹事長が交わした「魔の契約」参院選を仕切った〝クリーン幹事長〟と極左暴力団とのただならぬ関係】という容易ならぬタイトルの記事（執筆者は山村杳《くら》樹氏）を掲載した。
内容は、民主党の枝野幸男幹事長が、かつて「『第四十一回衆議院選挙』立候補予定者の推薦に関する覚書」を「マングローブ」（JR革マル派）幹部であるJR東労組大宮支部執行委員長Aとの間で取り交わした、ということを主軸に、民主党が、公安当局が今なお革マル派の事実上トップとみている松崎明氏の運転手を務めた人物で、松崎氏の〝側近〟と目される田城郁・JR総連政策調査部長を公認したことに触れたものである。

この『新潮45』記事についても私は、「遂に来るべきものが来た！」といった感じで受け止めた。というのは「JR東日本革マル問題」ウォッチャーにとって枝野氏とA氏間の「『第四十一回衆議院選挙』立候補予定者の推薦に関する覚書」は有名・周知の事柄で、私もコピーを保有しているからだ。A氏とは、一審、二審と敗訴し、目下最終審が進行中の「JR浦和電車区事件」被告の一人である梁次邦夫氏だ。ちなみに、梁次邦夫氏の結婚媒酌人は「松崎明」だそうである。
　参考までに、次に、同「覚書」を紹介しておく。

「第四十一回衆議院議員選挙」立候補予定者の推薦に関する覚書

次期第四十一回衆議院議員選挙にあたり立候補を予定する、枝野幸男氏とJR東労組東京地方本部とJR東労組大宮支部は、推薦にあたり、次の通り覚書を取り交わします。

記

1　立候補予定者はJR東労組東京地本本部とJR東労組大宮支部が提示する下記の項目について確認する。

①　わたしは、ＪＲ総連及びＪＲ東労組の掲げる綱領（活動方針）を理解し、連帯して活動します。
②　わたしは、地域に密着した交通網拡充のため全力を挙げて取り組みます。
③　わたしは、平和憲法とりわけ憲法九条を守り、恒久平和を希求する運動に全力を挙げて取り組みます。

2　ＪＲ東労組東京地方本部とＪＲ東労組大宮支部は選挙活動について協力する。

3　ＪＲ東労組東京地方本部とＪＲ東労組大宮支部および立候補予定者は、本覚書にもとづき、誠実に履行する。

一九九六年八月二十四日

ＪＲ東労組大宮支部執行委員長　梁次邦夫　印
衆議院議員選挙立候補予定者　枝野幸男　印

⑥　七月十八日付産経新聞は、【「枝野氏が革マル幹部と覚書」月刊誌報じる】として、次のように報道した。

《民主党の枝野幸男幹事長が平成八年の衆院選に立候補した際、警察当局が左翼過激派の革マル派幹部と判断している人物との間で、「推薦に関する覚書」を交わしていたと、十七日発売の月刊誌「新潮45」が報じた。

枝野氏が覚書を交わしたのは、ＪＲ東労組大宮支部の執行委員長で、警視庁公安部が革マル派のＪＲ内秘密組織の幹部と判断している人物としている。枝野氏は覚書で「私はＪＲ総連及びＪＲ東労組の掲げる綱領（活動方針）を理解し、連帯して活動します」などとしている。》

更に同紙は、七月二十一日付でも【革マル派幹部と覚書報道に「ひな形通り」】として、次のように報道した。

《民主党の枝野幸男幹事長が平成八年の衆院選出馬時に、過激派幹部であると警察が判断していた労組幹部と「推薦に関する覚書」を交わしたと報じた月刊誌「新潮45」八月号の記事について、枝野氏は二十日の記者会見で覚書の存在を否定せず、「一般的な政策協定を結ぶ一定のひな型の通りだ」と述べ、問題がないとの考えを示した。

同誌は、この幹部が東日本旅客鉄道労組（ＪＲ東労組）大宮支部執行委員長（当時）で、警視庁公安部が日本革命的共産主義者同盟革命的マルクス主義派（革マル派）秘密組織の幹部と判断していたと指摘。　枝野氏は覚書で「JR総連及びJR東労組の綱領（活動方針）を理解し、連帯して活動します」と約束したと報じた。　枝野氏は「連合の各産別とお付き合いする範囲でお付き合いしているが、それ以上でも以下でもない」と述べた。》

⑦　桜井よしこ氏は、「民主党の暗黒構造を暴く」（月刊誌『WILL』二〇一〇年九月号）で、次のように問題提起した（傍線：宗形）。

【民主党の黒い塊

民主党は、七月十一日の参議院議員選挙で大敗した。その敗北の形は少々入り組んでおり、表面的には見えにくい、自由や民主主義とは無縁の黒い塊のような闇の部分が、民主党の奥深くに残っていると思われる。

……（中略）……

参院選で左派勢力を擁立

民主党が比例で勝ち取った十六議席のうち十議席を、なんと連合傘下の労組出身候補者が占めた。　十六名中十名といえば、全体の六〇％だ。　一方で、労組出身候補者十名が各々、固有名詞を書いてもらって勝ち取った票は約一五二万票、全体の約八％にすぎない。

彼らは、全体得票のわずか八％で比例議席の六〇％を手に入れたわけだ。　なんと巧妙なやり方だろうか。

無論、連合にはさまざまな組合が所属している。　まともな組合もあれば、そうでない組合もある。　連合傘下の労組の組織内候補者だからといって一刀両断の評価を下すことには慎重でありたいが、それでも十名の比例当選者の中で目を引くのが、日教組や自治労、JR総連など、左派色の強い労組出身者だ。　とりわけ注目されているのが、JR総連政策調査部長の田城郁《かおる》氏である。

JR総連について今年五月十一日、鳩山内閣が重要見解を発表した。　自民党の佐藤勉衆議院議員の「革マル派によるJR総連及びJR東労組への浸透に関する質問主意書」に応えて、「内閣総理大臣鳩山由紀夫」名で出した答弁書である。

答弁書は、革マル派を「対立するセクトとの間での殺人事件等、多数の刑事事件を引き起こしている」「極左暴力集団」と断じている。

そのうえで、革マル派は「将来の共産主義革命に備えるため、その組織拡大に重点を置き、周囲に警戒心を抱かせないよう党派性を隠して基幹産業の労働組合等各界各層への浸透を図っており、全日本鉄道労働組合総連合会（以下「ＪＲ総連」という）及び東日本旅客鉄道労働組合内には、影響力を行使し得る立場に革マル派活動家が相当浸透していると認識している」と答弁しているのである。

「殺人事件」「極左暴力集団」「共産主義革命」「党派性を隠して浸透」などと、政府の公式見解で描写される革マル派の影響が「相当浸透している」のがＪＲ総連であり、ＪＲ東労組だというわけだ。

田城氏については、先のＪＲ総連政策調査部長の肩書きの他に、ＪＲ東労組のドンと呼ばれた松崎《まつざき》明元会長の側近であることも指摘されている。

民主党はつい二カ月ほど前にこの答弁書を作成したが、他方で、自ら策定した答弁書で極左暴力団などと厳しく非難した革マルの影響下あるＪＲ総連の幹部を、よりによって、民主党比例候補者として立てたのだ。

責任ある政党として、どのような基準で候補者を選んだのか、明確に説明すべきである。


……（中略）……


話を今回の参院選に戻す。

民主党の伏魔殿のような候補者選びを前にして、戸惑うのは有権者である。比例で民主党に投票した一千八百四十万余の有権者は、自分の一票が大量の労組出身議員を誕生させること、さらには「極左暴力団」との関連が指摘されるＪＲ総連の幹部の当選を支えることなど、予想しただろうか。そんなことになるとは夢にも考えなかったはずだ。

有権者の多くは、民主党に期待しながらも、民主党が極左勢力に乗っ取られるかのような政党になってほしいとは思わなかったであろう。だが蓋を開けると、なぜかそうなっていた。

それこそが民主党の構造的問題であり、冒頭で指摘した、民主党に巣食う黒い塊のような闇の部分である。】

衆議院予算委員会における自民党平沢勝栄議員の衝撃的爆弾質問（２０１０．８．３）

平沢勝栄議員の「ＪＲ東日本革マル問題」関連爆弾質問は決して唐突に出てきたものではない。ここまで縷々紹介したように、これだけのマスコミの動きがあり、インターネットの世界では〝騒然〟と言ってもよい状況が現出していたのだから、歴代自民党政権と全く同一見解の「政府答弁書」が民主党政権下においても出された（あるいは出さざるを得なかった）五月十一日時点で当然予想されたところのものだった。政権与党たるものは当然十分な準備・体制を整えて「予算委員会」の場に臨むべきであったのだが、菅政権においてはどうもそうではなかったようである。

八月三日の大パネル表示した5．11「鳩山政権答弁書」と梁次・枝野「覚書」を掲げた平沢勝栄議員と中井国家公安委員長及び菅首相との質疑応答場面はNHKのテレビ中継とユーチューブ（動画）などで広範に広がって大きな話題になっている。

八月四日付産経新聞は、「自民平沢氏、民主党と革マル派の関係を問題視」の見出しで次のように報道した。

《自民党の平沢勝栄元内閣府副大臣は三日の衆院予算委員会で、①民主党が七月の参院選比例代表で、政府が革マル派が浸透していると見ているJR総連の組織内候補を公認し、当選させた、②枝野幸男幹事長が平成八年衆院選で、JR東日本労組幹部で革マル派幹部とされる人物と「推薦に関する覚書」を交わした――ことを批判した。

鳩山内閣は五月十一日に閣議決定した政府答弁書で、JR総連とJR東日本労組に、過激派の革マル派活動家が相当浸透していると指摘している。

菅直人首相は答弁で「党の議員や候補者が指摘のような団体と特別の関係があるとは承知していない」と突っぱねたが、平沢氏は「大相撲は暴力団という反社会的集団と関係があるから問題になっている。革マル派と民主党の関係はどうか。党代表として言ってほしい」と非難した。

》

また、八月四日発行の『夕刊フジ』は、一面に「革マルと民主党の関係」との大見出しを掲げたうえで、以下の記事を掲載した。

自民・平沢が予算委で追及　鈴木棟一の風雲永田町４０３７

三日の衆院予算委員会で、自民党の平沢勝栄氏が、極左暴力集団・革マル派と民主党との「深い関係」を追及した。

平沢氏はまず、五月十一日の鳩山首相名義での答弁書に、次の記述があることを取り上げた。「革マル派は共産主義革命を起こすことを究極の目的としている極左暴力集団であり、これまでも殺人事件等、多数の刑事事件を引き起こしている。革マル派は党派性を隠し、ＪＲ総連、ＪＲ東労組内には影響力を行使しうる立場に革マル派活動家が相当浸透していると認識している」。

この記述について、中井国家公安委員長が答えた。「その通り、ＪＲ総連などに浸透していると認識しているのは事実だ」。

平沢氏が聞いた。「その認識があるのに、民主党は参院選で革マルの幹部とみられているＪＲ総連の組織内候補を公認し、比例区で当選させている。おかしくないか」。

この当選者はＪＲ総連の政策調査部長である田城郁氏。民主比例で当選した十六人のうち十四位だった。この田城氏の公認については、民主党内と連合からかなりの反対があったが「小沢幹事長（当時）が強引に押し切った」と伝えられる。

次に、平沢氏は一九九六年八月に枝野幸男氏（現幹事長）がＪＲ東労組大宮支部と交わした「衆院選立候補予定者の推薦に関する覚書」を取り上げた。

こうあった。「私はＪＲ総連およびＪＲ東労組の掲げる綱領（活動方針）を理解し、連帯して活動します」。

平沢氏が追及した。「枝野氏が覚書を交わしたＪＲ東労組大宮支部委員長は、革マル派の幹部とみられている人物だ。その意向どおりに動くということか。枝野氏は四〇〇万円も献金を受けている。しかも、その後、この委員長は逮捕された」。この委員長の容疑は「同僚を脅して退職を強要」。二〇〇二年のことで同時に七人の組合幹部が逮捕された。

初めての革マル派追及に委員会は静まり返り、菅首相は相変わらずの「逃げ菅」ぶり。

覚書について。

「一般的な意味で、団体や労組と政策協定や確認書を交わすことはあり得る」。

革マル派について。

「ご指摘の団体とわが党が特別の関係があると、承知しておりません」。

二重傍線を引いたが、〝予算委員会が一瞬静まり返った〟問題の場面の国会中継テレビを同時進行で見ていた私の目にはその瞬間が「凍り付いたような空気…」といった感じで映った。首相以下どの閣僚の顔も何とも言えない気まずい表情をしていた。今、インターネット動画ではいつでも見れるし、既に相当な視聴（訪問）回数が蓄積されているようである。

なお、インターネットでは、オフイス・マツナガ版の平沢勝栄・動画インタビュー（二〇一〇年八月九日）【平沢勝栄 インタビュー 衆議院予算委員会の質問でわかった「菅政権の二つの嘘」、「民主党への革マル派の浸透」、・・・マスコミは沈黙した】などと見出しをつけたものを見ることができる。

その動画インタビューの中で、元警察官僚の平沢勝栄議員は、次の趣旨のようなことを語っている（傍線宗形）。

〈JR革マル派問題に関する質問を事前通知したところ、いろんなところから「その質問は止めて欲しい」との請願があった。マスコミは腰を引いて書かないが、これは第一弾、これからもやる。〉

ともあれ、永くマスコミ界で〝最大のタブー〟視されてきた「JR東日本革マル問題」だけあって、その「氷解は未だし」の感が強く、平沢勝栄議員の爆弾質問（2010.8.3）に関してもテレビニュースは沈黙。新聞では産経紙が簡単に報じただけで、朝日、読売、毎日等の有力紙は「全く知らぬふり」という、およそ社会の公器らしからぬ不可解な対応を見せている。

参考として当該国会質疑応答の関係部分のみを官報から抜粋して次に紹介しておく。

◆**第一七五国会予算委員会　第二号　平成二十二年八月三日（火曜日）会議録抜粋**

○平沢委員　……　そこで、次に進めさせていただきたいと思いますけれども、まず、パネルを出させていただきます。

このパネルは、ことしの五月十一日、鳩山内閣のときに、佐藤勉衆議院議員の質問主意書に対する政府答弁書なんです。だから、ここにおられる閣僚の皆さんのほとんどは、この答弁書に署名しておられるんです。

何と書いてあるか。

日本革命的共産主義者同盟革命的マルクス主義派、いわゆる革マル派は、共産主義革命を起こすことを究極の目的としている極左暴力集団であり、これまでにも多数の刑事事件を引き起こしている。これは殺人事件を初めいろいろな事件を引き起こしています。革マル派は、将来の共産主義革命に備えるため、各界各層への浸透を図っており、全日本鉄道労働組合総連合会、ＪＲ総連及び東日本旅客鉄道労働組合内には、影響力を行使し得る立場に革マル派活動家が相当浸透していると認識している。

要するに、ＪＲ総連とＪＲ東労組の中に革マル派が相当浸透している、幹部のクラスに相当浸透しているということを皆さん方が認めているんです。その皆さん方が認めているこの組織から、参議院の候補者を公認で出した。ということは、革マルと皆さん方は関係ができてくる、深い関係ができてくるということになりませんか。この基準はどうなるんですか。

○中井国務大臣　国家公安委員長として、この答弁書をつくった責任者の一人として、お答えを申し上げます。（平沢委員「いや、簡潔にお願いします」と呼ぶ）なかなか難しい問題ですから、そう簡単に、また先生含みがある質問が多いものですから、簡単にはいきません。

このとおり、私どもは、ＪＲ総連、ＪＲ東労組と革マル派の関係については、革マル派が相当浸透していると認識しているのは事実でございます。こういう答弁を作成してまいりまして、私もいろいろ悩んだわけでございます。

質問者は前の国家公安委員長でもございます。

したがいまして、私は、このまま閣議にお出しをするという決心を固め、党にも伝えたわけでございます、こういう方向であると。そして閣議の席では、申し上げていいかどうか迷いますけれども、こういう答弁書でいいのかどうか、事実かどうかという御質問もありましたが、私はそのとおりであろう、このように答えたところでございます。

○平沢委員　聞かないことをどんどん答えないでください。この組織の組織内候補者、今度、ＪＲ総連とＪＲ東労働組合、そこの政策調査部長という幹部が民主党の公認で全国比例から出て当選しているんですよ。だから、革マルとの関係ができるんじゃないですか。

総理、もう中井大臣はいいですよ。総理、これはおかしくないですか。そういう革マルが幹部に相当浸透しているという組織の代表、組織内候補を公認して民主党が出してくる、これはおかしくありませんかと聞いているんです。

総理、答えてください。

○菅内閣総理大臣　いろいろな労働団体、さらにはいろいろな各種の団体、そういうところから候補者が民主党から出たいということで、当時の執行部として判断されて公認をした、そういうふうに理解しております。

○平沢委員　JR東労組は革マルが極めて浸透していると、皆さん方が認めたんです。

そして、これを見てください。第四十一回衆議院総選挙のときの、枝野幹事長と、ここにJR東労組支部の執行委員長と書いてありますけれども、この人は革マルの幹部と見られている人です。この人と、立候補に当たってこういう覚書を交わしているんです。

この一の1を見てください。「わたしは、JR総連及びJR東労組」、皆さん方が革マル派が極めて浸透していると言っている、そこの組織「の掲げる綱領（活動方針）を理解し、連帯して活動します」こう言っているんです。要するに、その意向どおり動くということじゃないですか。

ちなみに、この労働組合から枝野幹事長は、四年間にわたって四百万ほどの資金提供も受けているんです。そして、この執行委員長はその後逮捕されたんです。そうしたら、二〇〇六年に、その逮捕は不当だ、冤罪だという集会が開かれて、そこに枝野幹事長は行かれて一時間ほど話もされているんです。

どうなっているんですか。皆さん方が革マルが物すごく浸透しているというその労働組合の候補者を立てて、そして、幹事長はこういった形でその組合と覚書まで交わして選挙応援をもらっている。総理、これはどうなんですか。これは別に、ある程度知られていることなんですよ。

この人は革マルですよ、革マルと言われている。それで、これは……（発言する者あり）いや、かなり知られたことなんですよ。今月号の新潮45を初めとした雑誌にも出ていることなんです。

総理、どうお考えになられますか、党代表として。

○菅内閣総理大臣　労働団体あるいは一般の各種団体と一般的な意味で政策協定や確認書を取り交わすということは、これは多分、自民党におかれてもあり得ることだと思っております。

そういう意味で、ただ、そのことと、党の議員や候補者が御指摘のような団体と特別の関係があるということについては承知をいたしておりません。

○平沢委員　特別、承知をしておりませんと言ったって、こんなことはもう周知の事実なんですよ。先ほど言いましたように、新潮４５を初めとした公刊物にも出ているんですよ。そういう中で、こういう覚書も交わされている。一言で言えば、革マルと民主党、どういう関係なんですか。

今、大相撲が何で問題になっているんですか。暴力団という反社会的集団といろいろな関係があるから大相撲は問題になっているんじゃないですか。民主党と革マルの関係はどうなっているんですか。この辺は党の代表として、総理、しっかりしてくださいよ。

では次に、北海道教職員組合の問題について入らせていただきます。……

平沢勝栄議員の質問のベースとなった「５．１１鳩山内閣答弁書」閣議決定に際しては、菅首相は副総理兼国家戦略担当相の立場で関わった筈であることからすると、この日の管内閣総理大臣答弁はあまりにも左翼過激派組織に対する警戒心、危機感覚が乏しく、まったくもっていただけない。というのは、菅首相は、既に鳩山前内閣の副総理として「５．１１鳩山内閣答弁書」に署名していることからして、この〝ＪＲ総連、ＪＲ東労組への革マル派浸透〟問題に十分な知験を有していた筈だからである。

上掲の国会質疑応答や「たしろかおる」氏問題をめぐってインターネット・ブログの世界では、

「民主党が革マルの影響下にあることを報じないマスコミの怪」、「朝日・読売・毎日新聞もテレビも全く触れておらず、黙殺」、「この事実をひた隠しにするマスコミと民主党の癒着はすさまじいものがある」、「ときわクラブの癒着問題で朝日・毎日・讀賣・日経・東京新聞には平沢議員の質問抜粋にＪＲ問題は除外。テレビニュースもです。創価学会を扱うのと同じ．タブー．タブー」、「問題は、報じたのが産経新聞だけ」、「雑誌業界ではキヨスクで販売停止くらうが定説」、「民主党とＪＲ東労組・ＪＲ総連はズブズブの関係」など、大量のマスコミ批判、民主党批判の意見が飛び交っている。次の記事もその一つだ。

《ＪＲ東労組が今夏の参院選を見越し、〇九年に設立した「ＪＲ東労組推薦議員懇談会」には、六十一人もの民主党議員が名を連ね、その中には千葉景子・法務大臣や北澤俊美・防衛大臣、玄葉光一郎・内閣府特命担当大臣ら菅内閣の主要閣僚や、枝野幸男幹事長や輿石東・参院議員会長・山岡賢次・前国対委員長ら民主党幹部の名前もある。

中でも山岡・前国対委員長は同懇談会の代表世話人でもある。》

「JR東労組推薦議員懇談会」はJR総連・東労組の選挙支援を期待する民主党議員集団であるようだが、他方、JR総連と組織対峙しつつ「民主化闘争情報」を発行して「JR東日本革マル問題」の解決＝〝JR労働運動からの革マル勢力排除〟に精力的に取り組んでいるJR連合は、〝JR連合国会議員懇懇談会〟及び「二十一世紀の鉄道を考える議員フォーラム」（二一六人）という国会議員集団を支援しているようである。

そして遂に!!　佐藤勉議員第二弾「革マル派によるJR総連及びJR東労組への浸透に関する質問主意書」（十月一日）と「菅内閣総理大臣名答弁書」（十月十二日）

週刊誌・紙などによると、小沢前幹事長の意を受けて、JR革マル派が完全支配する「JR総連」を基盤に民主党から立候補した「たしろかおる」参議院議員の誕生に奮闘した山岡賢次議員には、〝小沢幹事長の腰巾着〟の評まであると報道されているが、同議員は、先述のように、JR東労組の定期大会の来賓挨拶で、「栃木四区の佐藤勉という人（は）、政界の中では、最も能力のない人と言われており、質問主意書など出したというのは、これが最初で最後だと思う」などと、誹謗・中傷混じりのとんでもない「暴言」、「支援労組へのオベンチャラ」を振りまいた。

が、それは、お気の毒というか、とんだ思惑外れで、佐藤勉議員第二弾「革マル派によるJR総連及びJR東労組への浸透に関する質問主意書」（十月一日）に対し、「菅内閣総理大臣名答弁書」（十月十二日）が出される羽目となった。

以下にそれを紹介する。

(1) 佐藤勉議員提出「革マル派によるJR総連及びJR東労組への浸透に関する質問主意書」

平成二十二年十月一日提出
質問第一五号

JR総連及びJR東労組への革マル派の浸透に関する質問主意書

提出者　佐藤　勉

私は本年四月二十七日に「革マル派によるＪＲ総連及びＪＲ東労組への浸透に関する質問主意書」（質問第四三〇号）を提出した。これに対して、鳩山内閣は五月十一日、革マル派の社会的な危険性を指摘し、「ＪＲ総連（全日本鉄道労働組合総連合会）及びＪＲ東労組（東日本旅客鉄道労働組合）内には、影響力を行使し得る立場に革マル派活動家が相当浸透していると認識している」などとする答弁書（以下「前回答弁書」という）を閣議決定した。

また、第百七十五回臨時国会の八月三日の衆議院予算委員会における答弁で、中井洽国家公安委員会委員長は「私どもは、ＪＲ総連、ＪＲ東労組と革マル派の関係については、革マル派が相当浸透していると認識しているのは事実でございます」と改めて明言した。

政府が現在も「共産主義革命を起こすことを究極の目的としている極左暴力集団」と認定する革マル派が、ＪＲ総連及びＪＲ東労組内に相当浸透しているという事実は、わが国の治安維持の観点から、決して看過することのできない深刻な問題である。

さらに、ＪＲ総連及びＪＲ東労組の幹部役員であった田城郁氏が、第二十二回参議院選挙で民主党の比例代表として当選し、参議院議員となったが、政府の認識に立てば、革マル派が国政への浸透を企図しているとの懸念も持たざるを得ない。

政府においては、この問題の真相を徹底して解明し、対策を強化すべきであると考える。

以上の認識に立ち、以下質問する。

一　複数の刊行物によれば、田城参議院議員は、革マル派創設者の一人でＪＲ東労組の委員長や会長を歴任した松崎明氏の運転手や側近を務めていたとされているが、政府の認識を伺いたい。また、田城参議院議員について、革マル派の影響が及んでいる人物であるという可能性は否定できるのか、見解を明らかにされたい。

二　前回主意書の五項で指摘した業務上横領被疑事件（以下「横領事件」という）にＪＲ総連、ＪＲ東労組及び日本鉄道福祉事業協会等に浸透する革マル派グループが関係している可能性はあるのか、見解を明らかにされたい。

三　警視庁による横領事件の捜査において、田城参議院議員が前回答弁書「五について」にある平成十九年二月に警視庁が実施した家宅捜索を受け、証拠物の差し押さえを受けたという事実はあるのか。

四　田城参議院議員は松崎明氏らとともに、三項で指摘した、警視庁が行った捜索及び差し押えについて、東京都及び国を被告とする国家賠償請求訴訟（以下「国賠訴訟」という）を提起し、その原告になっているという事実はあるか。　また、国賠訴訟の一審判決の内容と現在の進行状況を明らかにされたい。

五　国賠訴訟の一審判決では、横領事件に関連して、ＪＲ総連の関連団体である日本鉄道福祉事業協会の公金の一部（三百五十八万円）が、田城参議院議員の個人名義の預金口座に振り込まれ、私的な使途（マンション購入の手付金の補助）に費消されていたことが認定されていると認識しているが、そうした事実はあるのか。

六　ＪＲ総連、ＪＲ東労組への革マル派の浸透の実態や田城参議院議員との関わりなどの問題に対して、政府は、国の治安上の課題として、真相の解明に取り組む考えはあるのか、見解を明らかにされたい。

右質問する。

(2)「菅内閣総理大臣名答弁書」

平成二十二年十月十二日受領
答弁第一五号

衆議院議員佐藤勉君提出ＪＲ総連及びＪＲ東労組への革マル派の浸透に関する質問に対する答弁書

一について

お尋ねについては、個人に関する情報であることから、答弁は差し控えたい。

二及び三について

お尋ねについては、個別具体的な事件における捜査機関の活動内容にかかわる事柄であることから、答弁は差し控えたい。

四及び五について

御指摘の国家賠償請求訴訟は、全日本鉄道労働組合総連合会（以下「ＪＲ総連」という。）ほか二十七名が、司法警察員による捜索差押許可状の請求及び執行並びに裁判官による同許可状の発付が違法であるとして、国及び東京都に対し、損害賠償等を請求した事案を指すものと思われるが、その原告の中に田城郁という氏名の者が含まれていることは承知している。同訴訟の第一審判決では、原告らの請求には理由がないとして、請求をいずれも棄却しており、原告らは同判決を不服として控訴したが、控訴審判決では、控訴をいずれも棄却した。現在、ＪＲ総連、財団法人日本鉄道福祉事業協会及び株式会社鉄道ファミリーの三名が上告中であり、原告田城郁ほか二十四名の請求については、控訴審判決が確定している。

この第一審判決では、御指摘の被疑事件の被疑者名義の預金口座から、「原告ＪＲ総連執行委員の原告田城個人名義の口座への入金も行われていたことが判明した。」との事実が認定され、控訴審判決でもこれが維持されているが、その金額や使途については言及されていないものと承知している。

六について

政府としては、日本革命的共産主義者同盟革命的マルクス主義派（以下「革マル派」という。）の動向について重大な関心を持ち、革マル派の実態解明に努めるとともに、刑罰法令に触れる行為があると認める場合等には、引き続き、厳正に対処していくこととしている。

(3) 十月十二日付「菅内閣総理大臣名答弁書」に関する新聞報道やネット上の反応等

上掲の「菅内閣総理大臣名答弁書」について、当日の〈ＭＳＮ産経ニュース〉は、次のように報道した。

政府は十二日の閣議で、殺人など多くの刑事事件にかかわった左翼過激派、日本革命的共産主義者同盟革命的マルクス主義派（革マル派）と、民主党の田城郁参院議員の関係について、「個人に関する情報であることから答弁は差し控えたい」とする答弁書を決定した。

また、警視庁が摘発した業務上横領事件に絡み、着服金の一部が容疑者側から田城議員名義の預金口座に振り込まれていたとの指摘については、「（裁判で入金が）『行われていたことが判明した』との事実が認定された」と認める一方、「金額や使途については言及されていない」としている。

自民党の佐藤勉衆院議員の質問主意書に答えた。

田城議員は革マル派活動家が「影響力を行使し得る立場に相当浸透している」（五月十一日付の政府答弁書）と指摘されたJR総連の組織内候補で、JR東労組中央本部政策調査部長などを歴任。革マル派創設者の一人で、JR東労組の委員長などを歴任した松崎明氏の側近を務めていたと、一部で指摘されていた。

ところで、今回の佐藤勉衆議院議員の「第二次質問主意書」（十月一日提出）は、JR総連組織内の田城郁参議院議員に焦点を当て、革マル派との関係の有無や、業務上横領被疑事件に関する疑惑などを具体的に質問しており、これに対する「政府答弁書」の内容がマスコミや労働など関係各界から大いに注目されていたところだった。

そして政府は十二日の閣議で、殺人など多くの刑事事件にかかわった左翼過激派－日本革命的共産主義者同盟革命的マルクス主義派（革マル派）と、民主党の田城郁参院議員のかかわりについて、「個人に関する情報であることから答弁は差し控えたい」とする答弁書を決定したわけである。

しかし、いくら苦しまぎれのこととはいえ、「個人に関する情報であることから答弁は差し控えたい」とは、公人たる国会議員に関するものであるだけに、ネット上では〝批判囂々《ごうごう》〟といった趣で、たとえば、

＊「何と菅直人民主党内閣は回答拒否！」

＊「菅民主党内閣が佐藤勉衆議院議員の質問第一に回答しないのは、民主党の田城参議院議員について、革マル派の影響が及んでいる人物であるという可能性を否定できないということだ。つまり民主党は田城郁が『JR革マル派』であることを知っている。知っていながら田城を擁立したのは、民主党は革マル派と連携しているということだ。民主党は革マル派が企図する国政への浸透に協力しているということだ。国家の

機密情報、警察の捜査情報、国勢調査の情報等は、民主党を経由して革マル派に筒抜けになっているのではないか。　恐ろしい！」

＊「反社会勢力革マル派と民主議員の関係を闇に葬りたい政府答弁書」「早い話が犯罪者と手を組んでいるのは仕方なく認めるが、詳細は明かせないということですね。
　さすが、極左に優しい民主党だけあります！」

＊「個人情報って……、民主党はメチャクチャだな。」

＊「例えば、ＦＲＢ議長の資産公開や、指名手配犯の個人情報の公開。　保護されるべき個人情報・公開されざるを得ない個人情報の範囲は、権限・立場・影響力の如何に応じて変化させざるを得ない。　革マル派と田城郁参議院議員の関係は、『公開されざるを得ない個人情報』だろうが！」

＊「尖閣諸島沖での巡視船と中国漁船の衝突事故のビデオ・映像も含めて、とっとと公開しろ！」

＊「革マル派と民主党の関係は公表してはいけない！　あれを見たら『革マル派ふざけるな』と国民感情が燃え上がってしまうので公開拒否と閣議決定」

＊「個人情報には当たらないと思う。　仮に違法なことをしてる疑いが出ても『個人情報だから』といって逃げるのかね」

＊「個人の情報じゃ無いよ、国会議員は公人じゃ無いか！」

＊「松崎はカクマルのNo.2だったんだから絶対内ゲバ戦争やってた中核や革労協から殺害予告出されてた筈なんだよね（相手はNo.1をカクマルに殺害されている）。　常識で考えれば、その運転手（兼ボディーガードという報道も有）にカタギの人間あるいは単なるシンパを置くなんて考えられない！　という事は、運転手の立場がどういうものかは想像に難くない！」

などなど、百花斉放、ざっと拾っただけでもこんな状況である。　そしてこの〝問題〟の「民主党・政府答弁」は、大方の予想通り、国会の場で次のように追及されることになる。

「菅内閣総理大臣名答弁書」（十月十二日）に関わる平沢勝栄議員と岡崎トミ子国家公安委員長間の国会質疑・応答

二〇一〇年（平成二十二）八月三日、自民党平沢勝栄議員は、衆議院予算委員会において、ＪＲ総連・ＪＲ東労組と革マル派との関係及び民主党がＪＲ総連の組織内候補田城郁を参議院選挙で公認した問題について質問し、中井洽国家公安委員長（当時）が「ＪＲ総連、ＪＲ東労組と革マル派の関係については、（政府として）革マル派が相当浸透していると認識しているのは事実である」と答弁したことについては先述したとおりである。

この平沢勝栄議員質問は、同党の佐藤勉議員（元国家公安委員長）の「革マル派によるＪＲ総連及びＪＲ東労組への浸透に関する質問主意書」（第一次）とそれに対する「政府答弁書」をベースに行われたものであった。同議員は、二〇一〇年（平成二十二）十一月八日、佐藤勉議員の第二次「革マル派によるＪＲ総連及びＪＲ東労組への浸透に関する質問主意書」とそれに対する「政府答弁書」に関しても、衆議院予算委員会の場で再度同問題を採り上げ、政府の見解を質すと共に、国民への説明や調査など適切な対処方を求めた。

この事柄に関する当日の質疑・応答内容は以下のとおりである。

（平沢勝栄議員） 岡崎大臣にお聞きします。革マル派、極左暴力団、いろいろなテロをやってきた革マル派。革マル派について、民主党内閣は、これは共産主義革命を起こすことを究極の目的としている極左暴力集団だということを言いました。そして、今はテロをやっていないけれども、いろいろな団体とか組織に浸透しよう、そういうことを今は考えている集団であるということを質問主意書に対する答弁書で答えられたわけでございますけれども、この革マル派の中で、例えばＪＲ東日本労組（ママ）の委員長等を歴任した松崎明さん、この方は、革マル派の創設者の一人、最高幹部の一人というふうに見ていいんでしょうか。

（岡崎トミ子国家公安委員長） 幹部の一人であると思っております。

（平沢議員） 革マル派の幹部の一人であることを今答弁されました。大変なことなんですよ。なぜならば、この松崎明さん、今、革マル派の最高幹部の一人ということを国家公安委員長は言われました。その方の運転手をしていた、側近中の側近をしておられた方が、今、民主党の参議院議員の田城郁さんなんですよ。それは岡崎大臣、ご存じですか。

（岡崎大臣） 個人の情報に関することでございますので、コメントは差し控えたいと思います。

（平沢議員） いや、これは大変なことなんですよ。だって、民主党内閣が、革マルというのは極左暴力集団、大変な集団である、危険な集団であるということを答弁書で言っているわけです。そして、その革マル派の最高幹部の一人、それが松崎明さん、その運転手、側近中の側近だった人が、民主党の推薦で、公認で、今、参議院議員をやっているんですよ。これについてどう思われるんですか。だったらば、革マル派が民主党に浸透してくるということにならないですか。

（岡崎大臣） 国会にいらしている国会議員は、国民の皆さんに選ばれたわけでございます。いずれにしましても、警察は、もし違法行為が行われれば、あるいは行われるおそれがある場合には、必要な情報を収集して、法に基づいて、厳正に対処することにしております。

（平沢議員） こういう問題というのはきちんと、やはり公党ですから、私は説明責任があると思いますよ。もちろん、関係が全くなくなっているならなくなっているでいいんですよ。それはやはり疑いは持たれますよ、今まで側近中の側近だったんですから。それから、数年前、警視庁が革マルの関連した横領事件で家宅捜索をやりました。

そうしましたら、田城議員、それから先ほど革マル派の最高幹部と言われた松崎明さん、一緒になって国と東京都を国家賠償法で訴えているんですよ。一緒にまだ活動しているんですよ。それでも、関係ない、国民から選ばれたからいいんだということを言われるんですか、大臣は。

（岡崎大臣） その問題につきましては報告を受けておりません。

（平沢議員） 国家公安委員長、もうちょっとしっかりしてください。これでは、国民が不安を持っているんですよ。ですから、関係ないなら関係なくなったでいいんですよ。きちんとやはり国民の皆さんに説明していただきたいなと。よく調べておいてください。

——中　略——

（岡崎大臣） 先ほどの委員の御質問に対してですけれども、松崎氏に対して、革マル派創設時の幹部の一人であるというふうに訂正させていただきます。正しく申し上げます。

（平沢議員） 創設時でも今でも変わらないという見方は多いんですけれども、それはもういいです。

なお、上掲のことについて、十一月九日付「産経新聞」は次のように報道した。

岡崎氏　ＪＲ東労組・松崎氏は「革マル派」

岡崎トミ子国家公安委員長は八日の衆院予算委員会で、ＪＲ東労組の松崎明・元委員長を左翼過激派、革マル派の最高幹部の一人と認識しているかと問われ、「幹部の一人であると思っている」と述べた。自民党の平沢勝栄氏への答弁。ただ、岡崎氏はその後「革マル派創設時の幹部の一人である」と答弁を修正した。

平沢氏は「松崎氏の運転手をしていた側近中の側近が、民主党参院議員の田城郁さんだ。ご存じか」とも質問。

岡崎氏は「個人の情報に関することなので差し控えたい」と述べた。

そして、その〝引退後〟においてもなお「松崎明」を最高指導者として崇拝していた「ＪＲ東労組」の機関紙『緑の風』第五一五号（二〇一〇年十一月十五日付）は、次の記事を掲載した。

平沢議員の『策略』失敗――

たしろ参議院議員と共に闘おう

十一月八日、衆議院予算委員会で自民党・平沢勝栄議員は、松崎初代委員長を革マル派創設者の一人と確認したうえで、（1）松崎初代委員長の運転手をしていたたしろ参議院議員は〝側近中の側近〟で、民主党が公認し参議院議員に当選したからには革マル派が民主党に浸透している。（2）さらに横領事件での家宅捜査に対して、松崎さんと一緒に国家賠償で訴えている。それでも関係ないというのか。と八月三日の質問に続き、執拗に質問を行いました。しかし、たしろ議員を「革マル派に仕立て上げる」答弁は引き出せず、狙いは失敗に終わりました。

『選択六月号』が暴いたＪＲ総連・ＪＲ東労組攻撃の構図

平沢質問に直ちに呼応し、ＪＲ連合は「民主化闘争情報」（十一月八日八〇三号）で「衆議院予算委員会で岡崎国家公安委員長が明確に答弁！」「ＪＲ東労組元委員長の松崎明氏は革マル派最高幹部である」という見出しで宣伝、さらに、産経新聞は（十一月九日）「岡崎氏　ＪＲ東労組・松崎氏は『革マル派』」と見出しで掲載するという、『選択六月号』で暴かれた警察・マスコミ・ＪＲ東海＝ＪＲ連合の構図による見事な連携で革マルキャンペーンを展開しています。しかし、岡崎国家公安委員長は再答弁で「松崎

> 氏は革マル派創設時の幹部の一人である」と訂正し、松崎初代執行委員長自身も「創設者の一人であった。しかし現在は訣別しいっさいの関係はない」ことを法廷証言や自書のなかで明らかにしており、いまさら大々的に宣伝し、国会で答弁を求める内容ではありません。
>
> 　彼らが執拗に国会質問を繰り返すのは、ＪＲ総連・ＪＲ東労組が「浦和事件」や不当な家宅捜索などの未曾有の弾圧や悪質なキャンペーンにも屈せず、たしろ参議院議員を誕生させるなど、力を持った労働組合として存在し続けているからです。
>
> **攻撃の本質を見極め、職場活動の強化で反撃していこう！**
>
> 　彼らは「労組やたしろ参議院議員は革マル派」という答弁を引き出し、その答弁を「錦の御旗」に、たしろ参議院議員を国会内で孤立させ、二〇一二年までに、ＪＲ総連・ＪＲ東労組を破壊することをあらゆる場で画策しています。
>
> 　そのことを裏付けるように、ＪＲ連合は、国会議員にこれまでの「革マルキャンペーン」を羅列した「ＪＲ発足二十五年の節目に向け、今こそＪＲへの革マル派浸透問題の解決を」と題した冊子やＤＶＤを配布しています。
>
> 　組合員のみなさん！　たしろ参議院議員は国会内での妨害に屈することなく、「三つの実現！」に向かって奮闘しています。職場からＪＲ連合など組織破壊者の狙いを打ち砕き、たしろ参議院議員と共に全組合員で闘いましょう。

革マル派が浸透した「ＪＲ総連」政策調査部長の参院選立候補と当選問題の総括

(1)「たしろかおる」の参院選出馬と当選は「松崎明」の一大戦略ミス

私は、「たしろかおる」の参院選出馬と民主党の公認問題の動きを知って、大いに喜んだ。そして、紆余曲折の末、民主党の公認が決まった時以後は、同氏の当選を切望した。

なぜかというと、この問題はＪＲ革マル派（松崎組）の最高権力者「松崎明」の戦略的大失策に結びつくと直感したからである。

今や私のライフワークとなってしまった「ＪＲ東日本革マル問題」に関しての最大の悩みは、左翼過激派問題に対する世間の無関心と関係者の危機意識の欠如であった。だから世間の話題になることは大歓迎なのだ。ましてや、主役の田城郁氏は、「(幹部に) 革マル派が深く浸透している」JR総連の現役の政策調査部長、かつ「松崎明」の乗用車運転手、JR総連・東労組派遣の「初代アフガニスタン事務所長」の経歴保有者。「松崎明」の場合、乗用車運転手は〝ガードマン〟兼務の志操堅固者と言われている。このような〝特殊な人物〟が民主党国会議員ともなれば、「JR東日本革マル問題」が風化することはあり得ない。常に新鮮で有り続ける、というのが私の計算であった。

私の周辺には、「たしろかおる」氏の当選を切に祈ると言う私に、「おいおい正気かい…」といささか嘲笑気味の視線をむける者も少なくなかったが、「たしろかおる」当選後の事態は、私の思惑どおりに進展しているように思われる。

ちなみに、「公安警察のプロ」筋の見方も、私とほぼ同じであるようだ。執筆者に公安警察のOBや現役が多いと言われている『治安フォーラム』(二〇一一年五月号)の掲載記事、「後継者を見届けることなく、この世を去った松崎明元JR東労組会長」(香川三吉) の中では、次のように記述されている (九～一〇頁)。

> ### 3 松崎氏の誤算
>
> 田城郁参議院議員の誕生は、松崎氏にとって大変喜ばしいことであり、計算どおりであったかもしれない。しかし、ここに思わぬ大きな落とし穴があった。田城氏の擁立が世間に明らかにされるや、マスコミ及び野党の国会議員等がにわかに騒ぎ始めたのだ。
>
> ――(中略)――
>
> 参院選後、JR総連組織内議員が誕生すると、この問題は、益々大きく取り上げられることとなる。
>
> 八月三日、衆議院予算委員会で、平沢勝栄自民党衆議院議員は、菅直人総理大臣に対して、革マル派が相当浸透している組織の幹部が、民主党から公認を得て出馬していることの見解等について追及した。この追及は、全国ネットでテレビ中継されたこともあり、事情通によれば、JR総連のある幹部は、「あそこまで徹底的にやるとは思わなかった」などと思わず周辺者に弱音を吐いたとのことで、JR総連、JR東労組に与えたダメージは相当大きかったのだろう。
>
> ――(中略)――

松崎氏自身は、革マル派色のない（はずの）田城議員を前面に、国政に影響力を与えていく意図があったように思える。しかし、逆に自分のことが国会で取り上げられ、表舞台に引きづり出されようとは、全く計算外だったであろう。

(2)「たしろかおる」公認は、民主党の重荷↕ＪＲ総連は「風評の流布」など居丈高

私の判断では、田城郁民主党議員が革マル疑惑を払拭するのは困難というより不可能だと思う。ＪＲ総連・ＪＲ東労組は、いわゆる「松崎組」（ＪＲ革マル左派）が、「ＪＲ東労組を良くする会」（ＪＲ革マル右派）を強引に排除して以降、組織秘密の保持が不可能になってきた。その理由は、いわゆる「ＪＲ革マル四十三名リスト」発表問題に関わる事柄が、松崎・ＪＲ総連・ＪＲ東労組側の提訴による裁判問題にまで発展した結果、非公然組織の一員として、かつては秘密を共有した「ＪＲ東労組を良くする会」側からＪＲ内革マル派組織の内情や活動実態が続々と暴露されるようになったからである。

その結成にあたって「利用者の皆さまへ」を公表して〝ＪＲ革マル派との決別〟を内外に誓約した「ＪＲ東労組を良くする会」の幹部の人々は、目下、ＪＲ総連・ＪＲ東労組側が提起した「ＪＲ革マルリスト裁判」をめぐって東京地裁で闘っている。「ＪＲ東日本革マル問題」に大小の関わりを持ってきた警察、組合、マスコミ関係者らは、正に〝興味津々〟で、その帰趨を見守っている。

民主党の「たしろかおる」氏公認と同氏の当選は、民主党の重荷、足かせになるだろうと私は思う。元々同氏の「組織推薦」要望について、連合は決して乗り気ではなく、また、葛野会長、明石会長、角田会長、現坪井会長と四代に亘って「ＪＲ総連・ＪＲ東労組からの革マル排除」を運動の主軸に置いて闘ってきたＪＲ連合は、〝絶対反対〟に終始した。なにか、平沢勝栄議員の国会・爆弾質問があってからは、民主党内に「連合が推薦したから、党も認めた」などと言っている向きもあるやに聞くが、事実は全く逆で、一番熱心なのは当時参院選挙を取り仕切った民主党内の〝特定グループ〟だったようだ。恐らく「松崎組」支配のＪＲ総連・東労組幹部役員による「大請願」が、然るべき利益供与（票とカネ）の約束付きであったからであろう。参考的に紹介すると、「ＪＲ連合」発行の「組織

レポート」第三十号（２０１０．１０．４）には、「内外の注目を集めた民主党の代表選挙に関し、連合構成組織の多くが中立姿勢を取ったなか、**ＪＲ東労組は、組織内議員である田城郁参議院議員誕生のために尽力していただいたとして、**小沢前幹事長支持を明確にした」と記述されている（傍線とゴシック文字化は宗形）。

ちなみに、当該参院選挙に際して、ＪＲ東日本当局は規律の厳正を期し、「たしろかおる」氏の選挙ビラを会社施設構内、掲示板などに貼ることを禁止する指導を行ったと聞いている。ＪＲ総連・ＪＲ東労組側は、かなり不愉快であった模様である。

ＪＲ総連は文書バトルでＪＲ連合への回答を逃げ回っているが、組合大会などで〝５．１１「鳩山内閣答弁書」否定〟の「本音」（＝「事実無根」）は既に明確に表示されている。私が「田城郁参議院議員問題は民主党の重荷、足かせ」というのはこの意味である。加えて、先に紹介した「ＪＲ東労組大会における山岡賢治副代表の来賓挨拶」はとんでもない代物である。そこには国会議員たる者の「良識」のひとかけらもない。あまりにもひどすぎ、ただ唖然とするのみだ。特に以下の部分だが、〝５．１１「鳩山内閣答弁書」否定〟どころの話ではない。これでは〝「ＪＲ東日本革マル問題」に蓋をすることに協力する用意がある〟というとんでもない民主党を代表しての「意思表明」ではないか!!

《是非とも田城さんを当選をさせていただいて、皆様の直接の窓口として、内部で働いていただきたいと、そしてそういう田城さんからのご要請があれば、私も党の副代表の立場で仲間を募って、そういうことの行われないように、あるいは事前に防げるように、全力を挙げていきたいと思っている》

私が自民党議員ならば、「しめた！」と躍り上がって喜ぶところだ。

そして、民主党の苦渋と苦境を尻目に、ＪＲ総連・ＪＲ東労組の方は、【「革マル派浸透」風評流布・悪罵を許すな！】と叫んで、「５．１１鳩山内閣答弁書」を完全否定、次のように強がりを装っている（「ＪＲ総連通信」二〇一〇年八月五日№９８６）。これでは、民主党政権はますます窮地に追い込まれることになるだろう。

ＪＲ総連運動を〝良〟としない輩からの攻撃を断固はねの

けよう「革マル派浸透」風評流布・悪罵を許すな！

ＪＲ総連・ＪＲ東労組に対する「革マル派浸透」の風評流布や組織内議員・田城郁参議院議員への誹謗中傷が相次いでいる。第一七五臨時国会の衆議院予算委員会において三日、自民党の平沢勝栄議員が質問に立ち、「革マル派が浸透している認識」「その組織の代表を公認して議員を出したことは問題」といった問答が準備され、中井国家公安委員長や菅総理が答えるというシナリオで展開された。

一連の妨害は、公安警察と飲食を共にする自称「責任組合」・ＪＲ連合による「たしろかおる」候補への「公認」反対の連合中央委員会発言や執拗な悪宣伝などを超えて、さらにエスカレートしている。

遡れば三月の自民党会合で「新左翼過激派に侵食される民主党に批判を向ける方向を確認」とされ、新たな妨害策動の兆しが出ていた。五月には自民党の佐藤勉議員による『質問主意書』から、「ＪＲ総連には革マル派が相当浸透」とした『答弁書』を引き出し、それをネタに悪宣伝を繰り返すといった具合だ。

並行して雑誌『治安フォーラム』では「真の姿を隠した革マル派の潜り込み」とした記事のほか、月刊誌『ＷｉＬＬ』『新潮45』『週刊新潮』『産経新聞』などでも、ＪＲ総連・ＪＲ東労組の民主党・枝野幹事長パーティー券購入を「高額」だと偽り煽る悪宣伝や、九六年に立候補した枝野候補との推薦『覚書』を「魔の契約」などと喩え、「浦和電車区事件を起こしたＹ氏が推薦当時の委員長」など、えん罪事件を持ち出し「革マル派浸透説」の流布に躍起だ。

また、「たちあがれ日本」の与謝野氏は、街頭演説や選挙期間中の政見放送でも「革マル派の候補を公認する民主党」として批判演説を行なっている。

それらＪＲ総連やＪＲ東労組、田城参議院議員への悪宣伝や妨害は、公正に選挙され、選出された国会議員や党への冒涜であると同時に、投票した人々を愚弄することに他ならない。

ＪＲ総連は、国鉄改革を成し遂げ、アフガニスタンの復興に田城を中心にして携わり、障がい者支援や森づくりなど、ヒューマニズム溢れる労働運動を愚直に進め、組合員らとともに汗し涙し活動してきた。それらの活動が革マル派に侵食されているなどあろうはずもなく、反社会集団と同一に言われる筋合いは一切ない。すべてはまじめな労働組合活動、平和や人権を守る活動を〝良〟としない輩からの悪宣伝・妨害である。平和や民主主義を壊そうとしているのはむしろその悪宣伝を担う輩ではないか。
断じて許されない。

「JR東日本革マル問題」の完全解決（＝労組からの「革マル排除」）を運動方針の一つの柱として取り組んでいるJR最大の単産組織「JR連合」は、当然の事ながら、この「JR総連通信」（二〇一〇年八月五日№986）を問題視して、「民主化闘争情報〈号外〉」（二〇一〇年八月十六日№141）によって、次のように厳しく批判した。

JR総連は独善的な主張で「革マル浸透」の政府見解を否定！

JR総連は、八月三日の衆議院予算委員会における革マル浸透問題に関する審議などについて、八月五日付「JR総連通信　No．986」で『「革マル派浸透」風評流布・悪罵を許すな！』と題する反論を掲載した。しかし、「JR総連・東労組内に革マル派が浸透している」との論拠が政府の公式見解である、という肝心な点を無視し、すべては「悪宣伝や妨害だ」だと一方的、独善的な論理に基づく主張となっている。以下にその一部を紹介したい。

……（引用・紹介文：省略）……

革マル浸透問題にダンマリのJR総連の姿勢こそ国民への愚弄だ！

国会審議に対し「問答が準備され…シナリオで展開された」との記載は随分と不遜だが、彼らがいくら不満でも、答弁は政府の公式見解である。『「質問主意書」から『答弁書』を引き出し」ともあるが、「答弁書」も閣議決定された政府の公式見解だ。そして「治安フォーラム」等の刊行物は「えん罪事件を持ち出し『革マル派浸透説』の流布に躍起」とあるが、「えん罪」という認識も、政府の公式見解に基づく情報を「革マル派浸透説」と述べているのも、JR総連の勝手な主張に過ぎない。政府見解を伝えることは「悪宣伝」「妨害」ではなく、公益に適う重要な情報提供だ。なぜ「選出された国会議員や党への冒涜であると同時に、投票した人々を愚弄すること」になるのかまったく理解できない。政府見解の否定こそ「冒涜」であり、革マル派が浸透しているという治安上の重要な指摘に対し、何ら説明も解明もせずダンマリを決め込む姿勢こそ、民主党に投票した国民への「愚弄」に他ならない。

「ヒューマニズム溢れる労働運動」を進めているから「革マル派に浸食されていない」という幼稚な説明で納得する者などいるはずがない。「まじめな労働組合活動、平和や人権を守る活動を〝良〟としない輩からの悪宣伝・妨害」とあるが、民主党政権もその「輩」に含まれるのか。身勝手で独善的な、実にＪＲ総連らしい主張である。

だから言わんこっちゃない。結局、次のような週刊誌記事まで出てしまう羽目になってしまう。

◆『週刊文春』（二〇一〇年九月二日号）

政府答弁で「革マル浸透」
ＪＲ総連出身議員が〝必殺仕分け人〟だと⁉

事業仕分け第三弾に向けて、八月下旬から総勢八十五人の民主党若手議員が九グループに分かれて、各省庁へのヒアリングを始めた。だが、そのメンバーが明らかになると、公安関係者たちの間に衝撃が走った――。

公安関係者が目を光らせた相手は、新人の田城《たしろ》郁《かおる》参議院議員（比例区）。今年の参院選初当選組から〝仕分け人〟に抜擢されたうちの一人だった。

田城氏の何が問題なのか。

「田城氏は、革マル派との関係が取り沙汰されるＪＲ総連・ＪＲ東労組の組織内候補なんです。七九年、国鉄に入社し、その後、田端機関区、池袋電車区に在籍していましたが、〝ＪＲ東労組のドン〟と呼ばれる松崎明元会長の運転手兼ボディーガードだったと言われます。いわば側近中の側近で、ＪＲ総連政策・調査部長でした」（公安関係者）

しかも当初、田城氏はあろうことか、法務省、警察、外務省の仕分けを担当する第五グループに配置されていた。

さすがに民主党もまずいと思ったのか、直前に彼一人だけ配置替えされて、農水省と防衛省の担当になった。

ＪＲ東労組、ＪＲ総連と革マル派との密接な関係は、民主党政権も認めているところなのだ。

今年四月、自民党の佐藤勉元国家公安委員長が、「革マル派によるＪＲ総連およびＪＲ東労組への浸透」に関する質問主意書を提出している。それに対して、当時の鳩山内閣は「革マル派は共産主義革命を起こすことを究極の目的としている極左暴力集団」と断じ、「ＪＲ総連およびＪ

R東労組内には、影響力を行使し得る立場に革マル派活動家が相当浸透していると認識している」との答弁を閣議決定している。

また〇七年二月には、JR総連の関連団体『日本鉄道福祉協会』の元理事長らが、組合費を私的に流用したとして、業務上横領容疑で捜査を受けた。この事件に関連して、田城氏も家宅捜索を受けたことが明らかになっているのだ。

「その後、捜査を不当としたJR総連関係者が、都や国などを相手に、賠償請求を起こしていますが、その原告に田城氏も名前を連ねているのです。結局、昨年六月に訴えは棄却されています」（別の公安関係者）

田城氏の擁立については、さすがに民主党内でも賛否が分かれたという。

「革マル派と関係が深いとされる組織の候補者を公認することには、強い反対意見が出ました。昨年末の公認内定発表では、一度見送られましたが、JR東労組と関係の深い当時国対委員長の山岡賢次氏が強硬にプッシュし、選対委員長の石井一氏も異を唱えなかったそうです」（民主党関係者）

当の山岡氏は、今年六月、JR総連の第二十六回定期大会の席上で、「公認について、『大丈夫ですよね』と何回も言われたが、『請け負います』と言い続けて今日に至るわけである」と自ら誇っている。

防衛省の仕分け作業に携わることになった田城氏だが、実は今年二月、民主党の公認前に、北沢俊美防衛大臣とも面会している。

「JR総連執行委員長、JR東労組幹部三人とともに大臣室を訪れているのです。同席したJR東労組中央執行委員長は革マル派との関係が取り沙汰される人物で公安部からマークされています」（公安担当記者）

北沢氏は秘書を通じて、「地元の支援者が連れてきたようですが、革マル派だとか、そういったことは存じ上げていなかったと思う」と回答。

田城氏にも取材を申し込んだが、「返答をいたしかねます」とのことだった。

元国家公安委員長の佐藤議員が憤る。

「閣議決定でJR総連、JR東労組と革マル派の関連性を認めながら、参院選で公認を出し、果ては、仕分け作業まで任せようとしている。民主党は国家の危機管理対策が全くなっていないと断じざるを得ません」

この『週刊文春』記事を、〝「週刊文春」がJR総連組織内議員に関し民主党の危機管理に警鐘鳴らす！》と題して紹介したＪＲ連合の二〇一〇年八月三十日付「民主化闘争情報〈号外〉」（第一四五号）は、次のように主張している。

これぞ正に「正論」。私は、双手を挙げて賛成、全面的に同意する。

《ＪＲ総連の採るべき道は第三者による革マル浸透問題の解明しかない！

革マル派が相当浸透していると政府が指摘しているＪＲ総連に直結する田城議員が、わが国の治安や安全保障を担当する行政機関、つまり、革マル派をはじめとする極左対策を進める警察庁、公安調査庁を外局に持つ法務省、さらには防衛省などの事業仕分けを担当すれば、作業を通じて機密情報が流れ、それが革マル派に通じるのではないか、との危惧が持たれるのは当然であろう。国の危機管理に関わる重要な問題であるといえる。

ＪＲ総連、東労組が、政府の指摘に対し、国民が理解、納得できる形で革マル派浸透問題について明確に説明できない限り、田城議員のあらゆる活動は、革マル派との関係との視点から、今後も厳しく監視を受けざるを得ないだろう。政府や党に対しても多大なる悪影響が及ぶことは避けられない。

ＪＲ総連、東労組が採るべき道は、第三者に自組織への革マル派浸透の実態の解明を求め、社会に詳細に公表して理解を得る以外にはないのだ。》

（３）党革マル派は「たしろかおる」氏支援⁉

最後にひとつ、面白い話を聞いたので書きとめておく。

昨年の関西地区メーデー集会でのことだが、「連合」主催の会場で、各単産の労組がそれぞれの組合旗の下に集まっている場所に、数名の学生・革マル派活動家がやってきて、ビラ配りを始めたのだという。東京地区の旧鉄労系は一般に温和しいのだが、関西地区は同じ旧鉄労系でも気が荒いというか元気な組合員が多い。

そこで、ビラ配り中の学生・革マル派活動家をＪＲ連合傘下の旧鉄労系労組員相当数で取り囲み、「あんたたちは田城かおるの選挙応援をしてるんだろう」と問い詰めたところ、当初は「それは微妙……」などと言い渋っていたが、「正直に言えよ」と更に追及したところ、最後は「そうです」と認めたとのことであった。

ただし、これは私が実地に見聞したことでなく、後日、当該の集会参加者複数名から聞いた話である。

師走に行われたＪＲ連合「公開質問状」（12．6）とＪＲ総連「返答書」（12．10）

ここ十数年来、「ＪＲ労働運動に革マルは要らない」と主張し、〈ＪＲ発足後永く「ＪＲ革マル派完全支配下の東労組尊重」の労政を執り続けたＪＲ東日本の労使関係の民主化〉を運動の基軸のひとつに据えて来たＪＲ連合は、

①（昨年）五月二十六日、八月二十五日、ＪＲ総連に「公開質問状」を送付し、現政府が認定する革マル派の浸透問題に対する見解を求めたが、ＪＲ総連は不誠実、無責任極まりない姿勢を取り続けたこと、

②十一月八日の衆議院予算委員会で、自民党・平沢勝栄議員が、民主党田城郁議員が松崎氏の側近であったことを指摘、田城議員と革マル派との関係について、「それはやはり疑われますよ、今まで側近中の側近だったんですから」などと述べたこと、

③松崎氏が原告の「週刊現代裁判」では、一審判決（二〇〇九年十月二十六日）、控訴審判決（二〇一〇年十月二十七日）共に、裁判所は「（被告側〈講談社及び西岡研介記者〉が原告・松崎氏を）革マル派最高幹部であると信じたことについて、相当の理由があるというべきである」と判示し、原告の主張を退けたこと、

④十月十二日に閣議決定された「政府答弁書」では、〝業務上横領被疑事件〟に関して、二〇〇七年二月に警察が行った捜索や差し押さえなどが違法だとしてＪＲ総連らが提起した国家賠償請求訴訟の原告に田城議員が含まれていること、田城議員に関しては既に「控訴棄却」の判決が確定していること、また、裁判の一審で、「田城議員の個人名義の口座への入金も行われていた」との事実が認定され、この内容が控訴審でも維持されていること、が明らかにされたこと、

などの問題認識を踏まえ、十二月六日、ＪＲ総連に対して次の「公開質問状」を送付し、同月十三日までの文書回答を求めた（ＪＲ連合「民主化闘争情報」〈号外〉第一七四号）。

1．裁判所が「革マル派の最高幹部と信じたことについて相当の理由がある」と判示したＪＲ東労組松崎明元会長の側近を務めていた田城郁参議院議員について、国会審議でも指摘された通り、革マル派との関係に関する疑いが持たれることは当然であると考える。これに対する

貴組織の見解を明らかにされたい。

2．公人たる国会議員である田城議員が、革マル派との関係を疑われていることについて、田城議員本人はもちろん、貴組織としても、国民が納得できるよう真相を解明し、説明責任を果たすべきだと考える。　これに関する貴組織の見解を明らかにされたい。

3．警視庁が二〇〇八年三月十八日に東京地方検察庁に送致した協会の元理事長に関わる業務上横領被疑事件と田城議員との関係について、以下の点に関する事実関係を明らかにされたい。

（1）協会元理事長名義の預金口座から、田城議員の個人名義の口座に入金された金員は、協会の公金であるのかどうか、事実関係を明らかにされたい。

（2）協会元理事長名義の預金口座から田城議員の個人名義の口座に、どのような目的で、いくら入金され、どのような使途のために費消されたのか、事実関係を明らかにされたい。

（3）上記事件に関して、田城議員は二〇〇七年二月に警視庁による家宅捜索と差し押さえを受けたことはあるのか、事実関係を明らかにされたい。

このＪＲ連合「公開質問状」に対し、ＪＲ総連は"「松崎明」死去"の翌十二月十日、次の「返答書」をＪＲ連合に送付してきた。

ＪＲ総連発第三号
二〇一〇年十二月十日

日本鉄道労働組合連合会
会長　坪井義範　様

全日本鉄道労働組合総連合会
執行委員長　武井政治　印

『ＪＲ連合発第二十二号』に対する返答

公安警察と飲食を共にする貴労組に対し、「誠意をもって回答」する必要はないものと判断します。

以上

また、このことについて、ＪＲ総連は機関紙『ＪＲ総連通信』（２０１０．１２．１５）で、次のように報じている。

【ＪＲ連合は、十二月六日付けで、ＪＲ総連に対して、「公開質問状」を送付してきた。　その内容は、十一月八日の衆議院予算委員会で行われた自民党平沢勝栄議員の質問を引用したように見せかけながら、またぞろの「革マルキャンペーン」を展開しているだけのものである。

内実は、一議員の一見解を、あたかも真実であるかのように装い、さらに検察が起訴しなかった案件、すなわち、無実の内容を取り上げて事件があったかのようにでっち上げ、仰々しい質問状を作成している。

ＪＲ総連は、この質問状に対して、「公安警察と飲食を共にする貴労組に対し、『誠意をもって回答』する必要はないものと判断します。」と返答した。】

誠意を持つも持たないも、自民党政権のみならず、民主党政権ですら認めざるを得なかった〝厳然たる事実〟を前に、ＪＲ総連はどうにも回答のしようがなく、ただひたすら「詭弁」を弄しての〝逃げの一手〟しか方法がないのだ。　そして、民主党政権は、「松崎明」に運転手兼ボディーガードしたとして重用された〝特別な人物〟を、ＪＲ連合の反対を押し切って、党の公認候補者として正式決定し、同人物は「当選した」という〝事実〟から逃れることは出来ない。

本章のタイトルを「ＪＲ革マル派（＝松崎組）国会議員を誕生させ、〝重荷〟を背負い込んだ民主党政権」とした所以《ゆえん》である。

第二章　様変わり！　急ピッチで進む「ＪＲ東日本革マル問題」関連国会論議と〝防戦一方〟、為す術がない菅民主党政権・閣僚答弁

「ＪＲ東日本革マル問題」関連国会論議の急進展

ＪＲ革マル派（「松崎組」）の総帥、「松崎明」が昨年の十二月九日、死去した。享年七十四歳。

年が明けて二〇一一年〈平成二十三〉二月、開催中の第一七七通常国会の衆議院予算委員会では、「ＪＲ総連及びＪＲ東労組内には、影響力を行使し得る立場に革マル派活動家が相当浸透していると認識している」（２０１０．５．１１「鳩山内閣・閣議決定」答弁書）をベースに、「ＪＲ東日本革マル問題」関連質疑が、再三再四行われた。その頻度は、次の通りだ。

① 二〇一一年二月一日、衆議院予算委員会で柴山昌彦議員（自民党）が「ＪＲ総連・ＪＲ東労組への革マル派浸透問題」について質問

② 二〇一一年二月八日、衆議院予算委員会で棚橋泰文議員（自民党）が「ＪＲ総連からの政治献金問題」について質問

③ 二〇一一年二月十日、衆議院予算委員会で平沢勝栄議員（自民党）が「ＪＲ総連・ＪＲ東労組への革マル派浸透問題」や、『週刊文春』（二月十七日号）記事がらみの警察庁警備局などに対する枝野官房長官らの「ヒアリング」（二〇〇五年十二月十六日）問題などについて質問

④ 二〇一一年二月二十一日、衆議院予算委員会で平沢勝栄議員（自民党）が、「ＪＲ総連からの政治献金問題」や「ＪＲ浦和電車区事件」、「田城郁参議院議員の問題」など、多岐に亘って質問

一九九九年定期大会以来、「ＪＲ労働運動に革マル派は要らない」を旗印に、〝ＪＲ東日本（労使関係の）民主化〟闘争に鋭意取り組んできたＪＲ連合のホームページには、

上記一連の動きの概要を、次のようにまとめ、政府、民主党への要望と併せて、掲示している。

衆院予算委員会でＪＲ総連・東労組への革マル浸透問題が繰り返し審議される自民党議員が民主党との関係やＪＲ総連組織内議員の問題を詳細に追及

衆議院予算委員会で、ＪＲ総連・東労組への革マル派の浸透、彼らと民主党との関係などについて、自民党議員による質問が続いています。

二月一日には柴山昌彦議員が、浦和電車区事件の加害者である元ＪＲ東労組大宮支部委員長のＹ氏や、故・松崎明氏の側近であったＪＲ総連組織内の田城郁参議院議員の問題などに詳細に触れながら、枝野幸男長官や菅直人総理大臣に対して厳しく質問し、見解を質しました。

また、平沢勝栄議員は、二月十日、二十一日と二回にわたり、ＪＲ総連からの献金問題や浦和電車区事件などについて触れるとともに、枝野長官に対し「週刊文春」（二月十七日号）でも取り上げられた、ＪＲ総連の意向を受けて行われた警察庁警備局などに対する「ヒアリング」（二〇〇五年十二月十六日）について詳細に質問したほか、与謝野馨大臣に対して、昨夏の参院選時に「たちあがれ日本」の政見放送や街頭演説で民主党が革マル派の浸透するＪＲ総連の組織内候補を擁立したことを厳しく批判した事実を指摘し、田城議員の存在について現在の認識を質しました。

繰り返しの追及によって、この問題への社会的注目がいっそう高まっています。

政府・民主党には、わが国の深刻な治安問題として、徹底した真相解明と課題解決を強く求めます。

ともあれ、これらによって、かつては「マスコミ界最大のタブー」として、長く秘密のヴェールに覆い隠されていた「ＪＲ東日本革マル問題」だったが、今や、完全に様変わり。

同問題は、国家権力の手をもってしても隠しおおせぬ「現に目の前にある事実」として、国民の前に公然化した。

以下に、各質疑の概要などを紹介する。

柴山昌彦議員（自民党）関係質疑〈二〇一一年二月一日〉概要

（柴山議員）……（佐藤勉議員提出の質問主意書に対する政府答弁書には）このように書かれている。

「革マル派は、共産主義革命を起こすことを究極の目的としている極左暴力集団であり、これまでにも殺人事件等、多数の刑事事件を惹き起こしている。……（中略）……ＪＲ総連及びＪＲ東労組内には、影響力を行使し得る立場に革マル派活動家が相当浸透していると認識している。……」

これは、枝野官房長官の政治団体が、平成八年以降、今の「（民主党政府）答弁書」にあったＪＲ総連及びＪＲ東労組からいくら献金を受け取ってきたかを示すものだ。一昨年の衆議院選挙の年まで、継続的に合計七九四万円にのぼるお金を貰っていたことになる。枝野長官、あなたが閣議決定に署名した答弁書で問題が指摘されたＪＲ総連、ＪＲ東労組から、これだけの献金を受け取ることは、道義的に問題があると思わないか。また、今後も献金を受け取るつもりか。

（枝野長官）私は連合加盟の各産別といろいろな意味でお付き合いさせていただいているが、その連合加盟の各産別とお付き合いする範囲内で当該労働組合ともお付き合いさせていただいてまいったが、それ以上でもそれ以下でもない。

今後については、「李下に冠を正さず」ということもあるので、献金等のお申し出があってもお断りさせていただこうと思う。

（柴山議員）提示したパネルは、枝野長官が平成八年の二期目の総選挙の際、ＪＲ東労組大宮支部委員長Ｙと取り交わした覚書だ。Ｙはこの頃、ＪＲ革マル派のリーダー的立場にある「ＬＣ会議」のメンバーであり、職場から集めた革マル派へのカンパを上納する財政担当だった。そしてこの書面（覚書）で、「私」、枝野官房長官のことだが、「私は、ＪＲ総連及びＪＲ東労組の掲げる綱領を理解し、連帯して活動する」と明記されている。このＹは、平成十四年、方針に従わなかった組合の同僚を脅して、脱退を強要したという「浦和電車区事件」で他の幹部と共に逮捕され、（地裁から）東京高裁まで有罪判決が出ている。枝野長官はこの判決に先立つ、平成十八年十一月に開催された「冤罪・ＪＲ浦和電車区事件から四年、七名の完全無罪を勝ち取る埼玉県集会」に呼ばれて、講演している。決して（枝野長官自身が言う）「一般的な関係」などではない

ではないか。

……（中略）……

（枝野長官は）弁護士として適正な手続きについて講演をしたと言うが、覚書が交わされた、先ほどの平成八年以降の長官と両組合との関係を見ると、実に八回にわたって新年会等の講演会に出席している。更に、昨年夏の参議院選挙で当選された田城郁議員は、ＪＲ総連の政策調査部長であり、ＪＲ東労組の委員長や会長を歴任した松崎明氏の側近だった。また、日本鉄道福祉事業協会の元理事長が、業務上横領を行ったとされる刑事事件で、田城議員の口座にも入金がなされていたとして、捜索、差し押さえを受けており、田城議員は、それが不当であると国家賠償請求訴訟を提起したが、高裁で棄却判決が出て、既に確定している。総理、間違いありませんか。

（菅総理大臣）今、お聞きになったことを、私自身、承知いたしておりません。

（柴山議員）今述べたことは、昨年、十月十二日に、同じく佐藤勉議員から出された「質問主意書」に対して、政府が閣議決定した「答弁書」に書かれていることだ。

菅総理、私は労働組合の健全な活動を否定するつもりは毛頭ない。しかし、社会的に様々な問題が指摘される過激な労働組合については、断固として、政治や行政からの遮断を図る（必要がある）とは、お感じにならないか。

（菅総理大臣）一般的に申せば、私たち民主党は、いろいろな団体にご支援いただいている。労働組合でいえば、連合のみなさんからも支援いただいている。そういう中に、たくさんの組合がある。そういう意味で、そういう皆さんとのお付き合いというのは、基本的には、党と連合との友好関係を背景に、あとは、個々の議員なり、候補者が判断することだと思っている。もちろん、今、言われたような組合に限らないが、社会的に、問題が極めてある団体との関係というのは、当然ながら、そこは、気をつけなければならないと、このように思っている。

上掲のものも含め、各国会質疑に対する感想などは、最後に総括的に述べることにするが、枝野官房長官の【今後については、「李下に冠を正さず」ということもあるので、献金等のお申し出があってもお断りさせていただこうと思う。】という答弁部分に対して、ＪＲ総連側が非常に興味

深い反応を示しているので、それをここでご紹介しておこう。

　ＪＲ総連は、二月四日、目黒さつき会館において、第三十三回中央委員会を開催した。同大会の来賓挨拶の中で、小田裕司・ＪＲ総連前委員長と梁次邦夫・浦和電車区事件被告は、それぞれ次のように述べた。

〈小田裕司・ＪＲ総連前委員長〉

　未だにＪＲ総連、東労組は革マルだというキャンペーンが国会の場で行われている。なんとも情けないことに、我々が応援している何とかという官房長官が、「李下に冠を正さず」などと証言《ママ》をしたのである。つまり、疑わしいところからは今後金を頂きませんということを証言したのである。ここにいる「元大宮地本の副委員長をやられていた梁次さんから貰ったカンパは疑わしい金だ」ということを、何とかという官房長官が言っているのである。

　許し難い行為である。いろいろなところを通じて、民主党などに抗議をしていかなければならない。

〈梁次邦夫・浦和電車区事件被告〉

（内閣官房長官の）枝野さんは、私が大宮支部の委員長だった時に、一緒に共に闘うということをずっとやってきたが、二月一日の予算委員会で自民党の柴山の質問に、枝野、菅直人の答弁で、パネルを出し、「Ｙは革マル過激集団、殺人集団」とやられて本当に悔しい思いである。（枝野さんの）答弁も毅然として跳ね除けて欲しかったが、それを鵜呑みにせず巻き返してはいるが、そのような風潮を含めて、権力によってつくられた事件を跳ねのけるための八年間の闘いであり、これからも堂々と闘っていく。……

棚橋泰文議員（自民党）〈二〇一一年二月八日〉概要

（棚橋議員）先ず、マニフェストついて質問する。これは、今パネルで示しているが、二〇〇九年、民主党が総選挙で政権の座に着いたときの中身なので、党首である菅総理が答えてください。五つ、特に主要な約束がある。企業・団体献金、禁止する。（これは）禁止したんですか。

（菅総理大臣）企業・団体献金を禁止するという基本的な考え方は変わっていない。　具体的にはその方向で、他党とのご議論もあるが、我が党としては、法案を出す準備をしている。

（棚橋議員）当然のことだが、では、民主党の議員は、総理も含めて、企業・団体献金は貰っていないですね。

（菅総理大臣）企業団体献金の禁止法案の、私たちが考えている中身は、禁止することを決めて暫定的な三年間の経過措置を設けて、その間に個人献金が拡大できるような、例えば税制的な議論をやっていこうということで、そういう意味では、現在はまだ、法律ができていないし、また、できたとしても経過措置がやはり必要だという考えであり、現在は、企業献金はいただいている。

（棚橋議員）このマニフェストには、三年間は抜け道で企業団体献金を貰っていいとは書いてないが、あなたは、二〇〇九年のこの総選挙のときに、団体献金、「ＪＲ総連」から小沢さんと同額の献金を受け取っているか。　ご存じでしたら答えてください。

（菅総理大臣）あらかじめ質問通告があれば調べておくのだが、今突然聞かれても、ちょっと私自身の記憶でどうなっているかを、この場で答える資料を持ち合わせておらない。

（棚橋議員）私の調査では、あなたは小沢さんと同金額の、「ＪＲ総連」からの団体献金を受け取っている。「ＪＲ総連」は、枝野官房長官が、いわゆる革マル派との関係での献金に関して、この委員会で何度も聞かれて、菅さん、あの時ここにいたのに、調べていないのですか。

（菅総理大臣）私も、かなり多くの個人ないし団体から、あまりそう一挙に大きな額は貰っていないと認識しているが、かなりの団体あるいは個人からいただいているので、ちゃんと調べろと言われれば、ちゃんと調べてご報告する。

（棚橋議員）「語るに落ちる」とはこのことだが、かなり多くの団体から貰っておきながら企業団体禁止とは、ひどいですよ。

上掲の質疑について、二月九日付産経新聞朝刊は、「自民党の棚橋泰文衆議院議員は八日の衆院予算委員会で、菅

直人首相が平成二十一年に、政府が革マル派が浸透しているとみているＪＲ総連から献金を受けていたことを指摘した。　平成二十一年分の政治資金収支報告書によると、首相が代表を務める『民主党東京都第十八区総支部』が同年八月二十五日に二〇万円。　小沢氏が代表を務める『民主党岩手県第四区総支部』も同年九月十六日に同額の献金を受けていた」と報道した。

平沢勝栄議員（自民党）〈二〇一一年二月十日〉

二月十日の衆議院予算委員会においては、「ＪＲ総連及びＪＲ東労組への革マル派浸透問題」及び「ＪＲ総連からの政治献金問題」などに関する〝集中審議〟が行われた。

質問者は自民党の平沢勝栄議員、同柴山昌彦議員。　平沢議員がいわゆる「ＪＲ東日本革マル問題」に関して質問するのは、昨年の八月三日、同十一月八日に次いでこれが第三回目である。

特に当日の平沢勝栄議員質疑は、「ＪＲ東日本革マル問題」の〝本質〟及びその〝国民的重大性〟を理解する上で非常に大切な内容を多く含んでいるので、相当の紙数を要するが、以下に、その全体を紹介させていただく（傍線宗形）。

（平沢勝栄議員）配付資料を配らせていただいていますけれども、一番目の平成二十二年五月十一日、鳩山総理名で出した政府答弁書、「革マル派は将来の共産主義革命に備えるため、各界、各層への浸透を図っており、ＪＲ総連及びＪＲ東労組内には、影響力を行使し得る立場に革マル派活動家が相当浸透していると認識している」と。　官房長官はこれに署名していますね。

（枝野幸男内閣官房長官）内閣特命担当大臣、行政刷新担当として、この閣議に参加して署名しております。

（平沢議員）二枚目を見て下さい。　覚書なんですけれども、「第四十一回衆議院選挙にあたり立候補を予定する枝野幸男氏とＪＲ東労組東京地方本部とＪＲ東労組（大宮）支部は、推薦にあたり、次の通り、覚書を交わします」として、「私はＪＲ総連及びＪＲ東労組の掲げる綱領（活動方針）を理解し、連帯して活動します」と。　その後のことはこれから説明しますけども、官房長官（は）、その通り連帯して活動しているんです。

覚え書きを交わした時、官房長官は、ＪＲ総連、東労組に革マル派の影響があるということは、知っていたのですか、知らなかったのですか。

（枝野長官）ご指摘のような政策協定は、労働団体に限らず、様々な団体と選挙にあたって、政策協定や確認書等を交わすことはよくある話で、連合加盟の産別の一つとそういった協定を交わすことはよくあることだと思っています。

ご指摘のような事実については存じ上げませんでした。

（平沢議員）そうでしたら、今は、こういう影響があるということを「政府答弁書」で出しているわけで、それに官房長官も署名しているわけでしょう。では、今はどういう関係になっているのですか。

（枝野長官）連合加盟の様々な団体とは、連合と民主党、あるいは、私も含めて様々な関係がございます。その中の構成組織との関係ということで、一貫して変わっておりませんが、ご指摘のような質問主意書に対する答弁で、内閣としても認識している問題は、共有して認識しておりますので、そうした浸透している勢力の影響を受けることがないように留意していかなければならない、というふうには思っております。

（平沢議員）何を言ってるのか、さっぱり分からない。

では、お聞きしますが、ＪＲの中には、官房長官と覚書を交わしたＪＲ東労組と対決しているＪＲ連合という組合があるんですね。「ＪＲ総連、ＪＲ東労組は、革マルに毒されている」ということを厳しく指摘しているＪＲ連合という組織があるんです。これも、連合傘下の組合なんです。そして、民主党を支援しているんです、ここも。

そこことはどういう関係なんですか。

（枝野長官）ＪＲ連合も連合加盟の産別の一つでありまして、相手のあることですから、具体的な時期等は申し上げられませんが、私自身も、ＪＲ連合の幹部の方々と意見交換したりということは、何度もいたしております。

（平沢議員）では、覚書というか、そういったものも交わしているんですか。そして会合とか大会にも出ているんですか。というのは、ＪＲ総連、東労組に、官房長官はしょっちゅう行っていますね、いろんな会合に。そして、平成十八年には、（官房長官と）覚書を交わした相手方が、ご存じの通り、浦和電車区事件ということで、逮捕されているんです。そして、「逮捕されたのが冤罪だ」という集会があった。そこに官房長官は行かれているわけです。

ですから、官房長官はまさに（革マル派の浸透を「政府答弁書」で認めたＪＲ総連、ＪＲ東労組と）一体となってそこで活動しているわけですけども、同じようなことをＪＲ連合ともやっているのか、どうか。

（枝野長官）連合や連合加盟の各産別、単組等を含めて、基本的には様々な会合、ご案内があったところについて、日程の許す、問題のない範囲内で、私なり秘書なりが参加するということはやっておりますが、ＪＲ連合からそういったご案内をいただいた記憶はございません。

ちなみに、地元の連合の組織、連合は、全国の連合があって、さらにその下に地域単位で、連合さいたま市地域協議会というのがございまして、そのトップ、会長と言うのでしょうか、議長ですかね、それを出しておられる産別ということでございますので、そいいった点では、接点が、ＪＲ連合の皆さんに比べて多いのは間違いないと思っておりますが、それはあくまでも、連合加盟の一産別とのお付き合いということでさせていただいています。

また、ご指摘の会合について、詳細は記憶しておりませんが、私も弁護士でございますので、一般論としての適正法定手続き等について、依頼されて講演したということはございますが、それ以上のことについて、何か話をしたという記憶はございません。

（平沢議員）ＪＲ総連、東労組からは、この前、柴山議員がここで指摘したように、資金が官房長官に相当渡っていますね。いくらだかわかりますか。七九四万円、報告書を見ればわかります。では、ＪＲ連合はどうなんですか。

（枝野長官）七年にわたって、前後関係で十数年に亘って、トータルすると今のご指摘の金額だということを確か柴山議員がお調べいただいて、それは間違いないだろうと思っています。ＪＲ総連以外の産別のいくつかのところからは、同程度、あるいは同程度以上の、長年に亘っての累積で言えば、政治献金をご協力いただいている産別はいくつかあると記憶していますが、ご指摘のＪＲ連合については、事前のご通告がございませんでしたので、確認をしておりませんので、確認したうえでお答えさせていただきます。

（平沢議員）ないんですよ。官房長官、「JR革マル派四十三名リスト裁判」というのはご存じでしょう。JR東労組の中の、革マル派で活動していた一部が、もう一緒に活動できないということで、（JR東労組から）出て行ったんですよ。その出て行った者が、「JR東労組、JR総連の中には、革マル派がいっぱいいる」と、〝四十三名リスト〟を出したわけですよ。表に、公《おおやけ》にしたわけです。

今までは（中で）一緒に活動していた訳ですから、そして、それが出したもんですから、出された方、JR総連、東労組が訴えて、今、裁判になっているんです。その裁判の中で、JR総連、東労組が何と言っているか知っていますか。

「一九九九年十二月まで、革マル派が活動していたことは事実」だと。「しかし、一九九九年十二月から関係を絶った」と。

これはちょっとよくわからないんだけれども、（もはや）認めざるを得ないもんだから、「一九九九年十二月までは、JR総連、東労組の中に革マル派がいて活動していました」と、はっきり、自分たちが認めている。警察ではないですよ、自分たちが認めているんです。官房長官、知っていますか。

（枝野長官）当該裁判自体、存じ上げませんので、何ともお答えしようがございません。

内閣といたしましては、昨年の五月十一日付の質問主意書に対する答弁書の通り認識をいたしております。

（平沢議員）JR総連、東労組の関係者が去年六月三十日に（裁判所に）出した「準備書面」というのがあるのですが、その中で、「JRの組合内には、かつては革マル派の組織が存在したが、現時点ではもはや存在しなくなった」と、こう言っているんです。

一九九九年十二月、これは、非常に矛盾点があるんですけれど、それはともかくとして、官房長官が覚書を交わした、そして、いろいろと応援を貰っていたその時は、はっきりと革マル派が（当該組合の）中で、活動していたことを自分たちが認めているんです。だとしたら、先ほどの（政治）資金ですけれども、一九九六年から一九九九年まで、四〇四万円貰っている。革マル派が活動している時期に、官房長官はそれを貰っているんですよ。

向こうが認めているんです。警察は、恐らく今でも、革マル派が（JR総連、東労組を）主導しているということを認めている訳だから。だけれども、自分たちが一九九九年十二月まで、革マル派が中で、組織立って活動していたということを認めている。その組合と覚書を交わして、資金を受け取っていたんですよ。官房長官、これはおかしくないですか。

（枝野長官）昨年の五月の答弁書で内閣としてお答えした通りの認識は、内閣の一員として当時も居りましたので、私も共有しておりますが、一九九九年当時、あるいはそれ以前のことについては、少なくとも私は存じ上げませんし、どういう認識であるのかということついては承知をしておりません。私は、その組織の中にどういうお方がいらっしゃるかということの詳細は存じ上げませんが、連合加盟の一産別、あるいは一単組との間で、通常の連合加盟の各産別の皆さんとの範囲内で、お付き合いしてきているのでございまして、それぞれの組織の中の構造がどうなっているのか、ということについては存じ上げません。

（平沢議員）官房長官ね、知らなかったと言っても、結果的に、官房長官がサインした（「覚書」の）相手は、浦和電車区事件で逮捕される訳ですけれども、この人は「革マルの幹部」と言われている訳です。そして、彼ら自身が、一九九九年十二月までは、革マル派が中で活動していたということを、裁判所へ出した準備書面の中で書いているんです。これが、結果的に分かったんです。分かったなら、それまでに貰ったお金は返すのが筋ではないですか。

（枝野長官）ご指摘をいただいています配付資料2にあります覚書は、機関と機関、正確に言うと、連合加盟の単組の支部という機関との間で交わしたものであり、ここに名前が載っておられる個人と交わしたものではございません。そして、いずれの献金等についても、政治資金規正法に基づいて、適正に処理をさせていただいているところでございます。

（平沢議員）知らなかったかもしれませんが、後で、結果的に分かったんでしょ。そして、本人たちも、去年六月の裁判所に出した書面の中で、「革マル派が一九九九年十二月まではいた」と、自分たちが認めているんです。だから、結果的にわかったわけでしょ。そうしたら、官房長官なんだから、それに対してきちんとけじめをつけるのが筋じゃでないですか。だって結果的にわかったのですから。返さなくてもいいんですか、これ。本来なら全部返すべきですよ。最低限、本人たちが一九九九年十二月までは革マル派が中で活動していたって言ってるわけだから。認めるべきだ、それが分かったんですから。どうですか、官房長官。そんなことは知らなかった、ということが通りますか。

（枝野長官）私が、そういった本日配付の資料にご提示いただいている覚書を交わしたり、政治献金等をいただいているのは、法に基づいて認められた連合加盟の産別という機関との間で、お付き合いさせていただいているものです。

そうした組織の中に、いろいろな方がいらっしゃる。そして内閣といたしましても、そういった問題のある組織の者が、そういった組織の中にいるということは、その通りのことでございますので、したがって、そうした勢力に利用されることのないよう、留意したいと思いますが、当該組織そのものは、連合加盟の、法に基づいて適正に認められた労働団体でございますので、繰り返しますが、そこの中にそういった問題のある者がいるということは内閣としての認識として私も共有しておりますので、そういった者に利用されることのないように留意したいと思いますが、あくまでも連合加盟の産別とのお付き合いでございますので、そのこと自体については、問題はないのではないかと思っています。

（平沢議員）今、官房長官は利用されることのないように、と言っていますが、利用されているんですよ、官房長官、今から言いますけど。そして、ＪＲ連合は、「ＪＲ総連というのは、革マルに毒されている」ということを言っているわけですよ。ＪＲの中の組合が言っているわけです。それでも官房長官は逃げるのですか。

では、（パネルの）三枚目を出してください。「厚生労働省等ヒアリングの開催について」というのがありますね。官房長官も呼び掛け人の一人なんですが、これを主催したのはどこなんですか。官房長官も出席しておられますけれども。

（枝野長官）ＩＬＯで採択された報告書にあるＩＬＯからの要請について、関係省庁からヒアリングをした記憶はございますが、まあ様々な役所からですね、様々な案件についてヒアリングをするということは、今、平沢議員もされていると思いますが、一日に何件もございますし、五年も前の話ですので、詳細は記憶しておりません。

（平沢議員）そもそも、この呼び掛け人の、この紙はおかしくないですか。　呼び掛け人は国会議員で、そして、出欠の連絡、ＦＡＸの返送先は〇三－三四九一－七一九二、これは「ＪＲ総連」ですよ。　一番下を見てください。「お問い合わせ先は、ＪＲ総連政治部長」になっているんですよ。

　官房長官、まさにＪＲ総連と一体となってやって、ＪＲ総連の代理人として動いているじゃないですか。

（枝野長官）ここにありますようなＩＬＯ勧告について、ヒアリングした記憶はございますが、具体的な経緯とか内容とか詳細についての記憶はございませんので、何とも申し上げられませんが、当該労働組合に限らず様々な皆さんから、この問題について、政府はどう考えているのか、内閣はどう動いているんだ、というようなことについてのヒアリング等を要請され、これについて、役所から話を伺うという機会はあることでございまして、そういったものの一環としてこういったことがあったのかな、という記憶はございます。

（平沢議員）官房長官、逃げないでくださいよ。　この時、ＩＬＯの勧告についてのヒアリングと言ってますけど、ここに（当日の）詳細な議事録があるんです。　この議事録を見てみますと、官房長官は、警察が現在進行形でやっている捜査について、「これはおかしい」と言って、相当の圧力をかけているんですよ。

　例えばですよ、既に押収さているものの再差し押さえの際には、現占有者に対して令状を示せばよいことになるが、これだと現に占有している捜査当局に対して捜査当局が令状を示せば再差し押さえできることになる。　これは刑事訴訟法を改正しないとおかしいのではないか。　要するに、再差し押さえをするには捜査当局に対して令状を示せばいい。　それを（官房長官は、）「元の所有者に令状を示さなければならないのではないか」、とずっと言っているんですよ。　それに対して警察当局は、「それは法的にも、判例上も問題ない」と言っているんだけれど、官房長官はしつこく、「それはおかしい」と言っている。

　それともう一つ言います。　令状で押収したものについて、官房長官は、「裁判官は押収物を一件ごとに判断していない。捜査当局が令状の指し示す範囲に該当するかの判断を間違えていると言っているのだ」と。浦和電車区事件について言えば、「連合浦和地協の組織図を差し押さえている。ＪＲ総連の組織図であればまだ分かるが、これは全然関係ないではないか。だから（捜査権の）濫用だと言ってるんだ」と。これが「ＩＬＯの勧告についてのヒアリング」なんですか。これ、官房長官の発言ですよ。

現在進行形の捜査について、差し押さえのやり方について、捜査の時の押収物について、圧力をかけてるじゃないですか。

（枝野長官）先ほども申しましたとおり、五年も前のことですし、この手のと言いますか、役所の皆様からの様々なヒアリングをするというのは平沢議員もなさっているかと思いますが、私も特に野党時代は一日に何件もございまして、詳細な記憶はありませんし、また、今、「議事録」なるものをお読みになったようでございますが、確認いたしましたが、党としても私自身としても、議事録的なものを作成することは全くいたしておりませんので、その内容の一々についての真偽については何とも申し上げようがありませんが、私の記憶でも、法律家の立場から捜査手続き等についてこの案件に限らず、法的に問題がないかとお尋ねすることは多々ございますが、圧力をかけるというようなことをしたことは全くございません。

（平沢議員）このヒアリングはですね、各省庁とやる前に、十時半から先ずＪＲ総連に注文を聞いているんですよ。そして、その後、十一時から各省庁を呼んでいるわけなんです。だから、まさにＪＲ総連と一体になって動いて、そしてこの議事録を見ると、明らかに現在進行形の警察捜査に圧力をかけているんです。状況を聞いているんじゃないんですよ。「捜査がおかしい」と言っているんですよ。官房長官、これでも「圧力じゃない」と言えますか。

（枝野長官）先ず、配付資料にありますようなこと、詳細な記憶はございませんし、私も自分の事務所を調べてみましたが、当時、各種のヒアリングはいろいろなところとやっていますので、記録等は全くございませんが、こうした予算委員会に出された資料ですから、この資料自体は、そういったものなのかも知れませんが、一般的に申し上げても、国民の皆さんから様々な案件にについて、政府としてどう考え、どう動いているのかということについてお尋ねがあって、それを国会議員の広い意味での国勢調査の見地から役所にお尋ねするということは、多々、行うところでございます。それに先だって、当該国民の皆さんから、こういうところに疑問がある、こういうところがわからないということを伺ったうえでなければ、まさにどういうところについて、ヒアリングでお尋ねすべきなのかということが分かりませんので、特別なことだとは思っていません。また、私自身、法律家の一人でありますので、様々な事実関係について、いろんなヒアリングでお尋ねはしますが、圧力になるようなことにはならないよう、厳に留意して、この間、国会議員としての職務を果たしてきたということについては自負しております。

（平沢議員）これ、官房長官ね、議事録を見たら明らかに圧力をかけているんですよ。ですから、委員長、関係者を参考人で呼んでください。

厚生労働省大臣官房国際課のＨさん、大臣官房国際課国際労働機関第一係のＦさん、警察庁警備局公安課のＹさん及びY'さん、法務省国会連絡調整室法務事務官のＴさん、同刑事局付のＨさん、この六人を呼んでください。官房長官が今、言ったことと全く違いますから。呼んでください。

（中井予算委員長）理事会で協議いたしますが、その、議事録なるものは私たちの部会等であまり聞いたことがない言葉でございますので、どっかの役所がメモしておったのを先生が手に入れたかどうかについても理事会へ申し付けてください。

（平沢）最後に与謝野大臣。与謝野大臣は去年、「たちあがれ日本」で立つ時、テレビの政見放送で「民主党は日教組をはじめとした労働組合に依存している。私が一番ひどいと思うのは、あの過激派の革マルの代表が民主党の比例に入っている。これはもう許し難い」と。これは、テレビの政見放送で言ったのですよ。

渋谷駅前での街頭演説、何と言ったかというと、「民主党政権は、全共闘時代の新左翼崩れが集まって作っている政権だと思っているんです。民主党は、革マルそのものを立候補させている。今ここに列車が走っているけれども、ＪＲ東労組は革マル派の牙城なんです。日教組もいればやっぱり過激派の代表まで、民主党の候補が入ってくるというのは異常なことなんです」と、こうも言っているんです。去年言われたわけでしょう。街頭で言われ、政見放送でテレビでも言われたわけでしょう。それについてどう思われますか。

（与謝野大臣）その当時の私の認識を率直に述べたまでであります。

（平沢議員）じゃあ、革マル派の候補者が当選したんです。民主党にいるんです。今民主党の内閣に入って、それについては許し難いと言っていたわけでしょう。でしたら、それについて何らかのアクションをとっているんですか。

（与謝野大臣）私は別に民主党の党員でもございませんし、一閣僚でございます。

（平沢議員）「許し難い」と。テレビの政見放送で言ってですよ、その民主党政権の中に入って、こういうことは許しているのですが、事実上許してることになるじゃないですか。

（与謝野大臣）許してもいないし、私は閣僚として仕事をやるだけでして、その方が所属しているのは民主党でありまして、私は民主党員ではございません。

（平沢議員）まあ、何言ってるんだかよく分かりません。

時間が来たので終わりますが、この問題はまだ全然終わっていませんし、先ほどの官房長官の答弁も全く納得できないないので、また質問させていただきたいと思います。

上掲のやりとりで、特に枝野幸男官房長官が答弁に四苦八苦している文書、「厚生労働省等ヒアリングの開催について」の会議は、二〇〇五年十二月十六日、衆議院第二議員会館第三会議室で行われたもので、出席議員は、枝野幸男、山岡賢次、金田誠一、三谷光男、田名部匡代、平岡秀夫、梁瀬進、谷博之の各氏である。

そして、この「ヒアリング」会議については、上掲国会質疑の前日、二月九日発売の『週刊文春』（二〇一一年二月十七日号）が、【枝野官房長官「警視庁公安部捜査」に〝圧力〟をかけた】のタイトルで、批判記事を掲載した。

また、『新潮　45』（二〇一一年三月号）も、山村杳樹氏執筆の、**【「枝野官房長官と革マル派」疑惑の深層】**を掲載。**〈世論調査で「最も期待する閣僚Ｎｏ．１」の枝野氏。“将来の総理候補”はなぜ警察の「過激派捜査」に圧力をかけたのか。〉**などとして、同「ヒアリング」の実態と問題点を詳細に記述している。

本項の〈参考資料〉として、ここで、『週刊文春』（二〇一一年二月十七日号）記事を紹介しておくことにする。

〈参考資料〉

枝野官房長官「警視庁公安部捜査」に〝圧力〟をかけた

「違法じゃなくても、（国家権力の）濫用なんだ！」

〇五年十二月十六日、第二議員会館の第三会議室。民主党の枝野幸男氏はヒアリングの名のもとに、警察庁の人間に対し、ＪＲ総連、ＪＲ東労組への捜査手法について、手厳しい批判を加えていた――。

本誌は、この議事録を独占入手した。そこには、枝野氏ら民主党議員が、警視庁公安部の捜査に圧力をかけたのではないか、と疑わざるを得ない文言が並んでいた。

今年一月十四日の内閣改造で、史上最年少の四十六歳で官房長官となった枝野氏。だが、ＪＲ総連及びＪＲ東労組との〝蜜月ぶり〟で知られる人物の就任に、公安関係者は危機感を募らせていたという。

警察庁担当記者が解説する。

「両団体とも、結成当時から、革マル派との関係が取沙汰されています。ＪＲ東労組は、かつて革マル派幹部だった故・松崎明氏が事実上トップに君臨していた組織。選挙、献金の両面で支援を受けている枝野氏が、警察庁から情報を吸い上げられる立場についたことに、頭を悩ます公安関係者は少なくない」

「捜査の中身を言えないのか」

昨年五月、当時の鳩山内閣は、ＪＲ総連、ＪＲ東労組との関係について、次のような答弁を閣議決定している。

「革マル派は共産主義革命を起すことを究極の目的としている極左暴力集団であり、（中略）ＪＲ総連、ＪＲ東労組内には、影響力を行使し得る立場に革マル派活動家が相当浸透していると認識している」

当時、枝野氏は行革担当相の任にあり、閣議決定に署名しているはずだが、今日に至るまで、両団体との関係は極めて深い。

「九六年にはJR総連旗開きに出席し、リレートークに参加しています。同年のJR東労組主催『政経フォーラム』でも講演している。二〇〇〇年には枝野氏の選挙区で開かれた、JR東労組大宮地方本部の結成祝賀会に来賓として招かれています」（JR総連関係者）

さらに今年一月八日には、大宮で開催されたJR東労組大宮支部の新年会に、党務で来られない枝野氏の代理で、わざわざ秘書が駆けつけている。

「その秘書は登壇し、『いつもJR東労組さんには大変なお世話になっております』と、丁寧な挨拶をしていました」（出席者）

また、昨年『新潮45』（八月号）は、枝野氏の二回目の選挙となる九六年に、JR東労組大宮支部幹部と「推薦に関する覚書」を交わしていたことを報じている。その覚書で枝野氏は「JR総連及びJR東労組の掲げる綱領を理解し、連帯して活動」すると同意し、署名しているのだ。

冒頭の会合に戻ろう。議事録によれば、会合には民主党議員九人と秘書七人が参加している。呼びかけ人は枝野氏をはじめ、山岡賢次氏、荒井聡氏ら、政権交代後、党や政府の要職を務めた人物を含め五名。

「直接、議員同士が誘い合ったのではなく、議員会館の事務所に案内状が入れられていた。おかしなことに、出欠に関する返事の宛先は、JR総連となっていたのです」（民主党関係者）

つまり、JR総連の意向を受けて、枝野氏らが官僚からヒアリングを行なった可能性が高いわけだ。

一方、呼びつけられた官僚は、警察庁・警備局公安課極左対策室長をはじめ、厚労省大臣官房国際課、法務省国会連絡調整室の担当者など九人だった。

「ヒアリングの表向きのテーマは、〇四年十一月にJR総連の提訴を受けてILO（国際労働機関）が出した勧告についてでした。〇二年におきた東京駅暴力事件（後に不起訴処分）と浦和退職強要事件における未返却となっていた押収品を『できる限り速やかに返却を要請する』とILOが勧告したことなどに対し、ヒアリングが行なわれたのです。厚労省と法務省はほとんど一方的に報告するだけで、議員らの質問は、警察庁の人間に集中しました」（JR関係者）

その席で、出席議員らは、当時、捜査中の「業務上横領事件」（後に不起訴処分）についても言及している。「業務上横領事件」について、当時の公安担当記者が解説する。

「警視庁公安部は、故・松崎氏が関係者二人と共謀し、『ＪＲ総連国際交流基金代表・松崎明』名義の口座から、約三〇〇〇万円を引き出し、ハワイの別荘の購入資金に充てたとみて、捜査に乗り出したのです。〇五年十二月七日から、ＪＲ総連本部、ＪＲ東労組本部など、十数ヶ所を一斉に家宅捜索しました。

このヒアリングが行なわれた十六日は、家宅捜索が始まって、わずか九日後のことで、捜査の真っ最中だったのです」

にもかかわらず、出席議員らは、詳細について説明を繰り返し求めている。

「ＪＲ総連の会計から私的に流用したこと。現在捜査中なので、詳細は控える」と警視庁の人間が答えても、「捜査の中身を言えないということか」と詰め寄っているのだ。

また別の議員は、「今回の事件は身内のことじゃないか。

それなのに何を目的に捜査をやったのか。会社でもやりくりするのは犯罪でなくてもやること」と、まるで業務上横領に目をつむれ、と言わんばかりの口ぶりなのだ。

国会議員としては禁じ手

その席で枝野氏は、「裁判所の審査があり、捜査令状の範囲内で押収している」と主張する警察側に、ＪＲ総連、ＪＲ東労組側に立った発言を繰り返していた。

「（押収物の）一件、一件、裁判所は判断していた。

「警察は前科がある。浦和事件の際に、（関係のない）『連合浦和地協』の組織図を持っていった」

警察庁側が「これまで何度も（ＪＲ総連側から）準抗告が行なわれたが、いずれも裁判所から適法との判断だった。違法と言われたことはない」と説明しても、冒頭のように「違法じゃなくても、（国家権力の）濫用なんだ！」と、あくまでＪＲ総連側の肩を持つのだった。

二月一日の衆院予算委員会で「九六年から〇九年まで、ＪＲ総連とＪＲ東労組から七百九十四万円の献金を受けている」と指摘された枝野氏は、こう答弁した。

「今後、李下に冠を正さずで、献金の申し出があってもお断りをする」

枝野氏はこのヒアリングについて、こう釈明する。

「ご指摘の会合は、労働組合に関する事件捜査に関して、ＩＬＯで採択された報告書にある要請について、関係省庁から見解を求めるものであったように思うが、五年以上も前のことで、行政機関の業務に関し、国会議員として関係省庁から説明を聴取することは数多く行なってきており、詳細は記憶していない。

また発言については、捜査手続き等に関して、法律家でもある立場から質問したように思うが、詳細は記憶していない」

警察庁は、次のように回答した。

「当時担当していた人間によると、（枝野氏らから）依頼があって、説明会に出席したと申しておりました」

ＪＲ総連、東労組の問題に詳しい自民党議員で、元・国家公安委員長の佐藤勉氏が呆れ顔で指摘する。

「当時、捜査対象になっていた団体の意を受けて、所管の官庁である警察庁の官僚を呼び出すなんて、前代未聞のこと。国会議員としては絶対にやってはいけない禁じ手。完全なる圧力ですし、捜査への不当介入と捉えられても仕方がない」

枝野氏は、捜査も「政治主導」というおつもりか。

平沢勝栄議員（自民党）〈二〇一一年二月二十一日〉の質疑概要

自民党の平沢勝栄議員は、いわゆる「ＪＲ東日本革マル問題」＝「革マル派は共産主義革命を起すことを究極の目的としている極左暴力集団であり、……ＪＲ総連、ＪＲ東労組内には、影響力を行使し得る立場に革マル派活動家が相当浸透している」と、〝閣議決定〟によって、現政権が認識している重大問題に関して、二月二十一日の衆議院予算委員会において、「ＪＲ総連・ＪＲ東労組と民主党政権との関係」までも含め、多岐に亘る質問を行なった。これは、同議員による通算、第四回目の質問である。

平沢議員は、質問の冒頭、「ＪＲ総連、それからＪＲ東労組。ここと、民主党の多くの議員は、はっきり言って、〝ズブズブの関係〟にあるんです。特に、官房長官は、〝ズブズブの関係〟にあるんです」と述べた。

当日の質疑応答を簡単にまとめると、おおよそ次の通りの内容であった。

① 中野国家公安委員長に対し、政府がＪＲ総連、ＪＲ東労組への革マル派の浸透を認めている「政府答弁書」の認識を確認したうえで、革マル派が党派性を隠して組織拡大に重点を置きながら、今なお事件を引き起こしているという実態について質した。

これに対し、中野国家公安委員長は、「認識は変わっていない」、「そのような認識を持っている」、などと答弁し、革マル派の危険性を認めた。

② 与謝野経済財政担当大臣に対し、同氏が昨年の参議院選時に、「たちあがれ日本」の政見放送で、田城郁氏が民主党公認となったことに言及、「革マル派の代表が民主党の比例に入っているというのは許し難い」と述べたことについて質問し、与謝野大臣は、「極めて常識的なことを言った」、「現在もその認識に変わりはない」と答弁した。

③ 菅総理大臣に対し、ＪＲ総連組織内候補者である田城郁氏を民主党が公認したことについて問い質し、菅総理大臣は、「私が代表になる前の段階で公認され、手続きが終わっていた」と答弁、「前執行部の判断である」と弁明した。

④ 北沢防衛大臣に対し、田城郁議員と千葉勝也・ＪＲ東労組中央執行委員長らが防衛大臣室で記念撮影した写真をパネルで示して、「国家の最高機密の中枢である防衛省に、国家を転覆させようという革マル派の幹部が堂々と入っていく」と指摘し、内閣の危機管理意識の低さを厳しく指弾した。

⑤ 枝野官房長官に対し、同長官も同席したＪＲ総連と岡田幹事長らとの「朝食懇談会」で、浦和電車区事件に関する話がされたことや、ＪＲ総連からの政治献金の取り扱いなどについて質問した。枝野官房長官は、「そうした方（革マル派）との関係の疑いを持たれるのは本意ではないので、今後は（献金の）申し出があってもお断りする」との見解を、繰り返し答弁した。

「ＪＲ東日本革マル問題」に関する民主党政府国会答弁への危惧

以上、第一章と本章とで、「ＪＲ東日本革マル問題」と民主党政権との関わりなどを多面的に眺めて来た。そして、多くの関連国会質疑を紹介したが、その中で、非常に気がかりなことがある。それは、民主党も、また民主党政権も、ＪＲ総連及びＪＲ東労組の実態を余りにも知らず、この両組合を「一般普通の労働組合」と考えて、何の警戒心もなく、安易に接触・対応していると思わざるを得ないことだ。その端的な例が、民主党選対による「田城郁氏公認」問題である。

私は、一昨年、『異形の労働組合指導者『松崎明』……』という本を書いたが、旧「動労」以来、その「松崎明」を神のごとく崇め、追従してきた「松崎組」（＝ＪＲ革マル派）の面々が長期・独裁的に支配するＪＲ総連も、ＪＲ東労組も、実は「異形・異様な労働組合」なのだ。ここのところを民主党は少しも判っていない。あるいは、「判らないふり」をしている。

これまで紹介してきた国会質疑で、菅総理や関係大臣たちは、

「あくまでも、連合加盟の一産別とのお付き合いということでさせていただいています」

「当該組織そのものは、連合加盟の、法に基づいて適正に認められた労働団体でございますので、繰り返しますが、そこの中にそういった問題のある者がいるということは内閣としての認識として私も共有しておりますので、そういった者に利用されることのないように留意したいと思いますが、あくまでも連合加盟の産別とのお付き合いでございますので、そのこと自体については、問題はないのではないかと思っています」

などと答弁している。

要するに、革マル派が浸透しているにせよ、ＪＲ総連＝革マル派というわけではない、同様に、ＪＲ東労組＝革マル派ではない、だから十分気をつけて付き合えば大丈夫、問題ない、というわけだ。ところがそれが大間違い、問題大ありなのだ。

かつての自民党政権と現民主党政権とが、一致して認識しているところの「革マル派は共産主義革命を起すことを究極の目的としている極左暴力集団であり、……ＪＲ総連、ＪＲ東労組内には、影響力を行使し得る立場に革マル派活動家が相当浸透している」とは、そんな生やさしいものではない。ＪＲ総連、ＪＲ東労組の内部実態は、社会通念上の「労働組合」とは、およそかけ離れて、非常に〝危惧すべき状況〟にあり、〝極めて深刻な事態〟なのだ。それは、民主党の幹部たちが頭の中で思い描いているであろうものとは、まるっきり違うのだ。

では、その実態はいかなるものか、次に詳細に説明しよう。

「松崎組」（＝ＪＲ革マル派）が完全に支配するＪＲ総連、ＪＲ東労組の実態

先に見てきたように、平沢勝栄議員は、二月二十一日の衆議院予算委員会の中で、

「ＪＲ東労組の中の、革マル派で活動していた一部が、〝も

う一緒に活動できない〟ということで、（ＪＲ東労組から）出て行ったんですよ。　その出て行った者が、『ＪＲ東労組、ＪＲ総連の中には、革マル派がいっぱいいる』と、〝四十三名リスト〟を出したわけですよ。　表に、公《おおやけ》にしたわけです。　今まで（中で）一緒に活動していた訳ですから、そして、それが出したもんですから、出された方、ＪＲ総連、東労組が訴えて、今、裁判になっているんです。

　その裁判の中で、ＪＲ総連、東労組が何と言っているか知っていますか？」

「本人たちも、去年六月の裁判所に出した書面の中で、『革マル派が一九九九年十二月まではいた』と、自分たちが認めている……最低限、本人たちが一九九九年十二月までは革マル派が中で活動していたって言ってるわけ」

　と述べたが、ここでいう「本人たち」とは、当該裁判の原告である「松崎明」と「ＪＲ総連・ＪＲ東労組」の関係幹部たち（四茂野修、梁次邦夫、小田裕司の各氏など）のことである。

　そして、私も、当日、被告側証人の一人として出廷した、「梁次邦夫原告裁判」（２００９．３．３東京地裁）の場で、数年前まで「松崎明」に傾倒し献身的に仕えた過去を持つ本間雄治氏（ジェイアール労働組合・中央執行委員長）は、

「私は、かつて、ＪＲ各社の労働組合の中における革マル派の組織であるマングローブの一員でした。　ＪＲ東労組など、ＪＲ各社の労働組合の中に革マル派の活動家が相当数いて、組合員の中から革マル派に理解を示す者を作り出し、同派に同調する者を育成し、最終的には革マル派の同盟員を育てる活動をしていたのは公然の秘密でした」


と、衝撃的な証言を行なった。

　同氏は、二〇〇六年六月十一日、他の同志と共に、「ＪＲ東労組を良くする会」（以下、「良くする会」と略）を起ち上げ、同年八月三日、都内「山の上ホテル」で記者会見を開き、取材記者に配布した「良くする会」結成趣意書『（ＪＲ）利用者の皆様へ』の中で、【現在、東労組中央執行部が行動の支柱としている「革マル思想」を排除し、民主的で公平な労組運営を目指します】と、「良くする会」の方向性と決意を、国民の前に明確に表明した人物である。

　そして、「良くする会」は、ＪＲ総連・ＪＲ東労組に対する「経理関係等資料開示要請」が拒否されたことに伴う、「訴訟提起報告」記者会見（２００６．１０．１０）において、後に「ＪＲ革マル派分析三角図表」、「ＪＲ革マル派四十三名リスト」、などと呼ばれて有名になる解説資料を配付し、説明した。

その内の、「JR革マル派分析三角図表」と「解説」は、次の通りで、私も、ある程度想像していたとはいえ、実際に〝実物〟を一見、その詳細さと同時に、内容のもの凄さに、「まさか、これほどまで……」と思わず絶句した。
しかし、同資料は、「良くする会」の中の数名が、JR総連及びJR東労組の内部における当該秘密組織（JR革マル派）の幹部として、自ら活動してきたそれぞれの体験に基づいて、合議し、作成したものであると知って、それも当然のことだと、納得した。

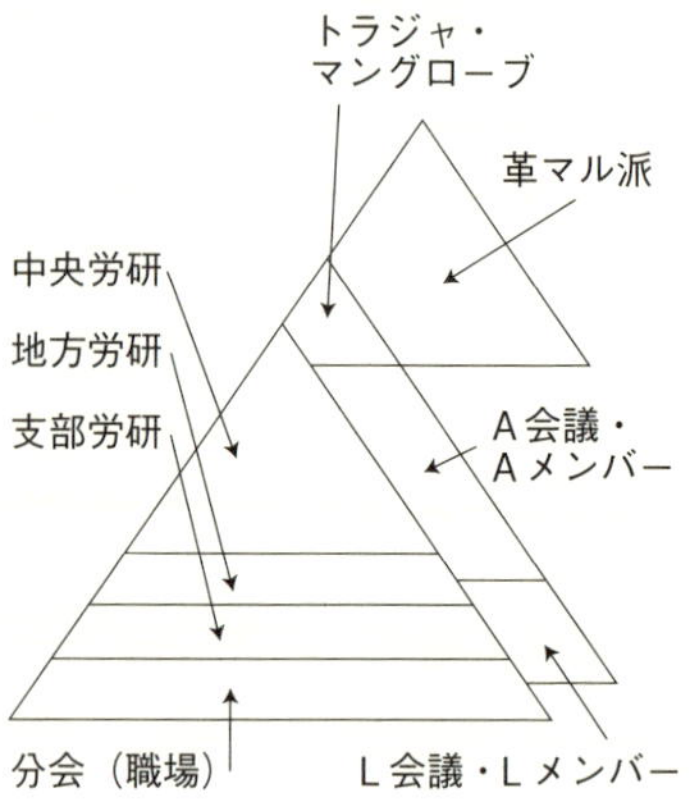

* この他に、職能別の労研も存在する。
* こうした構造（労研）が、各単組で作られている。
* これらの上部組織として、全国労研が存在する。
* 上記以外にも、労働組合としての下記のような学習会も存在している。

新塾（松明塾）：松崎明が主催し、本部・地方の中心的なメンバーを集めて行なっている学習会。課題を決めてレポートを事前に提出。そのレポートの発表を受けて討論を行なうなどが中心。

ミドル塾：地方のミドルを中心にした学習会。

ヤング塾：文字通り、青年部を中心とした勉強会。各地方に存在する。学習指導は、松明塾やミドル塾のメンバーが当たる。

* **トラジャ**

国鉄時代に解雇された者などを中心にして、JRへ移行せず、国鉄内革マルから「職業革命家」として革マル本体に行き、「マングローブ」を中心にして、他の産別革マルも含めての指導や学習などを行っていたと言われている。

＊　マングローブ

ＪＲＵ（注、ＪＲ総連）及び各単組に数人～数十人存在していると思われる。単組によって違う。「Ａメンバー」を指導する同盟員。全体のメンバー把握。カンパを革マル中央に集金、上納する。九三年（3．1路線以降）から暫くの間は、対立があり支払っていない。

二〇〇二年のＪＲＵの分裂的事態以降は不明。一説には、「よりが戻った」との見方もある。また、内部留保金も相当あると言われている。

（マングローブは）中心的には目黒さつき会館４Ｆに常駐している連中がその頂点。各地方には、存在するところと存在しないところがある。

地方のＡ会議に出向き、指導する。Ａメンバーの中から同盟員をピックアップする。その方法は、Ａメンバーの個別学習会や議論を行い、課題を設けてレポートの提出を行わせ、それをめぐって議論することを通じて同盟員へと意識を高めていくと推察される。（そして）この方法が、それぞれのレベルで行われていると推測される。坂入もここのメンバー。（マングローブは）別名、ユニバーシティーなどとも呼称されている。

組織形態・組織実態も組織防衛上から秘匿性が高く、横の繋がりはない。すべてが組織の縦＝ピラミッドの上下で行われるため不明であるが、マングローブと「ハイスクール」は別物である可能性もある。ハイスクールの上にマングローブが存在しているのかもしれない。

＊　Ａ会議

Ａメンバーによる会議。概ね各地方に一～十数個あると思われる。一つのＡ会議は十名～二十名以下くらいで構成されている。

Ｌ読学習会の内容や中央からの情報提供を受け、地方あるいはそれぞれの受け持っているＬ読学習会の指導状況などを議論する会議。

組織形態・組織実態も組織防衛上から秘匿性が高い。

横の繋がりは秘密であり、基本的には禁止されている。

そのため所属している者しかAメンバーは分からない。

「ハイスクール」などとも呼称される。

＊　Aメンバー

同盟員予備軍。　意識としては革マル同盟員・シンパ。L読者の指導を行う。　基本的には、一人のAメンバーがL読学習会を一つ以上持って、指導を行う。　L読学習会を持っていない者も存在する。

L読会議とは別のペンネームを持つ。　「ハイスクールメンバー」などとも呼称される。

＊　L読（者）

九三年の革マル派本体との対立以降は、名称はマチマチ。「労研」の中から真面目さ、運動への献身性などからAメンバーなどによってピックアップされ、革命について意識的に考える学習会メンバー。　ペンネームを持ち、ペンネームで呼び合う。

かつては、「解放」（L紙）の定期購読料を年会費で納める。　革マル本体との対立以降は、月々の定期カンパを支払う。

基本的な計算方式はあるようだが、現実に支払う額はマチマチ。　滞ってしまうメンバーも多い。

＊　L読会議（学習会）

L（※　革マル派機関紙『解放』）読者の学習会。

革マル派の文献（分裂以前は、『解放』の読み合わせ）などを使って学習し、「労研」の指導や、組合運動上の問題などを議論する。

各地方に数十組織存在すると思われる。　中心的な地方の運転職場には、職場単位で存在している所もある。

秘匿性が高いため、所属している会議に参加している者しかメンバーは分からない。

＊　労研

JR労働運動をまじめにやろうとする者の集まり。

全国組織で、単組毎に中央労研・地方労研・支部労研を有する。　地方によっては、支部労研の存在しない所もある。

運転職場などでは職場（分会）単位でも存在する。

労研メンバーは、Aメンバー・L読などによって、職場活動や組合役員としての活動などから総合的に判断され、ピックアップされ、入会の決意を促される。この組織から　多くの役員が輩出されている。また、中央会費、地方会費、分会会費などが定期的に集められる。

動労時代の「政研」の流れを汲む。　地方によって違うが、政研を国鉄改革で解散した所、解散していない所も存在した。　革マル派のフラクション的位置づけ。したがって、革マル派の影響を色濃く受けている。資本主義の矛盾、労働者階級、階級的立場などをマルクス・レーニンなどの文献、松崎明の文献などから学ぶ。冊子に『労働者の実践』（注、松崎明著）がある。

菅政権、そして民主党幹部の皆さん！　いかがですか？これでもＪＲ総連、ＪＲ東労組は、一般世間で言う「労働組合」、「普通の労働組合」ですか？

冗談じゃない。そもそも、これらの組織は、当該労働組合の「公然組織」では決してないのだ。〝党中党〟という言葉があるが、〈Ｌ読（者）〉（革マル派機関紙『解放』購読者）段階から「ペンネーム」（セクトネーム）で呼び合う彼らは、ＪＲ総連、ＪＲ東労組の内部で〝極秘裏〟に活動しているのだ。そして、ＪＲ総連及びＪＲ東労組の大多数を占める「一般の労働組合員」は、自分たちの労働組合内部に、こんな大がかりな秘密組織が存在して蠢動しているなど、全く知らないのだ。

要するに、上掲の三角図表とその解説の対象組織（の所属者たち）は、「羊の皮を被った狼」ならぬ「労働組合の名を借りた秘密組織」（の所属者たち）にほかならない。

一知半解のまま、ＪＲ総連、ＪＲ東労組と「お付き合いさせていただいている」菅政権と民主党幹部の皆さんに、次に、「ＪＲ総連、ＪＲ東労組内には、**影響力を行使し得る立場に**革マル派活動家が相当浸透している」（鳩山・菅両内閣「答弁書」）の本当の意味・解釈をお教えしよう。

ＪＲ総連の歴代委員長は、私の記憶では、次の各氏の順序であると思う。

①　杉山茂（全施労）②　福原福太郎（動労）③　柴田光治（動労）④　小田裕司（動労）⑤　武井政治（全施労）

簡単に解説すると、ＪＲ発足に伴う初代委員長の杉山氏は、動労出身者ではない。が、これは世間体を気にしたというか、外向け用で、ＪＲ産別組織の委員長が、初代から革マル派との関係を疑われている動労出身者ではまずいとの思惑があったからに過ぎないと思う。私は杉山氏をよく知っている（私が国鉄高崎鉄道管理局総務部長時代、幾度か訪ねて来てくれた）が、〝「お飾り」的委員長〟と言っては大変失礼だが、ともかく穏和な性格の人だった。

次の福原氏は一時期、「松崎の右腕」と称されるほど活躍し、平成九年頃は「トラジャ」だったと言われている人物。その次の柴田氏は「宇和」というセクト名を使用していたという。また、小田裕司氏のセクト名「立花」は、革マル派刊行図書や、同派機関紙『解放』記事に幾度か登場したことで夙《つと》に有名だ。

そして、現委員長が動労ではなく、全施労出身の武井氏であることは、今の時代を見据えた故松崎氏の「戦略的人事配置」であっただろう、と私は考えている。ちなみに、取材した「良くする会」の人々の話では、〈武井氏は革マルではない。ＪＲ総連委員長に就任して、やっと「労研」入りを許された程度の人物だ〉そうだ。

いずれにせよ、動労出身のＪＲ総連委員長全員が、「トラジャ」であったり、「セクトネーム」の所有者であることは驚きである。このような異様な「産別労組組織」は、ＪＲ総連ただ一つのみ。わが国においてＪＲ総連をおいて他には、「絶対に存在しない」と、自信を持って断言しておく。

同様に、ＪＲ東労組の歴代委員長は、次の各氏の順序だったと思う。

①　松崎　明（動労）②　菅家伸（鉄労）③　柚木泰幸（全施労）④　角岸幸三（動労）⑤　石川尚吾（動労）⑥　千葉勝也（動労）

二代目の菅家氏は鉄労出身、次の柚木氏は全施労出身で、両氏は、〝外向け〟、〝お飾り〟的要素が強い委員長だったと言っても過言ではないだろう。二人とも旧知の人物で、理由の説明は省くが、菅家氏は、「松崎明」に冷遇され、柚木氏は、「松崎明」に優遇された。

そして、四代目以降現在までは、全員が「動労出身者」だ。角岸氏は、〝ＪＲ革マル派四十三名リスト〟の説明によると、〈「マングローブ」の一員〉ということだ。石川氏も、同じく〈「マングローブ」の一員〉でセクトネームは「仁志」だという。現委員長の千葉勝也氏に至っては、〈「マングローブ」の一員〉であることに加えて、田城郁・民主党議員と同じように、「松崎明のガードマン」という過去歴があることで知られている。　これは、言い換えれば、田城郁、千葉勝也の両氏は、「松崎明」から、〝自分の命を託するに足る者〟として見込まれた「忠実かつ志操堅固」な部下ということであろう。

現ＪＲ東労組委員長の千葉勝也氏は、創設者・初代が「松崎明」である栄光のポスト、〝本部青年部長〟も務めた〝「松崎明」の最後の愛弟子〟とも言うべき存在で、私は、前著（『異形の労働組合指導者「松崎明」の誤算と蹉跌』）で、「エース登場」、「松崎が遂に〝背水の陣〟を敷いた」と述べたところだ。

ちなみに、千葉勝也氏は、第十一代・本部青年部長。第四代本部青年部長・上野孝氏（トラジャ）は、革マル派によって拉致され、二年半にわたって監禁、国外逃亡、オーストラリアで客死、という数奇な運命を辿った（「さつき会館」入り口近くに〝上野孝を偲ぶ〟碑が建立されている）。

また、第六代目本部青年部長の大江支農夫氏（トラジャ）は、中核派の内ゲバ襲撃による被害・国鉄労働者第一号。

次の第七代目本部青年部長大久保孟氏（トラジャ）も革マル派による「拉致・監禁」（約二年）の経験者だ。　「松崎明」を初代とする〝動労・東労組本部青年部長〟とは、このように尋常でないポストであり、「選ばれたる者」のみが座る特別かつ栄光のポストなのである。

ともあれ、動労出身の委員長の全員が「マングローブ」（ＪＲ革マル派）だという異様な人事を行っている労働組合は、やはりＪＲ東労組のみで、わが国はおろか、世界でも他にそのような例は、「絶対ない」とここでも断言する。

ＪＲ総連・ＪＲ東労組は、労組法が保障し、また世間一般がイメージする「普通の労働組合」では、断じて有り得ないのだ。

で、その結果、ＪＲ総連とＪＲ東労組内部ではどんことが起きているのかというと、例えば、「ＪＲ東日本革マル問題」に関する歴代警察庁警備局長答弁、自民党政権及び民主党政権の「政府答弁書」、それらの全てが、「ＪＲ総連、ＪＲ東労組内には、影響力を行使し得る立場に革マル派活動家が相当浸透している」と認めているのに、ＪＲ総連とＪＲ東労組は絶対認めず、「事実無根」、「デマ」、「でっち上げ」と強弁して譲らない。　しかも、ここが一番大切なポイントだが、それなのに、ＪＲ総連とＪＲ東労組内部には、これに反する公式意見は一切起こらない。

何故そうなのかというと、「良くする会」の人々もそうだが、本部方針に異論を持つ者の存在を絶対許さず、除名、組合員権停止その他の処分を濫発し、徹底的に排除してしまうからだ。　ＪＲ総連、ＪＲ東労組内には、こと「ＪＲ東労組革マル問題」に関しては、憲法が保障する「言論の自由」、「自由な発言」が一切認められていない。　だからこそ、自民党政権、民主党政権共通の閣議決定を経た同一内容の「政府答弁書」を、「事実無根」、「デマ、デッチ上げ」だとする〝暴論〟が堂々とまかり通っているのだ。

このことについて、ある一般組合員（大卒）が私の取材に対して次のように語った。

〈管理者も、大方の一般組合員も、「政府答弁書」が正しいことはよく判っている。　しかし、会社がその「東労組」と手を握っている以上、われわれが口に出すべきことではない。　東労組に納めている「組合費」は、〝保険料〟のようなものだと認識している〉

要するに、ＪＲ総連及びＪＲ東労組は、ＪＲ革マル派（＝「松崎組」）による〝一党独裁政権〟によって、しかも表面的には連合傘下の一見普通の「労働組合」であるかのように、統治・運営されている、というのがその実態なのである。　わが国の労組法によって保障されるところの普通の「労働組合」の組織運営と、ＪＲ総連及びＪＲ東労組の組織運営の実態とは、天と地ほどの差があるのだ。

「ＪＲ総連、ＪＲ東労組内には、影響力を行使し得る立場に革マル派活動家が相当浸透している」（鳩山・菅両内閣「答弁書」）の本当の意味は、**【ＪＲ総連及びＪＲ東労組は、「ＪＲ革マル派」＝「松崎組」が完全に実権を掌握し、その「ＪＲ革マル派」によって、一党独裁的組織運営が行われている】**ということなのである。

枝野官房長官の「警察捜査への圧力」ヒアリング問題なども含め、私は、「ＪＲ東日本革マル問題」に関する国会質疑における菅総理と関係閣僚などの答弁内容に見られる、〝能天気〟とも言いたい問題意識、危機管理意識の低さに慄然たる思いがする。

閣議決定を経た現菅民主党政権の正式見解、「ＪＲ総連、ＪＲ東労組内には、影響力を行使し得る立場に革マル派活動家が相当浸透している」は、「一九九九年十二月」時点以前の状況なのでは決してなく、あくまでも、「現時点のＪＲ総連及びＪＲ東労組の状況」に対する政府認識、公式見解なのだ。

ＪＲ東労組は、ＪＲ東日本の圧倒的最大労働組合だ。

そして、ＪＲ東日本は、わが国旅客鉄道輸送会社の基幹的重要企業である。　国民の生命の安全輸送と深く関わるそのＪＲ東日本の最大労組が、新左翼過激派の筆頭組織・革マル派と密接な関係がある「ＪＲ革マル派」の完全支配下にある!!

とうてい信じ難いことだが、これが政府認識による、今、目の前にある「事実」なのだ。

だから、私は、本項と関係があると思っているわけでは必ずしもないが、例えば、次のような新聞記事を見ると、何か気になって、ついいろいろと考え込んでしまうのである。

【共同通信】平成二十三年二月二十日配信

線路内のケーブル切られる　ＪＲ宇都宮駅付近

ＪＲ宇都宮駅付近の線路内に設置されている融雪用の高電圧ケーブル一本が切断されていたことが二十日、宇都宮東署への取材で分かった。運行に影響はなく、ＪＲ東日本は復旧工事を完了している。

宇都宮東署は、現場から約五メートル離れた門扉の南京錠が壊れていることなどから、何者かが侵入してケーブルを切断したとみて、器物損壊事件として調べる。

十九日未明にシステム異常がありＪＲ東日本の職員が点検。二十日未明になって、ケーブルボックス内のケーブル一本が切断されているのを発見し、同日早朝に一一〇番した。

繰り返し言っておくが、ＪＲ総連とＪＲ東労組内では、政府答弁書の言う「革マル派浸透」問題に関しては、それが「嘘」か「本当」かも含め、口に出したり、関心を持ったりしてはならないという「不文律の掟」がある。そして、圧倒的最大労組の「掟」の反映として、「ＪＲ東日本革マル問題」に関する、〈見ざる、言わざる、聞かざる〉の〝三猿主義〟的「空気」がＪＲ東日本社内全体を重苦しく覆い尽くしているのが現状なのだ。

ＪＲ総連とＪＲ東労組内にあっては、〝革マル問題〟を絶対口にしてはならない〟、この不文律の「タブー」持つという、一事からしても、ＪＲ総連、ＪＲ東労組が「普通の労働組合ではない！」ことは、明白だ。

「あくまでも、連合加盟の一産別とのお付き合い…」などという、〝お気楽答弁〟で済ませられるような軽い事柄、問題ではないということを、少なくとも「政権担当」の重責を担う方々には、深く理解し、肝に銘じて欲しいものである。

JRの最大産別組織は、「JR連合」！

　ところで、JRの最大産別組織は、「JR連合」であって、「JR総連」ではない。この両者は、JR連合発足当初、ほぼ同数の組織勢力であったのだが、今や、その差は一万人以上もあり、しかも日々、開きつつあるのだ。

ちなみに、「JR連合」の組合員数は、七万八千名（対前年比二千名増）である。他方、「JR総連」は、六万九千名（対前年比一千名減）だ（厚生労働省「平成二十二年労働組合基礎調査結果」）。

　そのJR最大産別、「JR連合」発行の「民主化闘争情報〈号外〉」第一九八号（2011．3．7）は、「**民主党に擦り寄るJR総連の意図にいっそうの警戒心を！**」と題して、自民党・平沢勝栄議員が二月十日と二十一日の衆議院予算委員会質問で取り上げた、〝二〇〇五年十二月十六日に枝野幸男官房長官ら民主党議員がJR総連の意向を受け、業務上横領事件や浦和電車区事件について警察庁関係者らから「ヒアリング」し、捜査に「圧力」をかけた〟という問題を詳しく報じた『週刊文春』や『新潮45』の記事内容について説明し、最後に政府・民主党に対して次のように要望している。

【国会議員を利用したJR総連のこうした動きを見れば、組織内議員を誕生させ「推薦議員懇談会」を起ち上げるなど、民主党や国政との関わりを強化しようとしている彼らの最近の方針の目的は明らかである。

民主党政権は政府答弁書で「革マル派は、組織拡大に重点を置き、党派性を隠して基幹産業の労働組合等各界各層への浸透を図っていくものと見られる」と認定している。

政府・民主党には、JR総連との関係について一層の警戒心を持つよう、強く求めたい】

　また、JR連合は、「民主化闘争情報〈号外〉」第一九九号（2011．3．9）においても、「**革マル派に利用されないためにJR総連革マル派浸透の実態解明を！**」、「**民主党政権は警察や公安調査庁を駆使し徹底解明すべき！**」と題して、民主党政権に次のような早急の行動開始を求めた。

【JR総連をめぐる「業務上横領事件」について、警察が「ＪＲ革マル派による組織的犯行」と分析していることや、浦和電車区事件加害者の梁次邦夫氏は革マル派へのカンパを集約していた人物で、警察も活動家としてみていることはすでに検証した通りだ。　枝野長官は、「(革マル派に) 利用されないよう留意したい」と答弁したが、そのためにはＪＲ総連・東労組への革マル派浸透の実態解明が先決だ。

民主党政権は、国の治安問題の解決のために、政府機関である警察や公安調査庁を駆使して、徹底解明に取り組むべきである】

国民の生命・旅客の安全輸送を最大の使命とするＪＲの最大産別労組、「ＪＲ連合」が、ＪＲ総連・ＪＲ東労組の恐るべき内部実態に危機感を抱くのは、当然で、私もＪＲ連合の上掲の主張、要求には同意、全面的に賛成する。

今や、「松崎組」(ＪＲ革マル派)幹部であったことは間違いない「田城かおる」参議院議員を、その公認時の経緯からして、〝覚悟して〟抱え込んだ民主党政権としては、同議員の名誉のためにも、「政府機関である警察や公安調査庁を駆使」して徹底解明に取り組み、自党と田城郁議員を覆っている〝疑惑〟を完全払拭し、汚名を濯《そそ》がなければ、とうてい国民の信頼を得ることはできないだろう。

ここで、念願の「政権交代」を果たした民主党の人々に問いたい。

ＪＲ連合もＪＲ総連も共に熱心な民主党支持団体である。

ＪＲ最大産別のＪＲ連合は、国民から負託された最大の使命である「旅客の生命・財産の安全輸送」の完遂を期して、〝ＪＲ労働運動に革マル派は不要だ！〟の旗幟鮮明な「民主化闘争」に日夜、奮闘している。

他方、組織的衰退傾向が著しい、ＪＲ総連及びＪＲ東労組は、民主党政権の政府答弁書が言う〝「革マル派浸透」事実〟を、内部調査一つ行おうとせずに、ウソ、デマ、デッチアゲ、国家権力による弾圧だ、などと強弁して、絶対に認めない。

では、社会常識的に考えて、民主党が誠実に対応すべき支持団体は、どちらでしょうか？

※**〈補遺補足〉**

本章で、歴代のＪＲ総連及びＪＲ東労組委員長で動労出身者以外の方々、杉山茂(全施労)、武井政治(全施労)、菅家伸（鉄労）、柚木泰幸（全施労）の各氏について、「外部向け」とか「お飾り的」などと、失礼な表現を用いたが、これはその方々の個人的能力に対してのものでは決してない。

「松崎組」（JR革マル派）の一党独裁的支配体制下にあるJR総連、JR東労組にあっては、組織的秘密を共有する〝動労出身者〟以外は、幹部役員であっても、体よく棚上げされ、実力の発揮しようがない、ということを述べたかったのだ。

このことを裏付ける格好の資料があるので、本章の最後にそれを紹介しておきたい。

◆『アクセスジャーナル』〈2010/11/30〉所収

〈新連載〉元「フライデー」名物記者・新藤厚の「往事茫々日記」第七回

「JR東労組、前進社、タカラ」〈一部抜粋〉

JR東労組委員長と松崎書記長のスキャンダル

ときは昭和の終わり、国鉄が民営化してJR東労組ができてしばらくした頃だった。

たしか東労組の初代委員長は「菅家」といったように思う。

老人の記憶には一緒に呑んで面白い話を聞かせてくれた「カンちゃん」として刻まれている。鉄労出身で東北訛りの抜けない木訥な好人物だった。

勿論、たしか書記長に就任した松崎の傀儡、というよりも何の権限もない名前だけの委員長だった。旧鉄労の面子を立てただけの「お飾り」である。「東労の委員長はスナックのママを愛人にして組合費で毎晩店に入り浸り」というようなタレコミが「フライデー」にあった。恐らく対立する組合の嫌がらせだろう。ある夜、何食わぬ顔で客の振りをして蒲田だったか大井だったか、その店をのぞいてみた。情報どおり酔眼の「委員長」がいた。その晩に店を閉めて出てきたふたりを隠し撮りした。簡単な仕事だった。

その翌日、今度は取材でそのスナックに行った。カンちゃんはすでに聞こし召してご機嫌だった。国が東北は福島の同郷だったから難なく懐に入り込んで話が聞けた。

以下、その夜のカンちゃんの告白……。

「委員長っていっても俺に仕事はないんだよ。めったに本部に行くこともないしね。だから毎日、東京湾で釣りをしている。単身赴任で淋しいからママとこんな風になったけど、嫁さんには悪いと思ってるよ」。一驚を喫したのはそのあとである。「松崎ってホントに恐い男なんだよ。俺は松崎が人を殺したことも知っているんだ」「えっ、やっぱり内ゲバかなにかで？」「それ以上は俺の口からは言えないよ。俺が殺されちゃうもの」。

ＪＲ最大労組の委員長が部下の書記長を告発！　週刊誌的には願ってもない展開である。会話はテープに録音しているのだ。その時、松崎は東欧のどこかで叙勲だか、表彰されるとかで外遊中だった。ＪＲ東日本は慌てたことだろう。花崎という総務部長が「なんとか一週待ってくれ」と何度も泣きを入れてきた。松崎が「文藝春秋」に誰も信憑（ママ）しない革マル「転向宣言」を書いたあとだったろうか。

いくら酒飲み話とはいえ「労使協調路線」の一方のボスが「殺人犯」と名指しされればコトは穏やかでない。

実はその十年ほど前、いちど飯田橋の飲み屋で松崎を直撃取材しようとして屈強なボディーガードに追い払われた苦い経験がある。その時、ちらりと垣間見た松崎の面貌は「職革」のそれだった。これが「革命的警戒心」というやつかと思った。結局、記事はボツになったのだと記憶している。（するとカンちゃんの不倫はバレなかったのだろうか。どちらにしても、もう時効の話だ）。その経緯はフリーランスの記者には判らない。編集部と花崎でハナシをつけたのだろう。「そうかキヨスクで販売拒否されたら困るからな」。合点がいったのは何年かして「ＪＲの妖怪」を連載した「週刊文春」の販売拒否事件が起きてからだ。

だから西岡研介の『マングローブ』には感心した。数度会っただけだが、ゴールデン街「ル・マタン」での西岡の印象はよくない。だいたい東北田舎人はエラそうな上方が嫌いである。侍のほとんど居ない町の文化など関東者には理解できない。

ただし書くものは別である。「よく殺されないものだな」と、昔を知る老人はつくづく感心した。大した「蛮勇」などと言ったら失礼だろう。

若干解説しておくと、文中、下線（傍線）を付したのは私だが、これは筆者の新藤氏が記憶違いで、当時のＪＲ東労組委員長名と書記長名を取り違えているからである。正しくは、当時のＪＲ東労組委員長は松崎明氏、書記長が菅家伸氏である。だから、「委員長」→「書記長」、「書記長」↓「委員長」、「委員長が部下の書記長を」↓「書記長が上司の委員長を」と読み替えていただきたい。したがって、最上部のタイトルは「ＪＲ東労組書記長と松崎委員長のスキャンダル」が正しい。

で、ここでのポイントは、当時、菅家伸書記長は、やる仕事がなく、毎日、東京湾で釣りをしていた、つまり完全なお飾り書記長だった、ということだ。実は、これが「普通の労働組合」では、まずもって有り得ないことなのだ。

例外はあるが、通常、「労働組合」においては、書記長が最も激職、最も多忙なポストである。そして、どちらかというと委員長の方が名誉職、日常的実務は書記長が取り仕切るというのが一般的傾向と考えてよい。

いずれにせよ、上掲の一文を通じて、図らずも、「松崎組」（ＪＲ革マル派）の一党独裁的支配体制下にある〝ＪＲ東労組組織運営の異様性〟を窺い知ることが出来よう。

第三章　「松崎明」と〝松崎組〟が「党・革マル派と〝絶縁した〟」と称する時期の徹底検証

〝松崎〟が嘘に嘘を塗り重ねて構築した「党・革マル派と〝絶縁した〟時期」変遷史

(1) 慎重かつ巧妙に、「党・革マル派と〝絶縁した〟時期」の明確化を回避する〝松崎〟

立花　隆著『中核VS革マル』（講談社）が刊行されたのは、「国鉄改革」（昭和六十二年）を十年以上遡る〝スト権スト〟の年、昭和五十年十一月である。

当時、「松崎明」は、革マルの大幹部であり、「動労」の最高実力者であり、「動労及び国労革マル派」の総帥であることが周知、公然の事実だったということは、不朽の名著として今や古典となっている『中核VS革マル』の記述が明確に証明している。この「〝松崎〟が完全掌握した動労」と革マル派の「公然的関係」については、拙著『もう一つの「未完の国鉄改革」』（月曜評論社）で詳述した（三九頁〜）ところだ。

また、最近の著述物として、松尾　学『「善良な市民」の仮面で革命勢力としての真の姿を隠して活動する革マル派』（月刊「治安フォーラム」二〇一〇年六月号）も次のように述べている。

〈そのJR東労組は、現在は、革マル派との関係を表向きには否定している。ところが、JRが昭和六十二年に民営化される以前の国鉄時代には、JR総連・JR東労組の前身である「動労」が頻繁にストライキを決行し、同派がこれを公然と支援するなど、両者の関係はかなりオープンなものであった。——中略——

動労が、革マル派から外見上明らかな支援を受けながら、ストライキや「遵法闘争」に名を借りた過激な労働運動を展開したにもかかわらず、社会一般やマスコミからの批判もほとんどなされず、内部的にも問題として扱われること

もないなど、さしたる支障はなかったのである。〉（三～四頁）

ともあれ、国鉄時代には、やや大げさに言えば世間一般的な〝常識〟であった「革マル派の大幹部・松崎明」は、国鉄改革に前後して講演、対談、インタビューなどを利用して、「かつては革マルだったが、今は違う。　とうの昔に抜けた」と主張するようになった。　が、しかし、彼は肝心かなめの「離党時期」については、明示することを巧妙に回避していたように思われる。

私が知る限り、松崎の革マル派からの離党時期が一応「文字化」されたのは、21シンクタンク・未来派グループ編『鬼の挑んだ賭け　―人間・松崎明動労委員長』（弘済出版社　昭和六十二年三月刊）が初めてである。

そして、この本は、その題名及び刊行時期と出版箇所からして、当時の国鉄当局と「動労」とが一致協力して、革マル疑惑に包まれた「松崎明」という異形の人物を、一般世間に何とか無事に押し出そうと腐心したもの。　一種の「戦略本」（悪く言えば「ヨイショ本」）であることは、次の「発刊にあたって」を読むことによって容易に理解できる（傍線宗形）。

発刊にあたって

松崎明が動労委員長に就任して以来、そのマスコミの取り上げ方は、量においても、その内容においても異常である。

偽装か、転進か、が話題の中心である。

三十年近い年月を、やや遠く離れて――机を並べて仕事はしていないという意味において――彼松崎と付き合って来たわれわれは、このような状況の中で、松崎明という人間を、その素顔を、世間にちゃんと知ってもらおうと考え企画したのが、今回の〝鬼が挑んだ賭け〟の出版である。

そして日本的ムラ社会意識と訣別し、国鉄改革を成し遂げるために、その命さえ賭した男の心境に迫り得れば、とも考えてのことである。

五十年に一人とか、百年に一人しか生まれない人物であるとか言われている松崎であるが、その内面は細心にして、人間そのものである。

この本の出版にあたっても、本人は固辞し続けたわけであるが、われわれの圧倒的圧力の前に、屈服させられたのが真実である。

同時にこれを機会に、パーティーでも行なって〝松崎を酒の肴にして〟楽しもうとするわれわれの策動に対しても、本人は終始沈黙していたが内心は大反対であった。彼は妻にはそのことを率直にうちあけている。

神経質で、照れ屋なのである。

しかし頼まれれば、嫌とは言えない性分なのである。

われわれグループが取材していて感じたことは、〝松崎は絶対に嘘をつかない〟ということであり同時に、〝付き合ったらとにかく面白い〟という点であった。それは取材したどの人からも聞かされた言葉であり、この二つの言葉の中にこそ、人間松崎明の神髄が潜んでいると言える。

世の中、浮き沈みはあるものである。栄枯盛衰は世の習いである。

とはいえ、状況に関係なく、友人であればとことん付き合っていく人間も希だろう。

ある人は、〝損な性分だな。本人にはマイナスになってもプラスにならないのに〟と語っていたのが印象的である。

彼はいう。

「俺は捩れ松よ。一度捩れたらそう簡単には元に戻らねぇのよ」

ベランメエ口調の中に、その生きざまが吐露されている。

それは人間の皮を被った人非人とは断固闘うということであり、見えた社会での立つべき所で、炎のように燃えさかっている男の、率直な心情であろうか。

彼は今、新たな労働運動の道を模索してあるいている。

それは厳しい。だが王道の道である。それを進めてほしい。

これがわれわれグループの、彼と付き合った期間の長短に関係なく導き出された結論である。

だがどう言おうと、行動しようと、偽装と願望している人には偽装となるのだろう。

それはそれで良い。

すべては、読者諸兄の判断に委ねたい。

なお、本書の発行にあたって鉄道弘済会小林会長をはじめ多くの方々のご協力をいただいたことに対し、深く感謝申し上げます。

21シンクタンク・未来派グループ
代表　松石　謙

昭和六十二年三月吉日

多少なりとも「国鉄・JR革マル問題」に関する情報と知識を有する者ならば、「国鉄改革」が成り、「JR東日本」が発足するどさくさに紛れての、JR東日本労使協力体制による戦略的〝松崎賛美〟本であったことは一目瞭然である。が、それはそれとして、同時に、「だがどう言おうと、行動しようと、偽装と願望している人には偽装となるのだろう。それはそれで良い」などといった辺りに、彼らにしても、いわゆる「松崎のコペ転」が、世間様の「信用と納得をかちとることはかなり困難だろう」と考えていたことが判り、おもしろい。

そこで、同書には、次のように記述されている（文中の傍線付与は宗形）。

【……昭和三十九年の十月に、松崎が属する動労組織内の派閥集団「政策研究会」が発行した雑誌に、松崎が「動力車賃金論の一考察」という論文を発表した。……この論文は、動労内のもうひとつの派閥集団である「同志会」からも問題視された。

この論文は、また別の意外なところでも問題になった。……（「革マル派」という）党派内で問題になったのである。

そこには複雑な党派内の問題が介在しているのであるが、松崎は徹底した批判にさらされた。そのなかで松崎は、党派のいう理論、あるいは指導というものと、現実の労働運動との違いというか、ギャップといったものを痛感した。……

後に松崎は当時の現実と理論のギャップとその闘争を〝地獄を見た〟といったが、現実の労働運動のなかで、労働組合主義の立場で松崎は自説を展開した。

松崎は自分が立っている現実のなかで、理論を生み出そうとする。そうした松崎を党派の活動家たちは批判し、非難する。

その激しい論議の日々を松崎は〝地獄を見た〟と表現したのである。

そしてその結果として、松崎は党派から抜け出していったのだった。

こうした松崎自身の苦悩とはかかわりなく、松崎に貼られた「トロツキスト」「過激派」というレッテルは、昭和六十年頃まで剥がされることはなかった。……

松崎は共産党から離れ、**新左翼といわれた党派からも離れていった**のであるが、それは、松崎が「労働組合主義者」に徹する生きざまを選択したからであった。】（一一〇

〜一一二頁）

注意して読んでいただきたいが、ここで松崎は、昭和三十九年の十月に党革マル派とトラブルを起こしたことはわかるが、しかし「○年○月」に革マル派と訣別したのかは、ぼかされたまま、不明である。この本は、「国鉄改革の功労者」（私には異論があるが…）の立場で、全盛期の松崎が、会社側の権力も存分に利用して、革マル疑惑を払拭し、社会的認知を得ようと企図したものであることは、間違いない。その極めて重要な本にして、松崎は、革マル派との訣別時期の明示を回避したということを、ここでは確認しておこう。

(2) 動労本部委員長就任に際しての労働記者質問への回答

松崎は、目前に迫った「国鉄改革」を睨んで、一九八五年（昭六十）六月、動労東京地本委員長の地位を捨て、動労中央本部執行委員長に就任した。

私などいわゆる〝国鉄・労働屋〟の世界では常識、周知の事実であったが、当時、松崎は「動労東京」という一地方本部の委員長でありながら、水上大会で政研派が動労本部の多数を制した（注、革マル系五＋政研六）労運研九）一九七七年（昭五十二）時点以降、押しも押されもしない「動労ナンバー1の実力者」で、中央本部委員長はただの〝傀儡〟に過ぎなかった。

したがって、その彼が満を持しての登場、「動労本部委員長就任」に際して当然行われる「労働記者会見」の場で、かねてから囁かれ続けた「革マル派との関係」が質されるのは必至なので、腹を据え、周到な準備をして臨んだであろうことは容易に推察される。

松崎　明著『国鉄改革　――正々堂々と我が道を行く――』〈上巻〉（ぴいぷる社　刊）の中に、――中央執行委員長就任にあたっての労働記者の質問に応えて――　ということで、その際のやりとりが記載されている。

傍線を付しておいたように、この質問自体形式的で、いささかヤラセ臭い気がしないでもないし、失礼ながら勉強不足で脇甘の感があるが、ともかく紹介すると次のとおりである。

質問　松崎さんは世間的には「革マル」のかなりの幹部

ということが伝えられていますが、そのことと私の知っている限りでは社会党員だと言われていますが、その辺はどうなんですか?

松崎 経過として言いますと、社会党との関係は一九六一年の入党運動の時に、私は東京地方本部の執行委員になりまして、率先して入党しました。その後、社会党というのはグズな組織でして、「再登録」などと言いながら、実際には職場から地域に組織を移す際に実にルーズだったのです。そういうこともあって放っておいたら自然消滅してしまったのです。

動力車労組としては、社会党支持団体になっておりますので、党員・党友をもっての党員協があるわけです。党友については最近においては認める感じですが、何としても社会党のなかの基本的には向坂派の人たちだったのですが、入党は認めないわけです。石橋委員長になって、「百万党員」ということで積極的に取り組む課程で、今年になりますが動力車労組内に社会党の組織をつくりました。労働組合のなかでは、全電通東京地方本部に東京ではたった一つの特殊な組織として総支部があるのですが、社会党東京都本部の意見もあって東京地方本部のなかに社会党組織をつくり、私も社会党員になりました。

それからいわゆる「革マル派」の問題ですが、このことは相当長きにわたって言われているわけです。私自身が日本共産党を飛び出した時のひとつの理由が、スターリン主義批判であったのです。それから国鉄労組の新潟闘争(一九五七年)というのがありまして、尊敬していた細井宗一さんが「俺だけ闘って、なぜその時に共産党は全面的に支援しなかったのか」と言いましたが、これはいままでも私は疑問を持っていまして、この党と決別したわけです。

そういうなかで自分自身は、ソ連について大きな疑問を持っていましたし、いわゆるスターリン主義の問題について考えを求めていました。そこで黒田寛一という哲学者の書いた『スターリン主義批判の基礎』という本を本屋で見つけまして、そういうものを勉強しました。ともかくそれ以前に「トロッキスト」にされてしまっていたわけで、トロッキストとは何かということを勉強しはじめたわけです。そういう意味での影響を受けて、「革マル派」としての私自身の存在ということも一時期ありました。けれども「内ゲバ」にかかわるような問題について、私は当然のことながら賛成するわけにはいかなかったのです。いかなる理由があろうと、「内ゲバ」を支持するということは、

> 私自身にとって、そして労働組合幹部にとって死を意味すると思いましたから、そのような党派の指導を受け継ぐわけにはいかないということになったわけです。
> （一九八五年六月三十日、動力車労組中央本部執行委員長就任にあたっての労働関係記者の質問と答弁）

これもかなり面妖な内容で、たとえば一九五七年に共産党と決別、黒田寛一の影響の下に新左翼過激派、「革命的共産主義者同盟」入りした模様であることはわかるが、その彼が新左翼過激派のまま、何故一九六一年、動労東京地方本部委員長時代に更に「社会党入り」をしたのかが、さっぱりわからない。

このあたりを、「松崎の腹心中の腹心」と言われている四茂野修氏作成の「松崎明　年譜」（松崎明著『松崎明　秘録』巻末）から拾うと、次のとおりだ。

＊一九五五年、日本共産党入党（十九歳）

＊一九五七年、国労新潟闘争〈七月〉　国労新潟地本と交流　この頃黒田寛一との接触はじまる（二十一歳）

＊一九五八年、革命的マルクス主義者グループ（RMG）で活動（二十二歳）

＊一九六三年、革命的共産主義者同盟第三次分裂　革マル派副議長となる（二十七歳）

これらからして、「一九六一年」時点の松崎は、どう考えても〝完璧な革マル派幹部〟である。〝面妖な…〟と言うのはこの意味だ。おそらくは、革マル派の十八番《オハコ》戦略「潜り込み」と「（内部からの）食い破り」を策したということだろう。

ともあれ、この記者会見で松崎が言っていることは、①自分は、一九五七年の国鉄新潟闘争で共産党の指導に疑問を感じ、共産党と決別した。②そのころ、黒田寛一の思想に興味を持ち、黒田の影響で一時期、「革マル派」に籍を置いた。③けれども、「内ゲバ」には賛成できなかったので、「内ゲバ」問題を契機に革マル派と決別した、ということだろうと思う。

そして「内ゲバ」の発生は、一九七二年十一月、革マル派による「早稲田大学生川口大三郎」君の集団リンチ・殺害がその嚆矢である。また、国鉄労働者に対する最初の「内ゲバ」事件ということならば、公式には一九八〇年（昭五十五）九月二十二日、革労協による「小谷昌幸・動労中央本部教官部長に対する襲撃事件（重傷）がその第一号である。

松崎が「内ゲバ」を契機に党革マル派と決別したのは一九七二年頃なのか、それとも一九八〇年頃のことか、彼は意識的にその辺をぼかしたまま、労働記者会見をなんなく乗り切った。

同じような例を、もうひとつ挙げておこう。上掲の松崎明・動労本部委員長就任記者会見の翌年、一九八六年の『文藝春秋』四月号に、屋山太郎・松崎明対談「鬼の動労がなぜ仏になったか」が掲載され、そこでは次のようなやりとりが行われている。

屋山　ともかく全動労・千葉動労と異分子を切り捨てたわけですから、いま松崎さんの配下は純血集団ということになるのでしょうか。

松崎　そんなことはありません。動力車労組というのは、あくまで職能組合です。私自身の配下というか、全動労・千葉動労からは「革マルの親分」と言われて……。

屋山　その革マルとの間はどうなんですか。

松崎　かつては関係がありましたけれど、いまは全くありません。

屋山　いまでは関係ない？

松崎　ええ、関係を持っていたら、全動労や千葉動労のようにやらざるを得なくなると思うのです。……

これも意図的に党革マル派との訣別時期の明示を回避している。

(3) 松崎明著『鬼が撃つ』（TBSブリタニカ社　一九九二年十月刊）**の本人記述「一九七八年…」**

松崎は、一九九二年（平成四）十月にTBSブリタニカ社から刊行した『鬼が撃つ』の中で、次のように著述した（文中の傍線及びゴシック文字化は宗形）。

【一九七八年に「貨物安定輸送宣言」を行なったとき、**私はまだ革マルだったと思う**。だから内側からの非難、批判もずいぶん浴びた。しかし、「私にはほかの道はない、私は労組のリーダーとしての道を行く。非難するのなら、自分たちは勝手にやったらいいんじゃないの」と取り合わなかった。……私は労組のリーダーとして生きようと思ったから、革マルと相容れなければ仕方ないという立場をそのとき明確にした。……「労働組合の委員長でいくなら、私は無党派でいく」。そう決めた。

ここで私の思想的な系譜に触れておくと、私は最初、共産党員だった。共産党に疑問を抱き、革マル（派）をつくった一人となり、現在は無党派でどこにも属していない。】（松崎明『鬼が撃つ』p.一三〇）

私の知る限り、それまで慎重に、というよりも狡猾に〝明示〟することを回避していた「党革マル派からの離脱時期」について、自ら言及し、明らかにしたのはこれが最初である。

そして松崎は、一九九二年に自らこの「一九七八年（頃）」説を打ち出して以来、この〈一九七八年に「貨物安定輸送宣言」を行なったとき、私はまだ革マルだったと思う〉がいつのまにやら、〈一九七八年に「貨物安定輸送宣言」を行なったころ、私は革マルを抜けた〉といった変化形で、ほぼ二十年近くもの間、いわば「定説」といった位置づけで、松崎本人と「松崎組」（JR革マル派）によって堂々と使用され続けていくことになるのである。

(4)『サンデー毎日』（鬼の回顧録）による「一九七八年……」説の本人確認

二〇〇二年（平十四）の一月から二月にかけて、『サンデー毎日』は「鬼の回顧録」と題して「松崎明」との五回の集中連載対談を企画した。聞き手は同誌の北村肇編集長という力の入れようだった。私の既刊書（『もう一つの「未完の国鉄改革」』）で詳述したところだが、前年の十二月、松崎明『鬼の咆哮　暴走ニッポン！』が毎日新聞社から刊行されたことでもその一端がわかるように、このころの毎日新聞社系マスコミ人士の松崎及びJR総連・JR東労組への肩入れ、傾斜ぶりは言語に絶するものがあった。

当時、毎日新聞社から刊行された松崎明著『鬼の咆哮』に関して、『週刊新潮』（二〇〇二年一月十七日号）は、次の内容の批判的記事を掲載した。

「毎日」がなぜJR東労組「松崎明」の反戦本か

ＪＲ東労組（ＪＲ総連系）の松崎明顧問（六十五）といえば、「革マル派」の最高幹部と言われた労働運動家だ。その松崎氏が、米国多発テロへの報復攻撃に異を唱える反戦本『鬼の咆哮　暴走ニッポン！』（毎日新聞社刊）をお書きになった。

のっけから、飛行機がビルに突っ込む映像に疑問を呈す。〈あんなベストアングル、（中略）出来すぎの構図ではないか。まるで待ち構えていた、と言いたくなる映像ではないか〉と、革マルと瓜二つの謀略史観を展開。

さらには、〈米国自身が『テロ国家の親玉』だ〉した上で、〈「アメリカこそが世界の憲法」「アメリカこそ世界の基準」とでも言いたげな大国主義には反吐が出る〉のだという。要するに、松崎氏は、「報復攻撃」には絶対反対。自衛隊を派遣した日本もけしからん。ファシズムの時代がやってくる。そして日本人は、〈右とか左という従来の価値基準ではなく、「憲法を遵守するのか・しないのか」に新しい価値基準を見出すべきだ〉と仰るのだ。

ある元活動家が、こう呆れていう。

「ＪＲ総連は、組織生き残りをかけ、今や労使協調の御用組合。連合内でも、かつての革マルとの関係で、異端児扱いされている。そこで、反戦・平和運動に力を入れ、左翼的な労働運動をやっているんだとＰＲする必要があるんです」

それにしてもなぜ毎日新聞なのか。

「勿論、松崎氏サイドからの持ち込み企画でしょう。松崎氏と革マルが完全に切れているか調べた上で出版を決めたそうです。本の発売に合わせるかのように『サンデー毎日』でも松崎氏のインタビューが始まりましたが、社内からも不満の声が挙がっています」（ある毎日社員）

経営が苦しいと言われる毎日新聞。貧すれば鈍す？

上掲の文中に傍線を付したが、「松崎氏と革マルが完全に切れているか調べた上で出版を決めたそうです。本の発売に合わせるかのように『サンデー毎日』でも松崎氏のインタビューが始まりました…」とあるように、毎日新聞社刊『鬼の咆哮　暴走ニッポン！』と『サンデー毎日』〈鬼の回顧録〉は、〝松崎は革マル派と完全に切れている〟という、私に言わせれば「虚構」のスタンスに立った「ペア企画」、「ペア本」である。

集中連載「鬼の回顧録」〈ＪＲ東労組顧問　松崎明〉第二回（『サンデー毎日』二〇〇二年一月二十七日号）は、

【鬼に金棒ではないが、動労を「鬼」とおそれさせたのは、ストライキを背景とした闘争だった。反マル生闘争、遵法闘争……。強力な闘争が生まれた裏話や時代状況、そして、長く言われ続けている松崎氏と過激派の革マル派との関係を聞いた。

（聞き手、本誌編集長・北村肇）

【革マルとの決別】　組合に玉砕的“絶対反対”は通じない」だ。
として、タイトルもズバリ「革マルとの決別

ハイライトである関係部分を抽出紹介するが、ゴシック文字で示したように、ここでの松崎は、『サンデー毎日』編集長の質問を肯定する形で、「動労貨物安定輸送宣言の一九七八年」を自分が“革マル派と訣別した年”としているように理解される。

北村　そんな、戦争をある意味引きずった中で、組合の運動も始まっていくわけですね。

ここで、松崎さんに関して、巷間《こうかん》いろいろ言われている革マル派との関係について伺いたいのですが。

松崎　十九歳で入党して二十六歳くらいまで、共産党とけんかしているから。二十七歳の時には、革マル派とは言わなかったけど、革共同というのは作ってました。それが六三年には、革マル派と中核派に分裂が始まるんですね。

私は、黒田寛一さんを先頭にして、世界の理論家たちのものを批判的に摂取しつつ日本的な理論を構築するという作業に、かなり感激しました。スターリニズムを乗り越える理論を若きマルクスを基礎にしながら進めたという意味で、黒田さんは大変優秀な人だったと思いますよ。

そんなことでしたけど、私の場合は、やはり労働運動のリーダーなんですね。だから、労働運動を無我夢中でやると理論と対立しちゃうんです。典型的には合理化問題で、要するに理論的には「絶対反対」ですよ。労働運動の場面でもずいぶん使っています「絶対反対」って。でもそれは、玉砕的な発想ではないんですね。

ところが、理論を理論として提起する皆さんは、一歩も譲ってはいけないわけです。労働運動としては立ち行かないわけで、当然（革マルが）何を言ってきても聞かないフリをしますし、呼ばれても出ていかない。すると押しかけてきたりして、だんだん疎遠になっていったんです。現場は現場、理論は理論という、こういう断絶に近いようなものが出てきた。

北村　それで昭和五十年代、国鉄改革がボチボチ始まる。松崎さんのこれまでの発言などを見ると、七八年の貨物安定宣言の前後に革マル派と、手を切ったというわけですが、具体的なきっかけがあったんですか。

松崎　まあ、ショッキングなという……でいえば内ゲバですね。（革マル派と）中核派と革労協ですか。「党派対立」という名による公安、警察権力のテコ入れ、策略などは否定するわけにはいきませんが、大前提として、米国への同時多発テロもそうですが、テロは絶対許せないという考えがあります。テロないしはそれに類するもので歴史が前に進んだ例《ためし》はないと思うんですね。

　ところが、革マルの機関紙なんかは、同時多発テロを礼賛したんだそうですよ。「歴史的だ」とか、「芸術的でさえある」と書いてあるって。そこまで行っちゃったのと思いますよ。

北村　しかし、松崎さんが革マル派であると今でも強く言われていますが。

松崎　なんか、「殺されてないからおまえは革マル派だ」と言う人がいるけど、それは全く違う。意図的発言ですよ。私をいつまでも革マル派にしておかなければ困る人が国鉄改革を担ったリーダーの中にもいるんです。彼らの宣伝は行き届いてますからね。金も使うでしょうし、マスコミ対策も上手でしょう。だけど、むやみやたらと革マルの悪口を言えばいいとは思わないしね。大体、革マル派と決別すると殺される殺されると盛んに煽る人もいますが、そんなことないです。革マル派のリーダーであった人たちも決別しているようですよ。

松崎明著『松崎明　秘録』（同時代社）による「一九八七年」説の遡り変更

　松崎は、二〇〇八年四月、『松崎明秘録』を同時代社から刊行し、話題となった。

　この書物は「革マル派」の創設者三名の内の一人である松崎が、元共産党員の作家・評論家宮崎学氏の広範な質問に答える形式で作られたもので、正に〝松崎明「満を持して」語る〟といった趣の、非常に興味深い内容のものである。

同書は、「第一部　革命と党を語る」、「第二部　労働者と組合運動を語る」の二部構成で、【＊宮崎学氏による松崎明氏に対するインタビューは、二〇〇八年二月二十一日、二十三日の二日間にわたり東京で行われた。……〈同時代社編集部〉】との「説明書き」が付されている。

同書での「革マルとの決別時期」に関する質疑応答は次のようだ（四八～五二頁　傍線：宗形）。

【革マルをいつやめたのか】

宮崎　それで、松崎さんが最終的に革マル派と決別されるのは一九七八年頃ですか。

松崎　わかんないんだなあ。革マルの場合は入党届も脱党届もないですからね。いつと正確には言えないわけですよ。

宮崎　スト権ストのとき、一九七五年当時は革マルはだったんですか。

松崎　革マル派かもしれないし、革マル派じゃないかも（笑）……。ある時期から、全然連絡ないですからね。俺は勝手にやってますからね。だからいつ革マルが俺の離脱を認めたのかとなると、全然わからない。

宮崎　革マルとしては、影響が大きいから、とにかく入れたままにしとかないと困る……そういう関係でしょ？

松崎　そう、だから、今だってね、革マル派に言わせれば俺は革マルなんだと思いますよ、多分（笑）。

宮崎　どこかのインタビューで一九七八年の安定宣言の頃までは革マル派だったと思うというようなことをいわれているんですが。

松崎　そうかもしれませんが、非常にはっきりしていることはね、一九七五年の夏に北海道の基地の廃止の問題があるんですよ。そのころ国鉄は、SL（蒸気機関車）からDL（ディーゼル機関車）に転換するんですね。それに伴って基地が縮小されるわけです。これに対して革マルは、近代化・機械化・DL反対という絶対反対路線を打ち出すわけですよ。私はこれは違うと言った。これはもう転換を受け入れた上で分散配置させるほかないというのが私の判断でした。確かにそりゃ蒸気機関車だと五十キロ先に基地がなきゃダメだけど、ディーゼルになるとそうではない。そうすれば、基地の再編は避けられないかもしれないが、そこは戦術の問題だと思った。だから絶対反対でやるんじゃなくて、地域に密着した鉄道ということを基本にして闘おうということです。そうしたら、でっかい基地を全部なくしちゃう、あるいは、ここところはなくしちゃう、ここところは残る、そんなんじゃなくて、基地分散配置、そういう考え方でいこうじゃないか。いわば修正主義ですよね、俺はこれしかないと思った。こういうふうに問題が煮詰まっていっているときに、山形の五色沼というところでスキーをやっているところに、私の中学の後輩で早稲田出身の男が、革マルから私のところにオルグに来たんですね。革マルの方針でいってくれ、と言う。だけど、俺はそれはダメだよと言ったんです。もう革マルの理論は通用しないよと。彼は「わかりました」と帰って、それは結局、分散配置方式でいったわけです。**このときまでは私は革マル派にいましたよね**。だけど、革マル派の理論と基本方針にはっきりと反する方向に行った。それは、貨物安定輸送宣言よりも、スト権ストよりも前のことですよ。

宮崎　革マルから離れると心を決めた最大の理由は何だったんですか。

松崎　もともと革命運動と労働運動というのは、最終的に一致しない面があるんです。つまり、世の中を完全に変えようというものと、徐々に良くしていこうという運動とでは、根本的に合致しないところがあるわけですね。労働運動をやる者は、そのことをふまえながら、一致できる範囲、矛盾してこない範囲でやっていくしかない。しかし、もし革命運動組織のほうが、それじゃだめだ、革命運動に完全に従属しろ、と言うんなら、革命運動と労働運動、どっちをとるしかなくなる。革マルがそういう選択を強いてきたわけですね。そこで、国鉄労働運動をとって、革マル革命運動を捨てたっていうことです。

これで、判るように、松崎は、二十年近くも公然と使用してきたことで有名な「動労貨物安定輸送宣言の一九七八年…」説を自ら捨て、「一九七五年（昭五十）夏…」説を新たに打ち出したのであった。そして、最後に言わずも

がなの「スト権ストよりも前のことですよ」と考え合わせると、スト権ストは一九七五年十二月初のことだから、異形の労働組合指導者「松崎明」の党革マル派との決別時期は、「**一九七五年夏〜同年十一月末頃のどこかの時点**」ということになる。　ただしこれも例によっての〝自称〟にすぎず、「なんだかなあ」の気分は容易にぬぐい去れない。

なお、ここではすでに「内ゲバ」事件の発生を党革マル派との訣別の契機としていたことなどすっかり忘れていることに注意していただきたい。

なお、松崎のこれらご都合主義発言、いい加減発言については、『治安フォーラム』（二〇〇九年十月号）に掲載された成田　忍【「反スターリン主義」を標榜する筋金入りのスターリニスト＝松崎明元JR東労組会長】の中でも、「〝革マル派と決別〟と造言蜚語《ひご》」の小見出しで、次のように酷評されている。

《松崎元会長は、過去には、〝革マル派結成時の副議長で、政治局員であった〟と自認する一方で、〝現在は、革マル派との関係を絶っている〟とあちこちで盛んに吹聴している。――中略――　しかし、これらの主張は、区々に分かれていて一貫性がまるでなく、元会長発言の信用性は極めて低いと言わざるを得ない。》

2009．1．26東京地裁における「松崎明」の支離滅裂、メロメロ証言

二〇〇九年一月二十六日、講談社・西岡研介記者に関わる〝『週刊現代』二十四回連載記事関連「全国・五十乱発訴訟」裁判〟中の「松崎明原告裁判」に松崎本人が原告側証人として出廷、長時間にわたり被告（講談社・西岡研介記者）側の反対尋問に応じた。　これは、前年（二〇〇八年）十月二十日、被告西岡研介氏に対する原告側からの反対尋問が二時間半に亘って行われたこととのペア、いわば「お返し的意味合い」のものである。

そもそも、異形の労働組合指導者「松崎明」が実際に出廷して、反対尋問の砲火にさらされるなどということは〝前代未聞〟で、関係者は興味津々でその日の到来を待った。

この日の「松崎明」証言は、〝前代未聞〟のことであったため、広く識者、関係者の間に流布し、評判となった。　私も、前著『異形の労働組合指導者「松崎明」の誤算と蹉跌』（高木書房）の第四章に【「JR東日本革マル問題」に画期的な松崎明・原告証言（2009．1．26東京地裁）】として詳しく紹介した。

当日の法廷状況について、翌一月二十七日付「JR連合情報」第二十三号は、**【『週刊現代』損害賠償請求訴訟（1／26）革マル問題で支離滅裂な証言を繰り返す松崎明氏！】**と題して、次のように簡潔にまとめて傘下組合員に報告している。

一月二十六日十時三十分より、東京地方裁判所一〇三号法廷において「『週刊現代』損害賠償請求訴訟」の弁論が開かれ、原告である松崎明東労組元会長に対する尋問が行われた。

最大の核心事項である革マル派との関係について質問された松崎氏は、「革マル派には離党届けがないので、いつやめたか分からない」などと繰り返し、「一九六六年に党費を払うのをやめた」「（一九七五年頃の）内ゲバが発生していた頃は党費を払っていた」「一九七八年の貨物安定輸送宣言の頃は革マル派だった」など、過去の証言の矛盾点が明らかにされ、これらを鋭く追及されると、さらに支離滅裂さが明らかになるばかりであった。

さらに、東労組内の革マル派の存在については、「革マル派は極端な主張をするのですぐわかる」として、政府答弁書での指摘に対し「東労組には革マル派はいない」と断言しながらも、根拠を指摘されると、最後には「いないからいないのだ」と開き直る始末であった。

また、業務上横領容疑に関する問題についても、カンパ金の処理、別荘の売却や購入などで、個人の口座と組織の口座との間における資金の移動を、「職員にやってもらっていた」「私の金を預かってもらっていただけ」「戻したから問題はない」などと正当化し、公金に対する非常識な認識が浮き彫りとなり、理解しがたい証言を繰り返した。

このほか、息子を「さつき企画」の社長に据えた件について、同社の唯一の株主でありながら、「自分は反対していた」「（篤氏が）有能な人物だから認めた」「報酬は知らない」などと弁明、組織の私物化に関する認識を指摘されると、「（嶋田邦彦氏ら）分裂していった者だけが言っていること」と述べ、東労組組合員には支持されているかのように証言し、自らを正当化した。

いずれにしても、名誉毀損で損害賠償を求めて提訴した松崎氏だが、（反対）尋問において、革マル派との関係や別荘購入問題などで疑惑が深まるなど、逆に〝返り血〟を浴びる結果となった。

前述のように、松崎明「09．1．26東京地裁」証言については、私の既刊書『異形の労働組合指導者「松崎明」の誤算と蹉跌』の中で詳しく紹介すると共に、次のように記述した。

【私の感想を一言でいうと、「松崎原告は〝偽証〟した疑い濃厚」である。そして、西岡被告代理人の反対尋問は余裕を持ってなされ、松崎主導「全国五十乱発訴訟」で最後に残った「梁次邦夫原告裁判」（09．3．3東京地裁）に備え、「周到な伏線を張った」というか、「十分な含みを待たせて」終了したように感じた。私はその「梁次邦夫原告裁判」（09．3．3東京地裁）当日の被告側証人の一人である】（同書一五三頁）

ともあれ、その醜態ぶりが、各界の識者、関係者間で密かな話題となった、当日の松崎「しどろもどろ」「支離滅裂」証言の一端をご覧に入れよう。

「09．1．26東京地裁」松崎証言は、主尋問一時間、反対尋問二時間半ということで、膨大な量になるが、ここでは、反対尋問に対する松崎証言で、①松崎本人の革マル派との決別時期、②JR革マル派の党革マル派との決別時期に関する部分等を抽出して紹介することにする（傍線：宗形）。なお、「代理人」＝被告側弁護士、「証人」＝松崎明原告。

※　革マル派を辞めた時期について

（代理人）動労や東労組に対する革マル派の影響はあったか

（証人）あった

（代理人）革マル派はいつ頃まで、どんなところで影響を及ぼしてきたのか

（証人）坂入氏の拉致の頃まではいろいろとやってきた

（代理人）その頃まで影響があったと

（証人）彼らと完全に切れたのは、国鉄分割民営化の一九八七年頃だ

――（中略）――

（代理人）その頃〈＝「坂入事件」発生〉まで、東労組は革マル派の影響を受けていたということか

（証人）違う。その頃は全く関係がない

（代理人）では、いつまで影響があったと思うか

（証人）動労が分割民営化に賛成したことで、革マル派とはすべてが切れたというのが私の見解だ

――（中略）――

（証人）合理化闘争方針、スローガン論争などを積み上げる中で、段々と関係が切れていった
（代理人）一九六六年には証人と革マル派との関係が切れていたと言えるのか
（証人）自宅に押し掛けられて仲良くできるはずがない
（代理人）その頃から革マル派と距離を置いていったと
（証人）そうだ
（代理人）この頃までは革マル派にいたと言える時期はいつか
（証人）一九六六年には同盟費も払っていない
（代理人）同盟費はいつまで払っていたのか
（証人）一九六六年に自宅に押し掛けられたが、その頃にはもう払っていない
（代理人）証人の著述に、革マル派が内ゲバをやっていた頃は同盟費を払っていたとあるが
（証人）どこに書いてあるかわからないが、内ゲバをやっていた当初の頃は払っていたかも知れない
（代理人）一九六六年～六七年に内ゲバがあったのか
（証人）よくわからない
（代理人）「内ゲバをやっていた頃は同盟費を払っていた。反省しなければなりません」との趣旨の証人の記述があるが、記憶しているか
（証人）そう言ったかも知れない
（代理人）今、法廷でその話を聞いてどう思うか。内ゲバが問題になっていたころ、同盟費を支払っていたのか
（証人）どの時点かはわからないが、内ゲバが顕著になった時には支払っているはずがない
（代理人）内ゲバが問題となったのは、どうみても一九七〇年度だ。一方で、（一九六六年には）払っていない、（内ゲバをやっていた頃は）払っていた、というのは、乖離が大きく、記憶として普通ではないのではないか
（証人）家に押し掛けられたような党派に協力するはずがない
（代理人）一九七八年に「貨物安定輸送宣言」を結んだ時には革マル派を辞めていたのか
（証人）そうだ
（代理人）書証にもなっている証人の著書「鬼が撃つ」の一三〇頁に「一九七八年頃まで革マル派だったと思う」とあるが
（証人）当時はそう思っていたのだろう

(代理人)「鬼が撃つ」は一九九二年に発行されている。その段階では、自分は「一九七八年頃まで革マル派だった」と思っていたということか
(証人)そうだ
(代理人)よく考えてみたら、一九六六年で同盟費を支払っていなかったのだから、この時には切れていたと思い直したということか
(証人)そうだ
(代理人)一九七八年には、すでに革マル派に入っていなかったといつ気付いたのか
(証人)とくに気付いたということではない。そう言われれば否定せざるを得ない
(代理人)証人は「革マル派だ」と散々言われ、いろいろな立場の者からそのことを聞かれてきたはずなのに、その程度の認識なのか
(証人)そうだ
(代理人)自身の本に「一九七八年頃まで革マル派だった」と書いておいて、この法廷では「一九六六年には同盟費を払っていないので革マル派ではなかった」と証言している。小さなことならともかく、あなたの立場からして、そのような認識でいることは考えにくいと思うが
(証人)(一九六六年には)同盟費を払っていなかった
(代理人)では、なぜ「鬼が撃つ」にはそのように書いたのか
(弁護人：渡辺)代理人は同盟費を払っていたか否かが、革マル派加盟のメルクマールであると言っているのか
(代理人)「一九六六年のカチカチ山事件で革マル派との関係が切れている」と言いながら、自らの著書で「一九七八年頃まで革マル派だった」と記述しているが、なぜ、そうした誤った認識を持ったのかを聞いている
(証人)当時はそう思っていたからだ
(代理人)**では、今日の証言も、いつか変わるということもあり得るのか**
(証人)**そうかも知れない**
(代理人)証人は、一九七三年に動労東京地本委員長に就任したが、その時は革マル派だったか
(証人)違う
(代理人)「鬼が撃つ」の記載は違うということで否定するのか

（証人）そうだ

（代理人）書証にもなっている一九八六年の「週刊朝日」のインタビューでは、「一時は革マル派だったが、いつの時点かで転向した。十年くらい前だ」との趣旨の記述がある。当時の十年前だと一九七六年頃ということになるが

（証人）それは違う

（代理人）これも当時の記憶違いか

（証人）そうだ

※　東労組内の革マル派について

（代理人）「週刊朝日」で、証人は「動労の中に今も革マル派の人はいる」と言っている。証言によれば、同盟費を払わずに、その頃はすでに二十年も経過していた時期だが、どうしてそう言えるのか

（証人）そう思ったからだ

（代理人）証拠はあるのか

（証人）とくにない

（代理人）例えば、どこかの集会でヘルメット姿を見たとか、機関紙を読んで議論したとか、そうした証拠はないのか

（証人）ない

（代理人）動労、ＪＲ総連、東労組では、革マル派に所属しているかどうかは、思想信条の問題であり、自由だということか

（証人）自由だ

（代理人）「週刊朝日」の記述は、「革マル派は今もいるが、組合員として組合に従わないものは除名する」という意味か

（証人）除名とは言わないが、組合には、組合員が方針を遵守し履行する義務がある

（代理人）組合が決めたことを守れば、革マル派に属していようと、組織として関与しないということか

（証人）そうだ

（代理人）革マル派の中には反松崎フラクションがいる、けしからん、という趣旨の発言をしたか

（証人）それは労働運動レベルで闘ってきたことだ

（代理人）組合の統制に従わないということで処分した者が革マル派の者だ、ということはないか

（証人）わからない

（代理人）「松崎明秘録」で、「ＪＲ労働者で革マル派に残

っている人はいるか」との問いに、「いないでしょう」
「私で終わりだと思います」と述べているが、これは
覚えているか
（証人）覚えている
（代理人）「革マル派に残っている人がいない」と、なぜわかるのか
（証人）革マル派は極端な主張をするからすぐわかる。そういう人はいなくなったということだ
（代理人）ＪＲ総連・東労組にはそういう者はいないのか
（証人）知っている範囲ではいない
（代理人）いつまではいたのか
（証人）私が革マル派を辞めているからわからない
（代理人）主張を聞けばわかると言ったではないか
（証人）特別な発言をすればわかる
（代理人）東労組の中で革マル派活動家がいると認識したのはいつ頃までか、と聞いている
（証人）知らない。特別な発言をすればわかるが、それ以外ではわからない
（代理人）政府は二〇〇六年五月の質問主意書に対する答弁書で、「ＪＲ総連・東労組に影響力を行使し得る立場に革マル派活動家が相当浸透していると見られる」と述べているが、その内容は知っているか
（証人）知っている
（代理人）内容については、どう認識しているか
（証人）**全く間違っている**
（代理人）東労組に二〇〇六年時点でも革マル派が影響力を行使できる立場に浸透しているというのは間違いだというのか
（証人）**警察の言うことは信用できない。間違いだ**
（代理人）これは政府の答弁書だ。何が間違いだというのか
（証人）**事実として革マル派はいない**
（代理人）なぜいないと言えるのか
（証人）**いないからいないのだ**
（代理人）革マル派はみればわかるということか
（証人）そうだ
（代理人）二〇〇六年の政府答弁書では、「革マル派には、労働運動の指導に当たる中央労働者組織委員会があり、その中に通称「トラジャ」と呼ばれる組織が存在していること並びに「トラジャ」の指導の下に在る組織としてＪＲ総連及びＪＲ東労組にいる革マル

派活動家の指導に当たる通称「マングローブ」と呼ばれるものが存在していることが確認されている」と述べられているが、これも虚偽だというのか
（証人）**そうだ**
（代理人）証人が知っている中で、トラジャやマングローブの存在を実際に窺わせるものはなかったか
（証人）ない
（代理人）ＪＲ総連の組合員で自己批判書の中でマングローブの存在を記載した者はいないか
（証人）わからない
（代理人）そうしたことを見聞した覚えはないか
（証人）ない
〈注）ここまでの「代理人」は、被告西岡研介記者の代理人〉

○「週刊現代」代理人による反対尋問

〈注）以下、「代理人」とは被告・講談社の代理人〉
（代理人）証人は革マル派から除名処分を受けたことはあるか
（証人）ない
（代理人）革マル派であるかないかは、どのような基準で決まっているのか
（証人）私は革マル派を辞めたときから革マル派ではない
（代理人）それは、同盟を脱退した時、ということか
（証人）そうだ
（代理人）「松崎明秘録」で、革マル派が内ゲバを始めた時は党費を払っていたとあるが、これは、昨年の記述か
（証人）そうだ
（代理人）革マル派が内ゲバにのめりこんだ時は同盟員だったとあるが
（証人）**そうだ**
（代理人）革マル派が内ゲバにのめりこんだのは、一九七五年二月十四日の本多書記長殺害事件から、全面戦争化したとの認識でよいか
（証人）**そうだ**
（代理人）そして、一九七七年に解放派が中原氏を殺害して泥沼化したということだが、「秘録」によると、一九七五年頃には党費を払っていたことになるが
（証人）**そうではない**
（代理人）革マル派が一九六三年の第三次革共同分裂を起こす前は、証人は政治局員だったたか

（証人）そうだ
（代理人）革マル派になってからもそうか
（証人）副議長であり、政治局員だった
（代理人）いつまで務めたのか
（証人）革マル派を辞めるまでだ
（代理人）政治局員を辞めたのはいつか
（証人）同盟から離れた時だ
（代理人）同盟から離れるまでは政治局員だったのか
（証人）そうだ
（代理人）政治局は革マル派の正式な機関か
（証人）そうだと思う
（代理人）革マル派同盟員を辞めたということは、機関としての政治局員を辞めたことになるのか
（証人）意図してではないが、そうだ
（代理人）革マル派を自然消滅的に「そうではなかった」という形になったとの主張だが、政治局員を辞めるのは、厳然たる事実ではないのか。証人は「一九六六年に党費を払うのをやめた」「一九七八年の貨物安定輸送宣言の時は革マル派だった」「（一九七五年頃の）内ゲバが発生していた頃は党費を払っていた」など、記録や証言をみても、非常にわかりにくい。失礼だが、証人がいくら「革マル派ではない」と言っても信用できない。気持ち的に革マル派を離れたというのはわかるが、政治局員を辞めた、辞めないを曖昧にしては説得力がないのではないか
（証人）政治局員といっても、私は会議にも出ていなかった
（代理人）一九七八年頃は革マルだったというのは、証言と明らかに矛盾しているが
（証人）**この法廷で証言するにあたり、勉強し直した。今言っていることが正しい**
（代理人）かつて、動労の中に革マル派フラクションがあったのか
（証人）そうだ
（代理人）フラクションはいつまであったのか
（証人）わからない。**私が辞めて以降は特定できない**
（代理人）**それはいつのことか**
（証人）**一九六六年**までだ
（代理人）一九六六年までは革マル派フラクションがあったのか
（証人）フラクションというより、革マル派そのものだ。同盟員とフラクションとは違う

（代理人）動労内の革マル派フラクションはいつまであったのか
（証人）先ほど述べた通りだ
——（中略）——
（代理人）ＪＲ東海の葛西氏の愛人スキャンダルの暴露は革マル派によるものだと発言したことがあるか
（証人）ある
（代理人）なぜ革マル派によるものだとわかるのか
（証人）革マル派から写真が送られてきたからだ
（代理人）発送人の名前が書いてあったのか
（証人）覚えていないが、写真を撮った者も革マル派だ
（代理人）週刊朝日に、証人は一九七八年前後に革マル派と関係を切った理由として、内ゲバがショックだったとしているが、内ゲバが発生するまでは革マル派だったか
（証人）内ゲバ問題もあるが、労組の運営、方針で鋭い対立があった
（代理人）それはいつ頃か
（証人）**一九六六年頃**だ

上掲のやりとりで重要なことは、次の三点であると思う。
ア、松崎は、自らの党革マル派との決別時期を、それまで長年重用し、定説化までしていた「動労貨物安定輸送の一九七八年」説を記憶違いだったとして否定、代わりに〝**「同盟費納入」を止めた一九六六年**〟**説**を新しく打ち出した。
イ、他方、「国労・動労革マル派（＝「松崎組」）が、革マル派と完全に切れたのは、国鉄分割民営化の一九八七年頃だ」と初めて明らかにした〈※宗形注）この説に従うと、「ＪＲ発足後のＪＲ総連・ＪＲ東労組内に革マル派はいない」ということになる）〉。
ウ、民主党鳩山内閣の「２０１０．５．１１政府答弁書」に先行して出され、〝内容的には全く同一〟と考えてよい自民党政権時代の「二〇〇六年政府答弁書」について、松崎は完全否定した。また、「トラジャ」、「マングローブ」の存在も事実ではない、それらの呼称を見聞したこともないと完全否定した。
それにしても「神聖な法廷の場における松崎の過去発言

の全否定」には呆れて言葉がない。そして、身から出たサビとはいえ、「この法廷で証言するにあたり、勉強し直した」「今言っていることが正しい」「今日の証言も、いつか変わるということもあり得るかもしれない」「（ＪＲ東労組内に革マル派は）いないからいないのだ」等々、いくら苦し紛れにではあっても、こんな支離滅裂証言をするような品格の人物の書くこと、話すことを、「信用してくれ」と言われても、それは無理な話、出来ない相談というものである。

松崎明原告裁判・最終準備書面（09．7．17提出）

自らが訴え出た東京地裁「09．1．26松崎明原告裁判」の場で、醜態を演じた松崎は、それからわずか半年経つか経たないかの七月十七日、同年七月二十七日に結審となった当該裁判用の「最終準備書面」の中で、厚顔無恥というほかない驚くべき主張をまたまた行なった。

これは、「ＪＲ東日本革マル問題」に関する膨大な文書の内でも、その内容からして最重要なものの一つに位置付けられことになるものと思われる。以下に、その重要記述部分を選択・抜粋して紹介する。

……、原告は、一九六三年の革マル派の創設時に革マル派の副議長に就任するなど、かつては「革マル派の最高幹部」と呼称されるような地位にいたものであるが、その後、曲折はあったものの、本件〈宗形注〉講談社・西岡研介記者による『週刊現代』での「テロリストに乗っ取られたＪＲ東日本の真実」記事二十四回連続掲載のこと〉よりもはるか前には、革マル派と縁を切っており、どんなに緩やかに見たとしても、そしてどんなにおそく見たとしても、少なくとも、本件当時、原告が、革マル派と関係していなかったことは明白な事実であり、ましてや原告が、本件当時、「目的のためには拉致監禁や住宅侵入、盗聴・盗撮とあらゆる非合法手段を厭わない活動をする思想集団の組織」であり、「テロリスト集団」という革マル派に関係していたという事実はなく、その「最高幹部」であったということは事実にまったく反するものである。

なお、旧国鉄時代、原告との関係で、あるいは原告とは無関係に、組合（動労、国労）内に、革マル派と密接な関係を持ったグループが存在した。しかし、**この革マル派と関係した者も、遅くとも、二〇〇二年ころまでには、**革マル派との関係を絶ったものである。（六〇〜六一頁）

（7）原告と革マル派との関係について

ア　先にも触れたように、原告は、革マル派結成に際して、副議長になったのは事実であるし、その後、革マル派と関係を有していたこと、国鉄時代、動労や国労の組合員を革マル派に誘ったことも事実である。

しかし、原告は、革マル派結成後間もなくして、革マル派中央の者と労働運動の進め方などをめぐっての意見対立を見るようになり、革マル派とは一定の距離を置きながら、独自に組合運動を進めてきた。その後、貨物の輸送問題（貨物安定輸送問題）や「国鉄問題」の中で、組合員や家族の生活をいかに守っていくか（「職場と仕事と生活を守る取り組み」）などをめぐって、革マル派と意見を異にした。

とりわけ、**国鉄の分割民営化問題をめぐって**、革マル派と決定的に対立し、**原告は、革マル派を離れることになった**。

―（中略）―

イ　原告は本人尋問で、上記の革マル派に関係する時期などについて、やや記憶を混同させたりして混乱が見られないわけではない。しかし、原告が述べるように、原告と革マル派とはあいまいな形での関係が続けられていたことから、明確に時期を画して、その関係の程度等を截然と区別することがあるということは無理からぬところである。ここで注意しなければならないことは、些事にこだわる余り、核心的な問題を等閑視してしまうことである。原告の述べることは、その概要について、本質的な矛盾はない。少なくとも、本件記事当時、原告は革マル派とは関係を絶っていたものであることは間違いなく、これを否定する証拠等はない。これが本件で問われる核心点である。

―（中略）―

オ　上記のように、**原告は遅くとも、国鉄の分割民営化問題に直面し、革マル派とは見解を異にして関係を絶ったもの**である。原告が革マル派に組織化した者らの内には、その後も革マル派と関係を有していた者はいたと思われるが、これらの者に、原告は過去の経緯から相談などにのってやっていたこともあるが、**それらの者も**、前述の「上野拉致事件」、そして、決定的には、**二〇〇二年の「坂入拉致監禁事件」を契機に、「日本革命的共産主義者同盟・革命的革マル派」としての「革マル派」との関係を絶ったも**のである。（七二～七四頁）

上掲部分において、本裁判の原告・松崎明側が行った重要な主張点は、次の二つである。

① 松崎本人は、遅くとも「国鉄分割民営化」（一九八七年〈昭六十二〉）時に「革マル派」との関係を絶った。

② ＪＲ革マル派（＝「松崎組」）は、二〇〇二年〈平成十四〉の「坂入拉致監禁事件」を契機に「革マル派」との関係を絶った。

「舌の根も乾かぬうちに…」という言葉もあるが、①、②の主張を、先述した「09．1．26松崎・支離滅裂証言」の、

ア＝【自分は、〝「同盟費納入」を止めた一九六六年〟に革マル派との関係を絶った】

イ＝【国労・動労革マル派（＝「松崎組」）は、「国鉄分割民営化」時（一九八七年）に「革マル派」との関係を絶った】

と照合してみると、松崎は、半年経つか経たぬかの間に、またしても前言（といっても、それは東京地裁における「宣誓証言」!!）を大きく翻したことになる。

開いた口が塞がらないとはこのことだが、実はこれには、不本意ながら松崎が、どうしてもそうしなければならない理由があったのだ。それは、松崎が戦略的に仕掛けた講談社及び西岡研介記者に対する「嫌がらせ大量提起（五十件）訴訟」中の一つである、「梁次邦夫・原告裁判」（09．3．3「東京地裁」）の場で開陳された被告側証人・本間雄治氏の爆弾証言である。

かつては、「松崎明」の愛弟子の一人として知られていた本間氏は、冒頭、次のように陳述した。

【私は、かつて、ＪＲ各社の労働組合の中における革マル派の組織であるマングローブの一員でした。ＪＲ東労組など、ＪＲ各社の労働組合の中に革マル派の活動家が相当数いて、組合員の中から革マル派に理解を示す者を作り出し、同派に同調する者を育成し、最終的には革マル派の同盟員を育てる活動をしていたのは公然の秘密でした。】

本間氏の証言は、当日、同様に被告側証人として出廷した私は、直接に傍聴した。「本間雄治陳述書」は、同氏のご了解を得て、前著『異形の労働組合指導者「松崎明」の誤算と蹉跌』の中で、その全文を紹介したが、これまで闇に包まれていたＪＲ革マル派の恐るべき活動実態が生々

しく語られている。
〇九年一月二十六日、「勉強し直して」自信満々証言台に立ったものの、反対尋問の砲火を浴びて、生涯最大の屈辱を味わった松崎は、同年三月三日、東京地裁で開かれた「梁次邦夫原告裁判」における被告側証人・本間雄治氏の衝撃的かつ具体的証言の数々、

「私はかつて、JR各社の労働組合の中にある革マル派の組織であるマングローブの一員でした」

「JR東労組など、JR各社の労働組合の中に革マル派の活動家が相当数いて、組合員の中から革マル派に理解を示す者を作り出し、同派に同調する者を育成し、最終的には革マル派の同盟員を育てる活動をしていたのは公然の秘密でした」

「JR東労組の中では、労働組合と革マル派の組織が密接に連携しており、労働組合であるJR東労組の活動方針も人事も、革マル派の影響下にあるのです」

「革マル派は、JR東労組に属する労働者から、毎月カンパを集めていました」

「JR戦線の場合、最低でも一人あたり、月々三〇〇〇円はカンパしろということでした」「また、ボーナス時にもカンパを集めていましたので、（私が書記長を務めていた）横浜地本だけでも月々のカンパは約四〇～五〇万円、ボーナス時で約二〇〇～三〇〇万円にのぼりました」

「（JR東労組）横浜地本では、……一九九七年頃から書記長の私が財担（財務担当者）を引き継ぎ、少なくとも二〇〇二年まで私自身が毎月、〝財担会議〟に出ていました。……同会議には（「浦和電車区事件」の被告〈一審、二審有罪〉であり、枝野幸男氏と「選挙協力協定」を締結した）梁次邦夫氏も出ていました。……そして私や梁次氏は、いわば集めたカンパを上納する側でしたが、各地本の財担が集めたカンパを受け取り党中央に渡すのは小田裕司氏と田岡耕司氏の役割でした」

などを知るに及んで、従来の「一九七八年」説どころか、周到に準備して新たに打ち出した筈の「一九六六年」説ですら、もはや通用しないと観念して、自らの原告裁判・最終準備書面（09．7．17提出）には「新説　①、②」を、慌てて提示したというわけだ。　が、それじゃあ、「2009．1．26松崎明証言」＝オール偽証のあれって一体何なんだろう？？

こんな人物の言うこと、書くことを、どうして信用する

ことができようか!!

だが、しかし、である。

> ①　松崎本人は、遅くとも「国鉄分割民営化」（一九八七年〈昭六十二〉）時に「革マル派」との関係を絶った。
> ②　ＪＲ革マル派（＝「松崎組」）は、二〇〇二年〈平成十四〉の「坂入拉致監禁事件」を契機に「革マル派」との関係を絶った。

今や懐かしい「ＪＲの妖怪」の異名を取った「松崎明」の〝大ウソ〟は、これが最後ではなかった。

「ＪＲ革マル派リスト裁判」用の「準備書面（原告第十二回）」〈２０１０．６．３０提出〉

二〇〇八年九月二十二日、松崎とＪＲ総連・東労組側は東京地裁にいわゆる「ＪＲ革マル四十三名リスト」訴訟（松崎側は「スパイ裁判」と呼んでいる）を提起した。これは、かつてＪＲ革マル派の大幹部で、一時期は松崎の後継者・ナンバーワンと周囲の誰しもが認めていた嶋田邦彦東労組元副委員長らが、二〇〇六年に「ＪＲ革マル派四十三名リスト」を作成し、マスコミ等に情報提供したことなどが不法行為であるとして、リストに記載されたＪＲ総連組合員ら四十三名が、損害賠償を求めて東京地裁に訴訟提起したものである。

同裁判の被告は、ＪＲ東労組からの除名者及び脱退者で結成された「ジェイアール労働組合」（本間雄治委員長）の母体である「ＪＲ東労組を良くする会」を起ち上げた嶋田邦彦、本間雄治、小林克也、阿倍克幸、新妻和裕、、峰田尚男、斎藤藤俊、篠塚哲司、内谷仁の各氏である。

他方、原告（石川尚吾ほか四十二名）側は、顧問＝松崎明、団長＝石川尚吾&小田裕司、副団長＝千葉勝也&鎌田寛司、事務局長＝大澗慶逸、事務局次長＝斎藤弘敦の豪華メンバーが「原告団」を構成している。正に松崎及び松崎組（ＪＲ革マル派）がＪＲ総連・ＪＲ東労組を巻き込んで総力を挙げて取り組んだ「損害賠償等請求事件」裁判だ。

そしてこの裁判の進行過程で、原告側は、二〇一〇年六月三十日付「準備書面（原告第十二回）」を東京地裁に提出したのだが、その中で、彼らがこれまで強硬かつ完全に否定してきた「ＪＲ総連・ＪＲ東労組内の〝トラジャ〟、〝マングローブ〟など、革マル派組織の存在と活動」を、〝遂に認めた〟こと、その他、幾つかの驚愕的事実、が彼ら自身の手によって詳細に明らかにされたのである。
2010．6．30「準備書面（原告第十二回）」は、表紙を入れてA4版十三ページの物だが、その内、本項と関係して特に重要な主張部分を、以下に抜粋・紹介する。

第2　国鉄・JR内の革マル派グループとしての組織と運動の変遷〈甲17〉

1　国鉄内に革マル派としての組織をつくったのは原告松嵜であった。

……（中略）……

……この革共同が何度か分裂し、一九六三年に革マル派と中核派に分かれた。原告松嵜は、中核派幹部の労働運動の引き回しに反対して革マル派に加わり、その際、革マル派に参加した労働者が原告松嵜一人であったため、副議長を引き受けた。「副議長」といっても実態はそのようなものであり、革マル派結成宣言に名（倉川篤）を出したくらいで、革マル派の副議長として何らかの活動を担ったということはない。

……（中略）……

（3）こうして、原告松嵜を中心にして、動労や国労の組合員のグループ化がなされ、フラクションとして形成されていった。
フラクションでは、「反スターリン主義」文献やマルクス主義文献などの学習を行い、会議を開いて情勢などについて議論をし、カンパと称する会費を納入したりした。

（4）学習会や会議には、上記の革マル派の中央労働者組織委員会に所属する常任幹部（中央指導部ともいう）が参加し、革マル派の理論などを紹介し、指導した。

2　革マル派中央指導部（革マル派中央ともいう）との齟齬の発生

（1）とくに原告松嵜は、動労の責任ある役職につくようになってからは、中央指導部が参加する会合などに参加せず、国鉄内の会議などを独自に指導するようになった。こういう中、原告松嵜は、時には、中央指導部などと接する若手の革マル派メンバーと対立することもあった。

……（中略）……

とくに、一九七八年に動労が発した「貨物安定宣言」（貨物輸送をストの対象から外す）という方針を巡っては、革マル派中央と動労、とりわけこの方針を発案した原告松嵜との対立は大きく、対立したまま、動労はこの宣言を方針とした。

3　分割民営化を巡る動労内の革マル派グループと革マル派との決定的対立

国鉄の分割民営化を巡り、原告松嵜は、もはや、これを避けられないと判断し、組合員の雇用の確保のためには国鉄の分割民営化を受け入れるばかりか、これに積極的に協力して進めることにし、「職場と仕事を守る」というスローガンの下に、国鉄当局の提案した雇用調整策である三本柱（派遣、退職前提の休職、復職前提の休職）に応じ、国鉄との間で、雇用安定協約や労使共同宣言などを締結した。

これらは、革マル派中央にはかることなく独自に転換を決め、推進をしたものである。　革マル派ももはやこの原告松嵜らの選択をとめることができず、実質的に放任したに等しかった。

動労内で革マル派のグループに参加していた者の大半は、原告松嵜の判断に賛成し、行動を共にした。　こうして、動労内（後ＪＲ総連やＪＲ東労組内）の革マル派のグループは、いわゆる国鉄改革に邁進していった。

4　ただ、分割民営化の過程でも、ＪＲ発足後（組合としては動労は解散し、ＪＲ総連・ＪＲ東労組に移行）も、ＪＲの組合内に、従前の産別組織としてのグループは存続した（なお、「マングローブ」という呼称は、革マル派内の各産別の名称であり、自分たちが名乗っていたわけではない。）。

さらにその課程で、国鉄内の革マル派のメンバーの中から、上野孝、浅野孝や原告大久保孟らが、革マル派の常任活動家になり、ＪＲ内の革マル派のグループを指導することになった。　彼らは、革マル派からは、「トラジャ」と呼ばれた。

ＪＲの組合内の革マル派のメンバーは、「トラジャ」のもとで、学習会や会議を持ち、機関紙誌を購入し、カンパをした。

学習会は、「トラジャ」のメンバーが中心になって行ったが、機関紙の学習は、政治情勢や国際情勢にかかわること、哲学的な問題については行ったものの、こと労働運動にかかわることは、ＪＲの組合運動にまったく役に立たず、この学習はしなかった。　組合の取り組みにかかわることがらについては、革マル派とはまったく無関係に、独自に学習し討論をして方針を決めるなどした。

5　対立・敵対の決定化

（1）「3．1問題」

ア　革マル派は、一九九二年三月一日に開かれた春闘討論集会で、労働組合運動に関し、「賃プロ（賃金プロレタリアート）魂注入主義」「資本との対決主義」といわれた方針――職場で資本当局と直接対決する運動で、組合運動をいかに拡げ、労働者の権利を獲得していくかというような取り組みは、改良闘争であってやってはならない、というような内容の方針――を提起しその後、組合運動場面でそのような管理者と直接対決する行動を強要し、多くの職場などでそれまで作り上げてきた組合運動をめちゃくちゃにしてしまった。　JR内の革マル派グループは、このような方針は、分割民営化問題などに苦闘してきたJRの組合員の闘いを否定するものであって、とうてい認められないとして、革マル派中央との関係をますます疎遠にしてきた。

JRの組合内の革マル派メンバーらは、「トラジャ」のメンバーを中心に、組合の取り組みなどについて学習し、討議し方針を作り上げていった。

イ　翌年一九九三年に、革マル派内で、「3．1路線」が問題にされたが、その総括や組合運動の建て直しなどを巡って、組織内は大混乱をした。　とりわけ、全軍労をはじめとする沖縄の労働者組織と革マル派中央は激しく対立した。　JR内の労働者は、動労時代から沖縄の労働者と親密な関係にあり、沖縄の労働者を支援した。　これに革マル派中央は怒り、JR内の革マル派グループと革マル派中央は激しく対立した。　「トラジャ」のメンバーは、革マル派中央との会議をボイコットした。

これに対し、革マル派中央は、一九九四年七月、「トラジャ」のメンバーの浅野孝を拉致し監禁した。

JR内のメンバーは、これを許すことができない蛮行であるとして、それまで形式的に続けてきたカンパの納入や機関紙の購入を取りやめるとともに、拉致監禁されたトラジャのメンバーを解放するように迫った（当時革マル派の弾圧事件の弁護を行っていた弁護士に間に入ってもらって、交渉の場の設定を頼んだ。　なお、弁護士が交渉の場に立ち会ったことはない。）。　革マル派中央は、これに応じなかったばかりか、他の「トラジャ」メンバーを拉致し、監禁した。

（2）ア　革マル派中央は、拉致し監禁した「トラジャ」メンバーを参加させてJRの組合内の会議などを再開させることをはかり、JRの組合内の「革マル派」のメンバーは、「トラジャ」のメンバーの参加のもとに、「革マル派」の会議を持った。しかし会議では、対立ばかりが繰り返された。JRの組合内の「革マル派」のメンバーは、機関紙の購読を拒否し、カンパを革マル派中央に納入することを拒否した。

イ　革マル派中央は、会議が終わると、再び「トラジャ」メンバーを連れ去り、監禁を続けた。

（3）ア　その後も、JRのメンバーと革マル派中央の対立は続き、一九九七年二月、上野孝や原告大久保孟らの「トラジャ」の一部は、海外へ逃亡した。

「トラジャ」のメンバーがいなくなってしまったため、一九九七年四月、JRの組合内に残った革マル派のメンバーらは、原告田岡耕司らを中心に新たに責任体制を作った。

原告田岡らは、革マル派中央と不定期に会合を持った。

しかし、革マル派中央とJRのメンバーとの対立は激化するばかりであった。

イ　JR内の革マル派のメンバーだった主な者が中心になって、革マル派組織とは独立した「鉄道会」を作り、革マル派とは無関係の学習や運動に取り組んだ。

ウ　一九九九年一月、「鉄道会」のメンバーは、あらたに、「JR労働運動研究会」をつくった。この機関誌の第一号では、この間の、革マル派の運動の総括を行い、革マル派と離れた新しい運動をつくっていくことを謳った。

（4）**JR内に残っていた革マル派のメンバーは**、一九九七年暮れころ、警視庁公安部の捜査員の訪問を一斉に受け、革マル派中央が、JR内の革マル派のメンバーが一九九二年二月に、東京代々木の青年会館で開いた会議を盗聴、盗撮をし、さらに、中心的な活動家の自宅の電話が盗聴され、行動が盗撮されていた事実を知らされた（写真等を見せられた）。同年七月、革マル派の拠点を捜索し押収した証拠から判明したということであった。「同志」などといいながら、その実、会議の様子や、メンバーの電話や行動を盗聴、盗撮していたことを知り、JR内で革マル派であったメンバーは、もはや革マル派中央を「仲間」と認めることはできないと判断し、**一九九九年（平成十一年）十二月、革マル派中央に対し、決別を通告**した。これをもって以後、JR内の革マル派だったもののほとんどは、革マル派中央との接触を一切断った。

6　革マル派との断絶

(1)　革マル派中央は、決別通告を非難し、二〇〇〇年一月、JR東労組東京地本の旗開きの会場に「革マル派」のヘルメットを被って現れ、JR総連や同JR東労組の役員を革マル派のメンバーであると名指しして批判する革マル派のビラを配布したり、JRの組合員の社宅に、同様に組合役員を批判する革マル派のビラをポストに投げ入れるなどした。革マル派中央は、国鉄やJRの組合内で革マル派であった者たちについて、かつて革マル派と関係していたことを内外に暴露する挙に出たのである。

(2)　さらに、革マル派中央は、同年十一月、JR総連加盟のJR九州労の取り組みが間違っていると非難し、これを指導したとして、JR総連のOB組合員の坂入充氏を組合員とハイキングに行く途中、拉致し監禁した。

JR総連は、革マル派中央に坂入氏の解放を要求したが、革マル派中央はこれを拒否した。JR総連は、革マル派を、埼玉県警に告発した。これに対し、革マル派は、同年(二〇〇〇年)十二月、JR総連に対し、「わが同盟の戦闘宣言」なるものを出し、JR総連の役員らを名指しで批判し、打倒する旨宣言した。ここでも、革マル派中央は、国鉄やJRの組合内で革マル派であった者たちについて、かつて革マル派と関係していたことを内外に暴露したのである。

(3)　以後、JR内の元革マル派のメンバーと革マル派中央とは、一切接触もないまま今日に至っている。

7　以上のように、国鉄=JR内では、かつて、原告松崎を創始者とする革マル派を支持し、その活動を担うグループ組織が存在した。しかし詳しく追ってきたように、一九七八年の「貨物安定宣言」問題をめぐって、革マル派と対立が目立つようになり、その後、国鉄労働者の死活の問題であった、国鉄の分割民営化の問題にいたると、動労内の革マル派のメンバーは、革マル派中央と諮ることなく、独自に方針を作り実践するようになった。

その後、革マル派との関係は、形式的には続いていたものの、一九九二年の「3．1問題」をめぐって、思想的にも、運動的にも決定的に対立するようになり、JR出身の革マル派の常任活動家である「トラジャ」メンバーの拉致監禁によってその対立は決定的になった。その後さらに、革マル派中央によって、JR内の革マル派のメンバーの会議や活動家だった者に対する盗聴・盗撮などという非合法な調査活動が発覚するにいたり、ＪＲ内で革マル派のグループを形成していたメンバーは、革マル派中央に、決別を通告し、その後、革マル派による組合運動場面に対する介入、そして、組合員ＯＢに対する拉致監禁などにより、その対立はもはや憎しみにまで高じ、いまや非和解的な関係にあり、いかなる意味においても関係を有さなくなったものである。

被告らは、はるか昔に存した「事実」を、あたかも現時点でも存する事実であるかのように脚色して主張しているものに過ぎないものであることが歴然とするものである。

私は、上掲のものこそ正に「ＪＲ東日本革マル問題」に関する歴史的最重要文書だと確信する。何故なら、先に、〈原告（石川尚吾ほか四十二名）側は、顧問＝松崎明、団長＝石川尚吾&小田裕司、副団長＝千葉勝也&鎌田寛司、事務局長＝大澗慶逸、事務局次長＝斎藤弘敦の豪華メンバーが「原告団」を構成…〉と書いたように、彼らこそ全員がいわゆる「松崎組」（＝「ＪＲ革マル派」）幹部の面々なのである。そして、上掲の記述は、生存中の松崎を中心とした「原告団」が鳩首合議し、練りに練った上で、最終的に「これで行くしかない」と決心し、松崎の承認を受けた上で、二〇一〇年六月三十日、東京地裁へ提出という運びになったものであることは、疑う余地がないからだ。

二転三転した挙げ句、ここにもっともらしく記述された内容は、「ＪＲ東日本革マル問題」を三十年近くも一筋に追求して私の目からすれば、「隙だらけ」、「突っ込みどころ満載」であるが、それらは適宜あとに譲るとして、先に「松崎明原告裁判・最終準備書面」（０９．７．１７提出）から、抽出した松崎原告の重要主張、

①　松崎本人は、遅くとも「国鉄分割民営化」（一九八七年〈昭六十二〉）に「革マル派」との関係を絶った。
②　ＪＲ革マル派（＝「松崎組」）は、二〇〇二年〈平成十四〉の「坂入拉致監禁事件」を契機に「革マル派」との関係を絶った。

と比較して見ると、この内の②を、故松崎明を含む「ＪＲ革マル派リスト裁判」の原告団は、【（ＪＲ内の「革マル派」は、）一九九九年〈平成十一〉十二月、革マル派中央に対し、決別を通告した。これをもって以後、ＪＲ内の革マル派だったもののほとんどは、革マル派中央との接触を一切断

った。】と、またもや変更したことになる。

別々の裁判（松崎は、一つの裁判で「原告」、他の一つでは「原告団顧問」）で行った「同一事項についての異なる主張」の整合性を今後どうとっていくのか興味深いが、それは彼らにまかせて、松崎及びJR革マル派が「革マル派」と関係を絶った時期についての松崎と「松崎組」の主張を、ここで最終整理しておくと、次のようになるだろう。

① 松崎本人は、遅くとも「国鉄分割民営化」（一九八七年〈昭六十二〉）時に「革マル派」との関係を絶った。
② JR革マル派（＝「松崎組」）は、一九九九年〈平成十一〉十二月、革マル派中央に対し、決別を通告したことをもって「革マル派」との関係を絶った。

それにしても、ここで、仮にこの②の主張を信じてやったとしても、一九九九年十二月まで、つまりJR発足後十年以上も、拉致だ、監禁だ、「トラジャ」だ、「マングローブ」だ、機関紙（「解放」）購読拒否だ、カンパ（同盟費）納入拒否だ、海外逃亡だ、等々、普通の労働組合では絶対に有り得ない、異様・異常な組織活動がJRの「労働組合」内で、秘密裏に展開されており、その生々しい活動実態が、松崎及びJR革マル派のメンバー自身の手によって詳細に記述され、裁判所に提出されたことに、ただただ〝絶句〟するのみだ。「JR革マル派リスト裁判」の原告団顧問の松崎は、「2009．1．26東京地裁」証言の中で、「トラジャ」とか「マングローブ」とかは、見たことも聞いたこともない旨を平然と述べているのである。厚顔無恥というか、どんな神経で、上掲の2010．6．30「準備書面（原告第十二回）」を裁判所へ提出できたのか、その心理構造が不思議でならない。

そこで、次に、これまで縷々紹介してきた〈〝松崎〟が嘘に嘘を塗り重ねて構築した「党・革マル派と〝絶縁した〟時期」変遷史〉への反論を展開するわけだが、そのための必要参考資料として、先に、梁次邦夫原告裁判の被告側証人として出廷した際の私の「陳述書」と、前著『異形の労働組合指導者「松崎明」の誤算と蹉跌』の中で提示した「宗形仮説」及びそれへの反応文書の一つへのお目通しをお願いしたい。　この本をお読み下さる皆様に「JR東日本革マル問題」の本質をご理解いただくのに必ずや役立つものと確信するからである。

「JR東日本革マル問題」理解のための前提的参考資料

(1)「梁次邦夫・原告裁判」(09．3．3)被告側証人としての「陳述書」

松崎及びJR革マル派が「党革マル派と絶縁」した時期の徹底検証を行うに先立って、参考資料として、「宗形明・陳述書」に目を通していただくことを是非お願いしたい。　これは二〇〇九年三月三日、東京地裁で行われた「梁次邦夫原告裁判」に被告側証人として出廷、証言した私が作成し、被告側弁護士を通じて裁判所に提出したものである。　私の前著『異形の労働組合指導者「松崎明」の誤算と蹉跌』に収録したものだが、先にお願いしたように「JR東日本革マル問題」の本質、更には本書全体の理解に非常に役立つものと確信しているので、以下に紹介させていただく。

陳　述　書

【私の経歴と「革マル問題」】

私は国鉄のいわゆる「労働屋」として育ち、殆ど労務畑一筋で国鉄・JR人生を過ごしてきましたので、国鉄時代から今日まで、国鉄・JRの労使関係、特に「革マル問題」に深い関心を持ち続けて来ました。

われわれの先輩、同僚、後輩たち、いわゆる「労働屋」の世界においては、「松崎は革マル(のまま)である」、「JR総連、JR東労組は(JR)革マル派に支配されている」ということは〝常識〟であり、議論の余地のない話であって、そうではないと思っている者は一人もいないと言っても過言ではありません。

国鉄時代、私も勤務した国鉄職員局労働課では、毎年、「労働組合役員名簿」を作成していました(「組合紳士録」というのが俗称でした)が、それには「民左(民同左派)」、「協会(社会主義協会派)」「共産」、「革同」、「政研」、「労運研」、「新左翼」、など、各自の所属派閥分類が必ず記入されていました。

松崎明氏は、国鉄時代は自他共に認める「〝動労〟の最高権力者」でしたし、現在もまた、「JR総連及びJR東労組の最高権力者」の地位にあります。

このことを如実に物語る国鉄時代の一例としては、一九八四年(昭五十九)十二月前後だったと思いますが、松崎氏が、〝鬼〟の「動労」を率いて、「国鉄分割・民営化」賛成へと一八〇度変針し全国的話題となった際、動労内部から一人の反対者も出さなかったこと、が挙げられます。

当時の松崎氏は、「動労東京地方本部委員長」という一地本の委員長でしかなく、上部組織の動労中央本部委員長には、「松崎の傀儡」と噂された佐藤昭松氏が就任していました。そして、「動労」及び「動労と連帯する会」編で、同年十一月九日発刊された『〝鬼の動労〟の緊急提言』（中央精版印刷会社）の序文の中で佐藤昭松・中央本部委員長は、「私たち動労は、国鉄の〝分割・民営化〟については断固として反対であります」と述べています。また、同書本文には、「（政府らが）鳴り物入りで宣伝する分割・民営化論などは国民を欺く詭弁！」「分割・民営になったら大変だ！」「（分割・民営化を）声を大にして叫んでいるヤツほど、今日の国鉄赤字をつくった元凶なのである」などの激しい言葉が躍っています（後年、加藤寛・国鉄改革審第四部会長が大手新聞に連載した回顧録には、動労幹部が印刷・発刊されたばかりの『〝鬼の動労〟の緊急提言』を抱えて同氏のもとを訪れ、「今日から我々は国鉄分割・民営化に全面協力する」趣旨の報告があったということが記述されています）。そんな動労が、松崎氏の指導の下で「国鉄分割・民営化」に賛成となったのです。同氏の絶対性をこれほど鮮やかに示す例はありません。

次に、動労時代と同じように、JR東労組で、今もなお「絶対的権力者」として君臨する松崎氏の姿を示す例を捜せば、「03．1．23JR東労組中央執行委員会見解」があります。

これは、いわゆる「東京問題」に端を発したJR東労組の内紛（＝「松崎氏とその追随者集団」対「嶋田氏グループ」との紛争）過程で発生した嶋田邦彦副委員長（当時）ら「本部役員八人一斉辞任」事件に関連して出されたものですが、そこでは次の統一見解が示され、爾来今日まで、JR東労組の組合規約を超越した〝憲法〟的存在として厳存し、機能しているものです。

＊「彼ら（宗形注：「嶋田氏グループ」）は松崎前顧問からの『自立』を強調しているようだが、…（中略）…将来にわたって盤石なJR東労組を松崎前顧問とともにつくること、これがJR東労組の基本的な組織戦略である」

＊「我々は松崎前顧問を組織外の人だとは思っていない。JR東労組の育ての親であり、紛れもなくJR東労組にとっての重鎮である。この事実は揺らぐものではない。今でも労働運動の第一線で闘っていること、卓越した

洞察力と的確な判断、そして陰に陽に実践的なアドバイスをしてくれる松崎前顧問は、『余人をもって代え難い』存在である。この評価を否定し『ぶら下がり』と言うなら、それは明らかに見解の相違であって、そのように思っている者とは闘うしかないことを明らかにしておく」

上記のことから、〝松崎氏の革マル性〟を明らかにすれば、「JR総連、JR東労組が革マル派に支配されている」ことが証明されることとなり、また同時に、「JR総連、JR東労組は松崎氏の独裁で、そこには組合民主主義がない」ことも証明されることにもなります。

そこで、以下では、この点について述べることとします。

【松崎明氏の革マル性】について

1．私は、ほぼ労働関係業務一筋で過ごした国鉄・JR人生における実体験から得た感覚として、「松崎氏が革マルであること」、「動労内部に革マルが浸透していること」、「動労が松崎氏及び革マル集団に支配されていること」を一度も疑ったことがありません。

JR総連及びJR東労組についても同じで、その理由は、「一九七八年（昭五十三）、動労・貨物安定輸送宣言のころ、革マルを脱けた（と思う）」という松崎氏の公言を信じる、信じないは別にして、「動労（の）革マル系活動家千七百人（といわれている）」（立花　隆「中核VS革マル」講談社文庫）が、「党から離れた」形跡が全く見あたらないからです。

革マル派活動家の、この関係の事情について、立花・同書には、次の記述があります。

【私の友人の家に、ある日、弟と中学がいっしょだったという友達が訪ねてきた。一晩泊めてくれというので快く承諾した。夜、弟とその友達は、近くの飲み屋にいって、昔話をひとしきり語り合った。そのうち、ある程度酒が入ったところで、「実は……」と、その友達が突然セキを切ったように語りだした。自分が革マル派活動家であること。下宿へも、実家へも帰れず、こうして友達の家や親戚、知人の家を一、二泊ずつ泊まり歩いたりしていること。その生活にも疲れ、抜け出したいのだが、抜けられないこと。抜けたらリンチするとおどされているわけではないのだが、どうしても抜けられない心理的圧迫感があること、などを話して、ほとんど泣かんばかりであったという。】

私自身も、同期生である友人の弟（国鉄職員）が、同じ事柄で自殺未遂まで起こした問題で、友人から相談を受け、助力したことがあります。幸い発見が早く、命を取り止めた友人の弟は、その後、国鉄管理者への道を選択、勉学の末、駅助役に栄進し、友人に感謝されました。ですから、「千七百人前後もの革マル派活動家」の離脱が、人知れずひっそりと完了するなど絶対にあり得ないというのが、体験に基づく私の実感なのです。

なお、立花　隆「中核VS革マル」には、「（「革マル派」と「中核派」とに別れる革共同の第三次分裂に際し）政治局で黒田氏についたのは、副議長の倉川篤氏（動労東京地本委員長の松崎明氏のこと）と政治局員の森茂氏だけだった。残り全部は本多氏の側についた。――中略――。労働者の組織の多くは中核派に移ったが、副議長の倉川篤（松崎明）氏が革マル派に移ったため、当時もいまも、革マル派の〝虎の子部隊〟である動労の組織が、ほぼ全面的に革マル派に移った」「大組織の上層部をにぎる小組織は、大組織全体を動かすことができるものである」などの記述があります。また、巻末年表には一九七四年（昭四十九）二月十四日の項に「狭山闘争集会で中核派と動労の内ゲバ」とゴシック字体で記されてもいます。

2．松崎氏は従来、「一九七八年ころ、革マルを離れた」趣旨を著書や講演などで繰り返し公言してきましたが、最近は「労働運動指導者として生きていくことを選んだ最初から革マル派とは対立した」、「最初から〝松崎派〟であり、〝松崎組〟だった」などと開き直っています（「松崎明秘録」同時代社）。

しかし、これが虚言であることを立証する資料として、たとえば次のようなものがあります。

＊　一九七二年（昭四十七）「週刊新潮」（七月八日号）の取材記事

【私は、確かに日共や社会党に対しては大いなる不満を持っていますが、しかし、革マルではありません。新左翼という言葉も嫌いです。】

＊　福原福太郎著「記録『国鉄改革』前後　―労組役員の備忘録から―」

【（私は松崎氏から）国鉄改革の段階で、その革マル派を離れたと、聞いた…】

一九七二年の「週刊新潮」の取材で、松崎氏は、「（私は）

革マルではありません」と断言していますが、これは動労・貨物安定輸送宣言の一九七八年の六年前になります。

これに対し、福原氏（元JR総連委員長）が松崎氏から「革マル派を離れた」と聞いたという「国鉄改革の段階」とは、一九八七年（昭六十二）頃ですから、こちらは動労・貨物安定輸送宣言の一九七八年の九年後になります。

更に念のため、松崎氏の、「いい加減発言」を幾つか次に列挙しておきます。

①「オレも確かに革マルの副議長だったが、理論じゃ労働運動はできない」（『フォーカス』昭和六十年六月十九日号）

②革マル派は、「俺が辞めたと思ったときから辞めたことになる。別に辞めるための儀式なんてない」（『フライデー』平成六年八月十九日、二十六日合併号）

③（革マル派を辞めたのは）「さあ、何年でしょうか。辞令が出ないのでよくわかりませんね。自分勝手に辞めただけのことですから」（『宝島』平成六年八月二十四日号）

④「〔革マル派とは〕以前関係はあったが、今は全くない……。動労が貨物安定宣言を出した（昭和）五十三年十月以前に、もう（革マル派と）切れてますよ」（『サンデー毎日』昭和六十一年八月十七日号）

⑤「一八七八（昭和五十三）年に『貨物安定宣言』を行ったとき、私はまだ革マルだったと思う」（松崎明著『鬼が撃つ』）

3．おそらく活動資金面を通じてのことでしょうが、松崎氏は、今や黒田寛一氏死後の「党革マル派」に対して絶大な影響力を行使していると思われます。

黒田氏生存の頃でさえ、党革マル派は、JR総連やJR東労組の幹部に対しては、「坂入充は古参党員」、「古参党員としての加藤実」などと、秘密暴露や名指しで非難するなどしていましたが、松崎氏についてだけは一切批判せず、松崎氏の著書や講演内容などを高く評価するのみでした。

そして、「革マル派によるJR東労組OB坂入充拉致監禁」事件をめぐる紛争の最中においてすら、〝文書改竄〟を行ってまで機関紙『解放』で松崎擁護に走るなど、特別な崇敬姿勢を見せるなどしていました。

ここでいう〝文書改竄〟事例とは、革マル派による坂入充氏拉致・監禁事件に関連して救出支援要請のため、平成十二年十一月二十七日、JR総連が本部政策部長四茂野修名で、「報道関係者各位」に対して公表した「海道鐺」文書（※　坂入氏事件を「革マル派の犯行」と断定して告発に踏み切ったＪＲ総連小田裕司委員長宛て送付されてきた「脅迫文書」）の原文（手書き）では、【松崎さんを先頭にして反スターリン主義運動を労働戦線に拡大する拠点として構築してきた動労型労働運動、この輝ける歴史……】となっていたものが、革マル派機関紙十二月十一日付「解放」（第一六四八号）の転載記事では、何故か、【松崎さんを―一九七八年まで―先頭にして反スターリン主義運動を労働戦線に拡大する拠点として構築してきた動労型労働運動、この輝ける歴史……】と「―一九七八年まで―」部分を挿入・改竄されていたというものです。

　実は、党中央によって挿入・改竄されたこの「一九七八年」という年は、松崎氏にとってきわめて重要な意味を持つ年なのです。同氏は、自著の中で次のように記述しています。

「一九七八年に『貨物安定輸送宣言』を行ったとき、私はまだ革マルだったと思う」（松崎明「鬼が撃つ」ＴＢＳブリタニカ　p，一三〇）

　ですから、松崎氏が一九七八年以降も「海道錨」（坂入事件に際して、党側に立ってＪＲ総連及び東労組を批判したＪＲ北海道労組内部の革マル）を率いて先頭に立って革マル組織拡大のために闘っていてはまずいことになるのです。要するに党中央は、機関紙「解放」に改竄文書を掲載してまでして「松崎発言」とつじつまを合わせ、松崎氏を擁護したのです。

　そして、松崎氏が、今や、黒田氏死後の「党革マル派」に対して絶大な影響力を行使していると思われる最大の理由は、「松崎明秘録」で、松崎氏が革マル派を批判・罵倒しているのみか、教祖・黒田寛一氏についても批判、揶揄、罵言的言辞を弄しているという事実です。しかし、これに対して、唯我独尊、誇り高き党革マル派は「松崎明秘録」の刊行に対して完全に沈黙しています。不可解どころか、ありえないというべき奇怪な現象です。

4．国鉄黒磯駅事件

　これは、私の壮年時、国鉄東京北鉄道管理局総務部労働課・課長補佐時代の一九七七年（昭五十二）に上司の特命を受けて取り組んだ「職場規律是正」に関わる事件で、拙著『もう一つの「未完の国鉄改革」』（月曜評論社　平成十四年六月刊）の冒頭で詳述しました。

　国労革マル派の活動家の煽動に乗せられて管理者に対する暴力行為に走った二名の国鉄職員（国労黒磯駅分会所属）

を〝懲戒免職〟としましたが、主犯・元凶である同駅所属国労革マルHとNの二名は実行行為の確証が掴めず、切歯扼腕した想い出があります。

当時国労上野支部所属革マルだった「坂入充」がH、N側の蔭の総司令官として現地入りして指導にあたったり、国労問題なのに動労の権力者松崎明氏が突如登場（二名の懲戒解雇処分に対する総務部長への抗議電話）したりなど、様々なことがありました。同事件は二名の懲戒解雇者を原告、国鉄を被告とする訴訟問題に発展しましたが、一審、二審とも国鉄が勝訴し、原告と「支援共闘会議」側は上告しなかったので、高裁の判決が確定しました。善良な二名の国鉄職員を不幸にした、卑怯で狡猾なHとNは、松崎戦略の一環である「真国労」結成に参加してJR東日本社員となり、その後、Hは管理者（助役）になり、NはJR東労組のU支部委員長になりました。私は、U支部委員長時代のNとたまたま再会した際、「あの時、お前さんをクビにしようと真剣に取り組んだんだが残念だった。時代が変わって、本当に良かったな」と皮肉混じりにからかったら、Nは苦笑していました。

5.「松崎氏の革マル性」を示す資料として、警視庁公安部の綾瀬・豊玉アジトなど革マル派アジト摘発による押収資料の一部と思われる『神保順之自己批判書』がありますが、その中に、松崎氏が神保氏ら「トラジャ」（土方）の選定権者であることを示す件《くだり》があります。

また、「革マル派による拉致・監禁」中の坂入充氏（セクトネーム「南雲巴」）が、報道機関や運輸省（当時）の幹部、産別労組トップなど各界の要人に宛てた手紙「私は訴える！」（二〇〇〇年十二月十七日付）の中には、「JR総連の仲間と革マル派中央との間の本来あってはならない対立」、「革マル派同盟員として長くやってきた私の誇り」、「一九九六年四月に発生した第二次三鷹事件に際して、八月の革マル派系労働者が主催する集会に、（JR）総連として船戸執行委員を連帯の挨拶に送ったことは記憶に新しい」、「われわれJR労研中央幹事会事務局（船戸、坂入、田岡、新潟の松崎）」、「権力は、私の人生に大きな影響を与えた人が（松崎明）会長であること、付き合いが長きにわたることを充分承知している」、「私が長年住んできた革マル派組織」、「私が微力をつくし戦闘的労組として育て上げてきたJR総連」などの重大内容が記述されていました。しかし、二〇〇〇年十一月三日～二〇〇二年四月十三日の、約一年半もの革マル派による拉致・監禁生活を経て自宅に戻った〝南雲〟こと坂入充氏に対して事情調査し、全組合員に説明・報告するという労働組合として当然の責務を、JR総連とJR東労組は全く果たしていません。それどころか、そのような努力を払う気配すらありません。

6．元JR東労組幹部（党中央への献金も行い、幾つものペンネームを用いてJR革マル派の諸段階の会議に熱心に出席していた活動家）からの伝聞情報では、「松崎氏の革マル性」について、次のとおりでした。

① 松崎は、中央党官僚を対象に「Mスクール」（松崎学校）を開催して「党」側を熱心に教育・訓練していた（会場は「伊東さつき会館」や各地のホテルなど）。党中央には松崎シンパ、松崎ファンが多くいる。

② 四茂野修や林和美その他の「動労・JR東労組直接採用者」は、党革マル派から「羨望の目」で見られている「選ばれた者」だ。

③ 松崎は巷間言われる「ナンバー2」ではなく、〝別格の存在〟、〝別格官弊大社〟だと感ずることが多かった。

④ 黒田生存時から既に「JR革マル派（松崎組）は、党革マル派を凌駕している」実感があった。

7．「松崎氏の革マル性」及び「JR総連・東労組が（JR）革マル派により支配されている」ことや「労組内への革マル組織の浸透」を証明しうる補助的参考資料

（1） 下記の〝断定記述〟に松崎氏及びJR総連・東労組サイドから抗議や異議申立が全く行われませんでした。

「わが国旅客鉄道輸送の基幹的重要企業、JR東日本の最大労組である『東労組』。この五万人を超す巨大労組が、たかだか数百人のJR革マル派（＝JR産別革マル）の完全支配下にあることは歴然たる事実であります。この『断言』がもし間違っていたら、私はどのような責任でも取る覚悟です」

（宗形　明『続　もう一つの未完の「国鉄改革」』〈月曜評論社平成十七年二月刊〉）

（2） 私はこれまで、平成十四年六月刊行の『もう一つの未完の国鉄改革』を皮切りにほぼ年に一冊の割合で「JR東日本革マル問題」のみに関する専門書を合計五冊刊行し、一貫して、例えば【何が本当の問題なのか？　松崎氏と革マル派の縁は切れていない。そしてJR総連・東労組指導

部はＪＲ革マル派の手に完全に握られている。この「現実」こそ本当の問題である。】（『続　もう一つの未完の「国鉄改革」』三〇〇頁）などのように、信ずるところを歯に衣着せず述べ続けてきましたが、この間、これら著書での私見の表明について、松崎氏及びＪＲ総連・東労組サイドから抗議も異議申立も一切受けていません。

【松崎氏による組合私物化】について

1．嶋田氏及び編集委員会著の『虚構からの訣別』に《（平成十四年）七月三十日、ホテルエドモントに角岸委員長、石川副委員長、本間業務部長を呼び出し、（松崎）前顧問は6．7林（和美）レポートを出して「これがすべてだ。嶋田の委員長代行を外す。阿部の局長を外す。嶋田の後は石川やれ、阿部の後は本間がやれ」と通告し、角岸委員長を「その方向で…」と承知させたのである。》（同書一ページ）と記述されています。ここで、「本間業務部長」とは、その後、労組からの革マル排除を旗印に「ＪＲ東労組を良くする会」を起ち上げ、更に東労組を脱退、新労組「ジェイアール労働組合」を結成、同労組初代委員長に就任した本間雄治氏その人です。

本間氏もその場に居合わせたこの場面こそ、「松崎氏による組合私物化」の実態を典型的に物語るものです。言論の自由が保障され、民主的に機関運営される「普通の労働組合」では、大会、中央委員会など、労働組合の正規の手続きを踏まずに幹部役員人事が変更されることなど絶対にあり得ません。しかし、松崎氏の発する言葉は超「組合規約」的〝玉言〟として東労組内部では取り扱われるのです（「03．1．23ＪＲ東労組中央執行委員会見解」参照）。

翌、七月三十一日、角岸委員長は、前日松崎氏にに命令された「嶋田副委員長の〝委員長代行〟を外す」「阿部局長の〝局長〟を外す」ことを、企画会議のメンバーに提起しました。そして、同年十月三十一日の「嶋田、阿部、本間氏ら東労組本部中執八名一斉辞任」にまで至ったＪＲ東労組の激しい内部紛争が始まったのです。

2．松崎氏がオーナー（一人株主）であるという「さつき企画」は、ＪＲ総連の関連企業です。

二〇〇二年（平成十四）の春、松崎氏の長男篤氏が「さつき企画」社長に就任しました。同社は社員十数人の小さな会社ですが、当初はかなりの黒字会社だったのに、篤社長の時代になってどうしたわけか赤字会社に転落してしまいました。二〇〇四年一月、篤社長は退任し、松崎氏の腹心といわれる奈良剛吉氏が「JR東労組副委員長」のまま、同社社長に就任しました。平成十六年一月吉日付挨拶状の差出人名は「株式会社さつき企画代表取締役非常勤社長　JR東労組本部専従副委員長奈良剛吉」です。そして、二〇〇四年二月二十七日、「さつき企画」代表取締役社長・奈良剛吉氏は、目黒さつき会館で開催された「第十九回臨時評議員会」の場に「さつき企画の経営再建のためのご協力のお願い」と題した一枚物の資料を提示し、「株式会社鉄道ファミリーによるさつき企画全株式の購入」及び「さつき企画の累積欠損額に相当する債務の債権放棄による解消」などについて承認を得ました。「反対意見は一切出なかった」と伝えられていますが、この04．2．27「第十九回臨時評議員会」は、〝入院中〟の佐藤政雄理事長に代わって、小田裕司副理事長（JR総連委員長）が開会のあいさつを行い、報告・資料説明者は四茂野修（さつき会事務局長）でした。これはどう見ても、「松崎組幹部」（松崎ファミリー）総出演によって、「さつき企画」オーナーの松崎家が責任処理すべき赤字を、「株式会社鉄道ファミリー」（JR総連の関連企業）に転嫁するための儀式に外なりません。

【「松崎組」一党独裁による言論の自由、組合民主主義への抑圧】について

1．「東労組本部中執八名一斉辞任問題」に関わるJR東労組内部紛争の過程で、松崎氏は、同氏の指導方針に若干の疑義を呈した嶋田氏とその同調者（幹部役員）たちを次々と統制処分にかけ、除名、組合員権停止、役職剥奪などとしました。

松崎氏の愛弟子として、千葉地本委員長にまで登用された小林克也氏は、嶋田氏擁護の罪で委員長職から外され、労働組合での死刑である「除名」となり、関連会社への出向となりました。

同じく松崎氏に目をかけられていた横浜地本委員長の本間雄治氏も同様の憂き目に会いました。

嶋田氏側に立った長野地本と新潟地本については、正規の地方大会で選出された執行部を本部が認めず、専従申請が拒否されるなど、組合規約違反の弾圧と嫌がらせを繰り返し受け、地本組合員大方の意に反して役員選挙のやり直しをやらされました。

組合員個人としても、例えば長野では「土屋事件」（組合会議で〝カゴメ、カゴメ〟され、鬱病になった）などが発生、

同種の事件が東労組各地本で頻発しました。

このように、ＪＲ総連とＪＲ東労組においては、「異論は絶対許さない」という松崎組による一党独裁の組織運営が行われているのです。

要するに、私の「ＪＲ東日本革マル問題」関連既刊書（六部作）で繰り返し述べていることのエッセンスが、上掲「陳述書」である。何しろ、地裁証人としての「陳述書」作成など、生まれて初めての経験で、絶対に間違いや嘘を書いたら大変だ、生まれて初めての経験で、原告側弁護士に突っ込まれ、法廷で立ち往生するのは恥だし、嫌だ、との思いで、緊張して真剣に書き、何度も読み直したことを思い出す。

二〇〇九年三月三日・東京地裁「梁次邦夫原告裁判」において私は、被告・講談社、西岡研介記者側の証人として出廷、証言するという、生まれて初めての貴重な経験をした。当日の私の証言は、上掲の「陳述書」をベースとして行われたわけである。

原告側弁護士とのやりとりで、いろいろ面白いものがあったが、私は黒は黒、白は白と正直に答えればよいだけなので、特段の苦労はなかった。しかし、裁判法廷の空気には一種特別なものがあり、緊張し続けで、疲労感は大きかった。それだけに、壮大な虚構を構築し、嘘に嘘を重ねなければならない原告側証人はさぞかし大変なことだろうと心底から同情した次第である。

ところで、私が証言した法廷には、ＪＲ総連・ＪＲ東労組が動員した傍聴者が大勢詰めかけ、私の証言にわざとらしく失笑したりするなど、圧力をかけて、一生懸命、松崎と「松崎組」幹部への忠誠心を発揮していたが、その後、彼らが読まされている国際労働総研機関誌『われらのインター』に、この日の私への誹謗・中傷記事が出ていたので、次に紹介しておく。

◆【地獄耳】『われらのインター』（２００９ ｖｏｌ．２１）〈ｐ．七五〉

> **地獄耳**
> **お〜い、ムナカタさん　ちったぁ自分でものを考えたらどうだい**
> また、ムナカタ某が新しい本を出したそうだ。誰も買わない、読まない本をいったい誰が金を出してくれているんだろうね。元「労働屋」のオッサンのいい小遣い稼ぎ

なんだろうけれど。なにやら怪文書ををかき集めてはJR東海の某経営陣の意に沿った話を書き連ねているとは聞いていた。最近のものは、「統一司令部」から来た情報や「2チャンネル」の寄せ集めだそうだね。裁判記録までネタにするなんざさもしい限りだね。

つい最近、われらの裁判でムナカタ君が証言するのを間近に聞く機会を得た。ムナカタ君は緊張気味だったが主尋問では誘導されてぺらぺらしゃべっていた。だが反対尋問になるとしどろもどろ。

「革マルウオッチャー」とか言われていい気になっている男が、

Q「革マル派という組織に属する人の人数はいくらくらいですか」

A「私はわかりません」

Q「革マル派というふうにあなたがおっしゃっている組織、その中央本部はどこにあるんですか」

A「分かりません、知りません」

Q（いろんな例証をあげて）「革マル派とJR総連、JR東労組は、立場が違うのではないですか」

A「お芝居ということもありますから」

Q「お芝居、そう言う根拠はなんですか」

A「それは分かりません」「…私は内部に革マル派がいると思っているからです」(!?)

なんだ、このザマは。あきれて苦笑してしまった。

予想どおり、彼は与えられた資料に歪んだコメントを付け加えるだけの、元「労働屋」に過ぎない。事実の検証も疑問も抱くこともなく、「これで反JR総連・JR東労組で書け」と言われているだけの男なのだ。「もしかしたら名義貸しだよ」と言う人もいる。そう言えば、自分が書いたことを質問されてもきょとんとしている。

松崎さんはムナカタ本を読んだことがない。読む価値がないと見抜いているからだと思う。ムナカタ君は「JR総連やJR東労組から異議の申立てや抗議」がないことをしきりに気にしているようだが、まったく相手にされていないということがわかっていない。相手にされたかったら、まっとうな物書きなってかかってこいということなのだろう。

元地方局の「労働屋」なんて、掃いて捨てるほどいる。ムナカタ先生、カサイ君もそう言ってただろう。

「われらのインター」の上掲記述を、非常に興味深く読んだが、特に、

【松崎さんはムナカタ本を読んだことがない。読む価値がないと見抜いているからだと思う。ムナカタ君は「ＪＲ総連やＪＲ東労組から異議の申立てや抗議」がないことをしきりに気にしているようだが、まったく相手にされていないということがわかっていない。】

とあったのには、思わずニヤっと笑っ（嗤っ）てしまった。

「地獄耳」氏が言う「ムナカタ某の新しい本」とは、『異形の労働組合指導者「松崎明」の誤算と蹉跌』のことだ。

彼らの強がりとは裏腹に、この一文から、「松崎さん」ご本人と、その「茶坊主集団」が、私の本を〝非常に気にしてくれている〟ことがよーく判って、大いに満足である。確かに思い当たる哀れな「誰も買わない、読まない本…」の著者として、私と真逆の環境にある「松崎さん」に羨望の念をこめつつ、ここでちょっと意地悪しておこう。次に紹介するのは、ＪＲ総連・ＪＲ東労組の秘伝、――〝「ＪＲ東労組の育ての親、重鎮、余人をもって代え難い存在」（２００３．１．２３「東労組中央執行委員会見解」）のお方のご本をベストセラーに工作する方法〟――に関する指令書である。

『鬼の咆哮―暴走ニッポン』の販売促進について

資料センター

松崎顧問の著書『鬼の咆哮』は、現情勢の把握と、それにもとづいた今後のたたかいを示唆する意義のある本として緊急出版されました。組合員・家族、交流している方々のみならず、できるだけ多くの皆さんに読んでもらよう取り組みをお願いします。
また、印税はすべてアフガン難民救援のために使われます。
その趣旨も含めて取り組みを進めてください。

１．販売日時
当初二十一日以降でしたが、二十一日夕方発送体制に入り、首都圏では二十一日夕～二十二日から発売、土日が入って全国の書店には二十六日ならすべて配本済と言われています。

２．販売箇所
弘済会ルート　レッズ、フローラで店頭の目立つところにおく

日販　ルート　上野駅等のブックガーデンに二十～三十冊平積み

3．各地本での取り組み

①キヨスクと書店の振り分けをしなければならない
　キヨスクに置いてもらっているので、ある程度実績をつける必要がある。次回の本もあるので、（イ）駅・売店などで見かけたら買う、（ロ）キヨスク支店で地方あるいは支部でまとめて注文する――などしてほしい。

②（今週の）ベストセラーにする
＊書店でベストセラーになると、新聞・週刊誌に掲載されることもある。
　首都圏では、紀伊国屋本店（新宿）、八重洲ブックセンター、丸善（東京）
　三省堂神田店、
　池袋　リブロ、ジュンク
　渋谷　あさひや書店、ブックファンド？
　青山ブックセンター
などで、買うと新聞、週刊誌などで紹介される。
地方では、地方新聞などの読書欄に掲載される。したがって、各地本で地方新聞を調べ、ベストセラーを紹介している本屋を調べて大量に注文して買う。
＊注文方法
　配本するといっても、書店側ではどのくらい売れるのかわからないということもあり、入荷したがらない。
　したがって、地方で購入する書店をリストアップしてもらい、あらかじめ「二十二日～二十六日にこういう本が出るそうだが」と注文してもらうと、本屋から毎日新聞社に注文してくるので、毎日新聞としても配本しやすい。

③各地本が交流している方々に寄贈する分は本部経由で注文してください。
　八掛となります。

④ＪＲ総連各単組の場合は、「ＪＲ総連連絡」による。
　その際、ベストセラーを考えて有名書店でまとめて注文してください。
（問い合わせは、資料センター小林・林まで）

　たしかに、ここまで微に入り細をうがった指導でＪＲ東日本最大労働組合組織の総力を挙げて取り組めば、「どんな本でも」売れるでしょうね⁉

当時、毎日新聞社も、ＪＲ東労組の重鎮のお方もさぞかし、経済的に潤ったことだろう。毎日新聞社と松崎ＪＲ総連・東労組の深い関係の一端がこんなところからも知れて面白い（詳しくは、拙著『もう一つの「未完の国鉄改革」』第七章四「社会の公器〝毎日新聞〟への幾つかの疑問」一七二頁以下参照）。

そういえば、ＪＲ総連・ＪＲ東労組の「アフガン支援献金」の態様が、毎日新聞のみに〝大広告〟されて話題となったこともあった。

ともあれ上掲の指示文書は、松崎と「松崎組」（ＪＲ革マル派）による「組合私物化」の一例としても興味深く読んでいただけたのではないだろうか。こんなことをやっている異様な労働組合は、「ＪＲ総連・東労組」以外、わが国に一つもないと、断言しておく。

ちなみに、販売促進についての問い合わせ先である「資料センター」の〝林〟とは、警視庁公安部による革マル派豊玉アジト摘発の際、同アジトの別階に居住歴があったという女性、林和美氏のことであるらしい。同氏はＪＲ総連・東労組書記で松崎の崇拝者、早大革マル活動家の過去を持つことでも知られている。

（２）〈「松崎明」と「革マル派」〉に関する「宗形・仮説」

〈仮説〉「松崎明」は黒田死後の党中央を完全に抑えきった

『松崎明　秘録』は、先にその一部を紹介したように、革マル派初代議長・黒田寛一の労働戦線指導力を否定し、黒田の個人能力についてまで悪口ともとれる辛辣な批評を行っている。そして労働運動に関する党指導路線を真っ向から批判、否定している。

さて、読者の方々は、「黒田寛一が松崎攻撃をさんざん煽っておいて、後でこっそり詫びを入れてきた」趣旨だとか、その他『松崎明　秘録』で松崎に言いたい放題に言われて、あの唯我独尊、誇り高き「党革マル派」がひたすら〝沈黙〟していることに、何も感じないだろうか？　私は、不思議を通り越し、異常であり、奇怪であると思う。

で、考え抜いた挙げ句、私が二十数年来の国鉄・ＪＲ革マル問題の観察経験に照らして到達した結論が〈「**松崎明」は黒田死後の党中央を完全に抑えきった**〉仮説なのである。

実は、「知る人ぞ知る」という話なのだが、平成四年ごろから平成七年ごろにかけて、いわゆる「沖縄革マル組織問題」をめぐり、革マル派は党中央、沖縄革マル派、JR革マル派が三つ巴になって組織大混乱を起こし、〝同派結党以来最大の危機〟（中核派機関紙『前進』の評）に陥った。

公安警察筋の情報によると、そもそもの原因というか、その背景には、労働戦線における「松崎路線」への評価の問題があり、平成元年（＝昭和六十四）、革マル派は春闘勝利労働者総決起集会を開催（日本橋公会堂）、党中央（＝黒田）が、〝組合主義的傾向〟を払拭するためにいわゆる「3.5提起」を行ったことに端を発したものだが、これに伴い、革マル派沖縄県委員長の宮城啓の指導方針が中央指導部から全面否定され、県委員長を解任された上、軟禁状態でその責任を追及されるに至って組織逃亡（平成六年）に及んだり、この間、党中央が宮城に代わる指導部を沖縄に派遣したが、仲原忠義（全軍労）以下の沖縄県委員会指導部の大半が党中央に反撥する行動に出るという由々しい事態となってしまった。

そこで、議長・黒田は、事態収拾のために、中央労働者組織委員会から国鉄出身の「トラジャ」二名（上野孝、浅野孝）を沖縄に派遣した。ところが、いわゆる「ミイラとりがミイラに…」で、上野、浅野の両名は仲原以下地元幹部の主張に同調、また中央に残っていた他のトラジャ（「国鉄改革」に際して松崎がJR革マルから選抜して党中央へ送り込んだものだと言われる「〝トラジャ〟（土方）」は、当時、上野と浅野を含め七名前後であった模様）も、この動きに加担するようになった上、トラジャ指揮下にあるJR産別指導部「マングローブ」をも巻き込み、〝反・党中央〟意識を煽り、機関紙『解放』の購読拒否やカンパの上納凍結などの事態にまで発展してしまった。

このような過程で、黒田が上野孝と電話で話し合うが、上野は黒田の言うことを聞かなかったり（平成五年八月末）、黒田の辞任を要求する文書が関西方面から解放社に届いたり（同年十一月上旬）、〝トラジャ会議〟が開かれ、「党中央がJR東労組と沖縄県革マル派との交流を妨害したことへの抗議として、「東労組本部として、ボーナスカンパを凍結する」ことを決定したり（同十一月末）、JR東労組本部と東京地本が年末カンパを凍結（同年十二月十一日）、JR東労組新潟地本と高崎地本が年末カンパを凍結（同十二月十二日）したり、など、様々なことがあったようだ。

また、党中央が「黒田からの提起」として、①沖縄問題は棚上げする、②事態を打開できなかった責任をとり議長を辞任する、などの内容を上野孝に伝えたり（平成六年二月下旬）、他方、JR革マル派は、「トラジャ会議」などを経てカンパ上納停止を決定。"仲原擁護""産別自決"などを旗印に他産別フラクションメンバーへのオルグに乗り出す（同年四月上旬）、などの重大事態にまで立ち至ったという。更には黒田が浅野孝や、これも国鉄出身トラジャの大江支農夫に電話で対応の変化を要請したが拒否されたり（同年五月中旬）などの末、五月二十六日、黒田は、「トラジャ同志へ」と題する文書（γ文書）で、「議長を辞任する」との意思を表明したと言われている。

そして、まるで同年六月五日、六日開催のJR東労組定期大会に合わせたかのように、平成六年六月六日付革マル派機関紙『解放』（第一三三二号）は、無署名論文「労働運動の展開上の偏向について」を掲載し、"賃プロ魂注入主義一掃"を訴えた。これは端的に言えば、黒田の「松崎路線支持」論文である。

その後も、党中央がトラジャ・浅野孝、上野孝、神保順之の三名を"拉致監禁"したり、浅野孝が"組織逃亡"したり、JR革マル派が「桜島作戦」と名付けて"上野孝と神保順之の奪還計画"を練ったり、などスリラー小説もどきの異様な話が多々伝えられているが、この位にしておく。

しかし、上記のことから判るように、革マル派による「坂入充氏拉致監禁事件」以前にも"拉致監禁"事件は起きていたわけで、『松崎明　秘録』で松崎が宮崎学氏に「うちのメンバーで、革マルに何年もパクられて事実上リンチをくってた者が何人もいるし、一人はオーストラリアへ逃げていって死んじゃったんです。目黒のさつき会館の入り口に碑がありますけどね」と語っているのはこの辺りのことを指しているのであろう。

革マル派のカリスマ議長黒田寛一がどうにもならなくなった「沖縄革マル組織問題」は、平成七年に入り松崎が本格的に収拾に乗り出したことによって、年末までにほぼ収まった。そして、平成八年十月十三日、革マル派「ハンガリー革命四十周年政治集会」で、同派創設以来のカリスマ議長黒田の"辞任"と「植田琢磨」なるどこの誰とも知れない新人の"議長就任"が公表されたのであった。私は既刊書で、この革マル派政治集会を紹介し、あたかも「松崎讃歌」集会の趣があった…、というように記述した記憶がある。

ここで"仮説"に戻るが、私は黒田と松崎の勝負はこの時点で、「けりがついた」のだろうと思う。盲目・病身の黒田寛一革マル派初代議長は二〇〇五年（平成十七）六月二十六日、埼玉県内の病院で死去したと伝えられる。

この間、党官僚というか、黒田信奉者たちの反抗なり、暗躍なりはあったであろうが、所詮松崎の敵ではない。何と言ってもキャリアが違う。革マル派創設者三名の一人であり、『松崎明　秘録』で「太田竜」がどうの、「本多延嘉」と三井・三池に行ったのがこうのと言われたら、ただ恐れ入るしかないだろう。なんと言っても、「実践・実戦経験豊富」、【六二年分裂（革共同第三次分裂）において、三人の政治局員、黒田寛一（山本勝彦・議長）、鈴木啓一（森茂・労対）、松崎明（動労）は革マルを組織した。なお、第三次分裂以前における政治局員十人のうち、革共同第一次分裂（五八年八月）の段階で革共同（探求派）に属していたのは、黒田さん、本多さん、白井さん、飯島さん、松崎さんの五人である。】（小野田襄二『革命的左翼という擬制　一九五八〜一九七五』）という華麗なるキャリアの持ち主に、黒田議長辞任後の党官僚が束になっても太刀打ちできよう筈がないのではないか。

おそらく、松崎にとって黒田議長退任から「黒田・死亡」を経て『松崎明　秘録』の刊行に至るまでの日々は、〝党中央を抑え、納得させるため、知恵と努力を傾けた日々〟だったのではないか。そして、華麗なキャリアと豊富な資金を持つ松崎はこれに成功した。

こう考えなければ、『松崎明　秘録』に対する「党革マル派の異常な沈黙」は説明がつかないのではなかろうか。で、私の推理が当たっていれば、その〝沈黙〟の代償はなんらかの方法による「活動資金」の継続的提供であろう。党中央は、「花」（JR革マル派）を捨て（諦めて）、「実」（活動資金）を取る（＝『松崎明秘録』刊行への明示または黙示の了承）。松崎は、そもそもの始まりから革マル派とは相容れない「松崎派（組）」であったのだということを〝公知〟のものとした上で、〝大左翼構想〟の中核としての地位を目指す。

ざっとこんなところだろう、というのが私の〝仮説〟である。

これはあくまでも、〝仮説〟であって正しいかどうかは判らない。だが、私には今のところ、これしか考えようがない。願わくば、『松崎明秘録』を読んだジャーナリスト有志の方々の中からどなたでも、私がなるほどそうかと思える別な見解がおありだったら是非ご教示願いたいものである。

「宗形・仮説」に対して松崎と「松崎組」からの抗議や

批判は皆無だった。　ＪＲ総連とＪＲ東労組についても同様である。

だから、「松崎さんはムナカタ本を読んだことがない。読む価値がないと見抜いているからだと思う」なんて、松崎チルドレンが書いているのを見ると、一見大物に見えて、かなり神経質、小心な一面を持つ松崎の実像を知っているだけに、私の本で頭に来て、チルドレンたちに当たり散らしている彼の姿を想像して、ついつい笑ってしまうのだ。

「宗形・仮説」への一つの興味深い反応

インターネット上に、「革命的マル共連フォーラム」という名前で運営されているブログ・掲示板がある。「共産主義趣味者」同志の間の情報交換の場として機能しているもののようだが、私がチェックした感じでは、新左翼活動の経験者、それもどちらかというと中核派系の元活動家たちが中心で、過去に郷愁を抱いてネット上に集い、語り合っているブログのようだ。　新左翼情報以外のもの、誹謗中傷的なものは、「防衛委」が削除する規則があるなど、非常に真面目に運営されており、時折、「ＪＲ東日本革マル問題」関係の情報が取り上げられているので、勉強と情報収集を兼ねて、私もしばしば訪問し、閲覧させていただいている。

「革命的マル共連フォーラム」常連の論客に、ハンドルネーム〈希流〉、同〈すえいどん〉、同〈カタロニアオレンジ〉さん、などの有名な方々がいて、その該博な知識、豊富な情報力と鋭い分析力などに、敬服、感じ入ることが少なくない。

その一人、ハンドルネーム〈希流〉さんが、「宗形氏の新著」というタイトルで、『異形の労働組合指導者「松崎明」の誤算と蹉跌』を取り上げてくれた（〇九年四月十六日）。　すると〈すえいどん〉さんが、「Ｒｅ：宗形氏の新著（と旧著）」（五月六日）と応じ、更に、〈ＪＲ Ｗａｔｃｈｅｒ〉さんの「まっつぁん（注、松崎）チルドレンの新訳書」（五月六日）、〈すえいどん〉さんの「四茂野氏の統一戦線工作」（五月七日）、〈希流〉さんの「必ずしもそうではなくて」（五月七日）と議論が拡がった。

そして、〈すえいどん〉さんが最後に提示したのが、次に紹介する「黒田寛一はいかにして歌人となりしや」である。　なお、冒頭に出てくる「レーベンと為事」とは、革マル派が〇一年十月、マルクスの没日に合わせて刊行した大著『黒田寛一のレーベンと為事』（唐木照江・岩倉勝興・岡本夏子共著〈あかね図書販売〉）のことだ。「蛇《じゃ》の道はヘビ」というが、元同根の中核派の立場から見た、〝党創設以来の混乱〟として革マル派全体を揺るがせた大騒動。「黒田寛一による、全逓労働者土井（ＤＩ）の抜擢」に始まり、「沖縄革マル問題」を巡る紛争を経て、「黒田の議長辞任」に至る経緯を概観したすえいどんさん作成の「革マル派活動年表」が非常に興味深く面白い。とても勉強になり、ありがたかった（傍線、宗形）。

すえいどんさんの「宗形仮説」関連ブログ

◆黒田寛一はいかにして歌人となりしや　革命的新規投稿　革命的返信　革命的削除
お名前：すえいどん　登録日：二〇〇九年五月十六日十一時二十九分

「レーベンと為事」四一五頁によると、一九九六年十月十六日、渡辺和子がモスクワでハラシャービンのメッセージを受け取り、ハラシャービンのメッセージは黒田を揺さぶり、彼の中にある生と創作への渇望を強めた、そして、うまれて初めて短歌を書いたのだという。何の疑問もなく読み過ごしていたが、この前年、松崎との抗争の結果、党の権力を喪失したのだとの宗形仮説が、この一節に新たな光を投げかけるのではないか。

一九九六年十二月八日付の短歌
贈られしグミの実派食みて心痛む血塗られし過去忌まわしき今
みたび生き愛もて勝つの気概もち心の兄と我生きぬかん

「忌まわしき今」とは党権力喪失の状況であり「みたび生き」は、党権力奪回の暗喩ではないのか。そもそもロシア人のファンレターに対する過剰なまでの反応は、当時の彼の敗北感・挫折感抜きには説明がつかないのでは。
深読みしすぎでしょうか。

（参考年表）
一九九一年（平成三年）

十月　黒田、もと全逓労働者土井（DI）の抜擢、いわゆる「賃プロ魂注入主義者」台頭
八月　黒田、労対四人組を批判（四人組＝森、土門、朝倉、西条?）

一九九二年（平成四年）
三月　春闘集会　賃プロ主義者DI　三・一提起「解体的再創造」以降、賃プロ主義による内部思想闘争ひろがる　自治労を中心に離脱あいつぐ、教労、沖縄、JR総連へと広がる
三月　沖縄教労高橋利雄拉致、後殺害
五月二十四日　結成三十五周年集会　森・土門・朝倉・山里・西條自己批判
?月　沖縄党トップ山里章、全駐労党トップ仲原忠義賃プロ主義者に反発して脱党
七月　山里章拉致〈九四年十二月まで監禁〉
?月　黒田入院

一九九三年（平成五年）
?月　黒田退院
七月　拡大全国委員会、産別労働者委員会全国代表者会議（黒田、賃プロ主義者DIを粛清?）
八月　十七回大会、黒田「一部に現れた革命主義的偏向の克服の為に」JR総連内革マルの「反党陰謀活動」に対する闘争?
九月　十七回大会第二回会議
十月　産別委全国代表者会議「X地方組織の建て直し」（X＝沖縄?）
十一月末　トラジャ会議、東労組本部としてボーナスカンパ凍結決議

一九九四年（平成六年）
二月以降　δ産別委員会指導部（＝トラジャ?）建設に関する組織的闘い
二月下旬　党中央「黒田からの提起」①沖縄問題棚上げ②議長辞任
トラジャ会議、カンパ上納停止決定
四月上旬　トラジャ仲原擁護・産別自決で、他産別フラクのオルグ開始
五月二十六日　黒田、「トラジャ同志へ」（γ文書）議長辞任の意思表示

六月五日　解放無署名論文「労働運動の展開上の偏向について」（賃プロ主義一掃）
八月　十七回大会第二回会議　政治組織局員・全国委員改選
十二月　山里章、脱出生還
一九九五年（平成七年）
一月　政治組織局会議、議長辞任問題を議論
五月　十八回大会
年末　沖縄問題収束
一九九六年（平成八年）
五月　十九回大会
六月　二十回大会
十月十三日　議長・黒田が辞任し、後任議長に植田琢磨が就任。

◆Re：黒田寛一はいかにして歌人となりしや　革命的新規投稿　革命的返信　革命的削除
お名前：すえいどん　登録日：二〇〇九年五月十七日十一時三十一分

誤植訂正から

贈られしグミの実派食みて心痛む血塗られし過去忌まわしき今
←
贈られしグミの実食みて心痛む血塗られし過去忌まわしき今

本文続き
そして、一九九七年六月以降 神戸連続児童殺傷事件は冤罪だとする闘争に乗り出す（米国のＣＩＡによる「謀略的権力犯罪」であると主張）のであるが、それは党内権力奪回の意図を秘めた黒寛最後の闘争ではなかったのかと。

◆異形の労働組合指導者「松崎明」の誤算と蹉跌　革命的新規投稿　革命的返信　革命的　削除
お名前：すえいどん　登録日：二〇〇九年五月十八日十五時十三分

黒寛は一九六五年、松崎との抗争の結果、党の権力を喪失したのだとの宗形仮説の出典はこれ
異形の労働組合指導者「松崎明」の誤算と蹉跌—「ＪＲ

東日本革マル問題」の真相と現状（単行本）宗形明（著）価格：¥1,575

前のスレが消えているので、念のため。

〈参考資料〉

◇◆革命的マル共連フォーラムの「ルール」◇◆

1　当フォーラムは、マルチメディア共産趣味者連合中央委員会が共産趣味の情報交換を目的として設置した公開フォーラム（掲示板）である。

2　基本的に「過激派」の情報の交換を目的としているのであり、それ以外のネタを書き込むことを禁止する。

3　以下に具体的な書き込み禁止例を列挙する。

★　個人を誹謗中傷するもの、また、個人名、住所、電話番号等の暴露を目的としたもの

★　一般人を偽装した特定党派の宣伝および、特定党派を陥れようと策略する悪質なデマ・吹聴行為等

★　基本的に「左翼ネタ」ではないものの書き込みは禁止する。しかし、一連の話題の膨張による脱線は許容範囲とする。各人の判断で収束すべし。

★　いわゆる「自由主義史観ネタ」「小林よしのりネタ」は無条件に禁止とする。ここで話題にすべき性格の物ではない。

★　左翼にまったく関係ない「右翼ネタ」や、いわゆる「名古屋商科大学ネタ」などを禁止する。過去の事例からして、場が荒れて、無用なツリーが増大するだけなのはもはや明白である。

★　共産趣味的な内容であっても、同じ内容の繰り返し投稿は禁止する。

★　共産趣味者でない者の参加ももちろん歓迎するが、共産趣味を侮辱し、敵対・挑発することのみを目的とした書き込みも禁止する。また、このような挑発分子は一切無視すべきであり、挑発に乗るべきではない。このような書き込みは、発見次第マル共連中央委員会、もしくは防衛委員会により強制削除される。

4　たとえ過激派ネタであっても、それ自体が物議をかもす可能性があるネタであることを自覚し、自身と反対

の立場の人間が読んでいるという可能性を常に考えておくこと。

5　マル共連、および当フォーラムに集う人々は「共産趣味」的な充足、すなわち過激派情報の共有を目的としている。したがって「共産趣味」それ自体にたいして「論争」を挑まれても、index に明記しているように「とやかく言われる筋合いはない」したがって、回答する義務もない。

6　この「ルール」は必読とする。これに反する場合、排除の理由になる。

7　中央委員会および、防衛委員会は、当フォーラム（掲示板）において、当然のことながら絶対的な権力を行使できる。削除する・しないの権利は中央委員会および防衛委員会の独断によるものであり、「なぜ削除したのか？」という質問にも答える義務はない。ただし人為的ミスによる「削除ミス」はこの限りではない。

!!※くれぐれも言いますが、いわゆる「書き逃げ」「カンチ君」などには一切反応しないこと。場が荒れるだけで何にもなりません。「なんだこりゃ?!」と思われる馬鹿な発言に対しては、無視して放置しておいてください。後日削除します。こういった輩（馬鹿と言った方がいい）の発言にコメントを付けられると、削除する方も仕事が増えるだけです。よろしくお願いします。

全世界の共産趣味者！　観察せよ！
管理者：マル共連中央委員会／マル共連防衛委員会

二転三転、反復常ならぬ松崎及び松崎組の「最新（最終？）主張」の徹底検証

さて、準備も整ったので、いよいよ本題である「松崎明」と〝松崎組〟が「党・革マル派と〝絶縁した〟」時期の徹底検証に入ることにするが、それには、先に提示した次の二点（松崎が原告として関与、裁判所に提出した書面による最新の主張）の真偽を明らかにすれば良いことになる。

① 松崎本人は、遅くとも「国鉄分割民営化」（一九八七年〈昭六十二〉）時に、「革マル派」との関係を絶った。

② ＪＲ革マル派（＝「松崎組」）は、一九九九年〈平成十一〉十二月、革マル派中央に対し、決別を通告したことをもって「革マル派」との関係を絶った。

本来ならば、上掲の①、②にしても、歴代の警察庁警備局長の一貫して変わらない国会答弁、自民党政権でも民主党政権でも全く同一内容の「政府答弁書」からして、現在のJR総連・JR東労組内に革マル派が相当数浸透しており、同労組が「松崎組」＝JR革マル派によって支配されていることは、〝時の政治権力〟の手によっても「どうにも動かしようのない明白な事実」なので、何を今更…といささか虚しい気分なのだが、何しろ相手が相手である。

「浦和電車区事件」は、一審、二審と有罪判決が出て、JR東日本は一審判決後直ちに、被告らを懲戒解雇し、原告吉田氏と和解。　梁次邦夫被告ら七名の強要により組合脱退・退職を余儀なくされた吉田氏が、既に会社復帰しているというのに、「冤罪だ」「デッチ上げだ」と国内外に騒ぎ立て、これを組合運動の主柱として裁判闘争を展開しているJR総連・JR東労組。

ここで、断言しておくが、遠からず最高裁判決が出る予定の「浦和電車区事件」の結果は、間違いなく〝有罪〟である。　しかし、JR総連・JR東労組は、それでも「不当判決だ」「冤罪であることは変わらない」などと主張して、最高裁判決を絶対に認めようとはしない筈である。

このような「アウトロー」集団、「法体系無視」集団の主張をどんなに論破したところで、所詮は無駄な努力なのだが、ぼやいていてもしかたがない。

一応①と②の主張は正と仮定し、それと矛盾する事実や、それを否定する事実を、以下に提示して、賢明な読者の皆様に、その是非についてご判断願うことにする。

(1) 二〇〇六年時点でも革マル派機関紙『解放』は、JR東労組のみを唯一賞賛

二〇〇六年三月二十七日付革マル派機関紙『解放』(第一九一一号)は、一面トップ記事として、〇六年春闘の相場を決定するJC集中回答日の三月十五日、自動車、電機、鉄鋼、造船重機の四基幹産業において超低額(またはゼロ)の賃金回答があったことを報じ、

「こうした超低額回答でしかないにもかかわらず、トヨタ労組委員長・東正元は『会社の誠意だ』などと称してこれをただちに受け入れ、『春闘相場の天井』を確定する役割をみずから引き受けた。　他のJC労働貴族たちも一発回答でこれにつづき、『連合』会長・高木はこれらの対応を総じて『80点』と評価したのだ。

すべての革命的・戦闘的労働者諸君！　下部労働者を馬

鹿にしきった労働貴族どものこのような裏切り行為を断じて許してはならない。　賃金抑制のための労使談合を弾劾せよ！」

などと煽動的に呼びかけ、この時点での労働者側からみた「春闘成果」を酷評している。　が、しかしまた、その中で、「集中回答以後、ＪＲ東労組が一〇〇〇円の要求に対して六〇〇〇円のベースアップを獲得した（三月十六日）。

これ以外は、大企業労組はごく低い妥結額で闘いを収めてしまっている（ＪＲ西日本は賃上げ要求にゼロ回答）」と記述し、わが国の大企業労組で唯一、ＪＲ東労組のみを高く評価するという奇妙な姿勢を見せている。

「**一九九九年十二月**、革マル派中央に対し、決別を通告したことをもって〝革マル派〟との関係を絶った」筈の、裏切り者集団「松崎組」が完全支配する「ＪＲ東労組」を、二〇〇六年時点における革マル派機関紙『解放』が、かくも高く評価するというのは辻褄が合わない話。　奇怪というか、奇妙奇天烈な話ではないか。

（2）二〇〇一年八月時点での「坂入充」と「小田裕司」間の往復書簡の異常な内容

警察が革マル派のアジト捜索の際に押収したものと思われる資料で、革マル派に拉致監禁され中の「坂入充」（セクト名「南雲」）が、二〇〇一年八月十七日付でＪＲ総連委員長「小田裕司」（セクト名「立花」）に宛てた書簡（省略）の最後の三行は、次のように記述されている。

「私はトラジャメンバーに入れてもらい、この組織的観点から、ＪＲ総連の全組合組織の下からの建て直しとＡの強化のために奮闘したいと思います。

あと二つ残っている告訴・告発をできるだけ早く下ろすことをお願いします。」

そして、ＪＲ総連は、次のように返答している。

> 以下が、八月十七日付の貴君の手紙に対するわれわれの返答である
>
> 1. 貴君を「トラジャ」として認めない。　また「労研」「組合員」としても一切認めない。　言いたいことがあれば、強制収容所を出て来い。
> 2. 浅野、小西、神保に対しても直ちに自ら強制収容所を出るよう伝えろ。

3. 上野孝の死は間接的殺人である。　何人殺るのか。
われわれは上野追悼祭をやる。
4. 加えて聞く。「3. 1」では「『冬の時代』などと言う人は相当頭がおかしい」と言ったはずだ。　その一方で「『職場からの挑戦』は素晴らしい」と言っていることについて、見解を明らかにせよ。
以　上

「1」からは、図らずも二〇〇一年八月十七日時点で、松崎が任命権者だと言われているJR出身者による革マル派中央直属組織「トラジャ」〈国鉄分割民営化直前の八六年、松崎を中心とした旧〝動労〟革マル派が、組合活動家を抜擢し、革マル派〝本体〟に送り込み、〝職業革命家〟としての訓練を受けさせたグループ」〈西岡研介『マングローブ』〉）が、未だ健在であることが証明された。

またそれは同時に、①、②の主張は、「やっぱり〝嘘〟」であった、ということの証明でもある。　松崎は、〇九年一月二十六日の東京地裁証言の中で、「トラジャ」なんて組織は、見たことも聞いたこともない趣旨のことを述べている。　ところが、二〇一〇年六月三十日付で東京地裁に提出した「JR革マルリスト裁判」の準備書面〈原告第十二回〉の中には、「原告松寄は」の語と共に、例えば、「JR組合内の革マル派のメンバーらは、『トラジャ』のメンバーを中心に、組合の取り組みなどについて学習し、討議し方針を作り上げていった」などと、JR労組内における「トラジャ」の生々しい活動実態を、裁判原告としての彼ら自身が記述している。　つまり、〇九年一月二十六日、松崎はすべてを知りつつ、平然と〝偽証〟したのである。

松崎とは、そういう男なのだ。

「2」の「浅野」、「小西」、「神保」は皆、二〇〇一年当時の「トラジャ」メンバーであり、その後、定年を迎えたためか、松崎明・国際労働総研会長の手許に〝主任研究委員〟とか〝研究員〟の身分で、再集結していた。　そして、この人々は、国鉄職員〈国鉄革マル〉としての第一の人生の後、党革マル派中央直属組織である「トラジャ」の一員として第二の人生を送り、更に第三の人生として、恩師・松崎が会長を務める「国際労働総研」の主任研究員や研究員の身分で、現在、余生を送っているというわけである。

「3」の上野孝は、革マル派から海外逃亡、オーストラリアで客死。　松崎が遺骸引き取り人となったと言われている。

「4」の「『冬の時代』などと言う人…」とは、松崎のこと。

付け加えれば、JR総連委員長「小田裕司」（セクト名「立花」）は、一九九七年頃から、大宮支社ができる二〇〇一年頃まで、「革マル派への集金」が主目的の財担（財務担当者）会議の出席者であった本間雄治氏の「陳述書」（2009．3．3「東京地裁」）の中に、次のように登場している。

【そして私や梁次氏は、いわば集めたカンパを上納する側でしたが、各地本の財担が集めたカンパを受け取り党中央に渡すのは、小田裕司氏と田岡耕司氏の役割でした。】

田岡耕司氏も「トラジャ」で、セクト名は「黒潮」であることが、革マル派の機関紙「解放」などで、明らかにされている。そして、「梁次氏」とは、もちろん「浦和電車区事件」の梁次邦夫被告のことである。というよりも、菅民主党内閣を支える枝野幸男官房長官との間で、かつて、JR東労組大宮地本を代表して「選挙協力協定」を締結・署名したことで今や有名な人物、といった方がわかりやすいかも知れない。

そしてここで浮かび上がったのは、二〇〇一年時点（一九九九年十二月以後！）で、小田裕司・JR総連委員長（「立花」）と、革マル派中央組織所属のトラジャ・田岡耕司（「黒潮」）が、JR革マル派からのカンパの党中央への「渡し人」の役割を担っていたという驚愕的かつ動かしようのない事実である。

(3)「JR革マル派リスト」裁判の被告の中に、一九九九年「提出レポート」が合格して革マル派「同盟員」となった者が複数名いる!!

私は、「利用者の皆様へ」と題した声明書によって、「JR労働運動からの革マル排除」の決意を内外に明らかにして結成された「JR東労組を良くする会」（以下「良くする会」）を高く評価し、その応援団の一員を自任してきた。

このため、二〇〇七年七月二十二日、本部に反旗を翻した形になったJR東労組長野地本からの依頼を快諾して、「ホテルメトロポリタン長野」で講演したこともある。

松崎の方針に逆らったことで、彼らが「組織破壊者」の汚名を着せられ、弾圧され、強引な除名その他の制裁処分受け、東労組から排除される以前からの交際であるから、「良くする会」の幹部たちから、JR革マル派の恐るべき活動実態をたくさん聞き知っている。

その内の一つだが、ある地本の幹部役員をしていたA氏は、一九九九年のある日、松崎の腹心で知られる高橋佳夫氏から、「もう一段高いところへ行くために船戸さんから教えを受けよ」と指示されたという。そしてA氏は、目黒さつき会館の五階にある505号室で、月に一度の勉強会に熱心に出席する。メンバーはA氏のほかに、B氏、C氏、大藪俊行氏が居た。勉強会は、革マル派の文献を使用して、五回ほど行われ、最後にレポートの提出を求められた。

その後、A氏は、「合格である」と船戸氏から告げられた。また、奈良剛吉、高橋佳夫、四茂野修の各氏からも「いいレポートだった」と告げられたという。

こうしてA氏は、目出度く「ユニバーシテイメンバー」になった。A氏の言によると、「ユニバーシテイ」とは革マル派でいうところの「マングローブ」の中心幹部のことで、即「同盟員」になったことを意味するのだそうだ。

ここに登場する「船戸」とは、船戸秀世氏のことで、私が国鉄新幹線総局の労働課長当時、同氏は動労新幹線地本書記長で、大阪出身で労運研派（動労右派）の委員長を遙かにしのぐ地本随一の実力者だった。そして、船戸秀世氏は、JR革マル派内では、「校長先生」と呼ばれているのだという。

動労東京地本出身の奈良剛吉氏も、国鉄東京北鉄道管理局労働課時代の業務を通じて、船戸氏同様、旧知の人物だ。また、高橋佳夫氏も国鉄東京北局管内の大宮操車場駅出身で、これまた因縁浅からぬ人物であるが、既刊著（『もう一つの未完の「国鉄改革」』）で書いたので、ここでは触れない。

そして、その後の運命として、現在、皮肉にもA、B、Cの三氏は、「JR革マル派リスト」裁判の被告であり、大藪俊行氏は、同裁判の原告の一人である。

さて、【②JR革マル派（＝「松崎組」）は、一九九九年十二月、革マル派中央に対し、決別を通告したことをもって「革マル派」との関係を絶った。】と、いくら強弁したところで、「一九九九年にやっと〝同盟員〟になることができた」A氏らは、その後二〇〇二年までは、JR革マル派の各種会合に出席し、二〇〇三年から翌年にかけて、執行権停止、組合員権一部停止、除名などの統制処分を受けたのである。そして、この間、「一九九九年十二月、革マル派中央に対し、決別を通告した」など、一切耳にしたことがないという。なにせ、A、B、Cの各氏は、二〇〇〇年時点で見れば、JR革マル派のバリバリの活動家だったのだ。

私は、今、一九九九年に、同盟員になるため、「目黒さつき会館の五階にある505号室」で机を並べて学んだ仲間が、原告と被告とに別れて争っている「JR革マル派リスト」裁判の進行過程で、「嘘を言ってるのはどちらなのか」の、真実が徹底的に解明されていくことを非常に楽しみに待っている。

(4)「坂入帰宅」の二〇〇二年における奇怪な松崎発言

革マル派に拉致監禁された（ことになっている）「坂入充」（南雲巴）が自宅に戻ったのは、二〇〇二年〈平成十四〉四月十三日（土）である。

その坂入が、静養先の沖縄で起こした失策について、松崎が激怒して次のように話していた、という話をA、B、Cの三氏の内の一人から聞いたので、紹介する。

「あいつは完全に狂ったんだ。リハビリで沖縄に行ってるくせに、『十六万円入りの財布を失くした』と、警察にノコノコ届け出て、挙げ句に自分がアジトにしている沖縄の別荘の住所を書いた。こんなことを平気でやった。本来なら対権力という意識があって然るべき立場の人間が、財布を落としたくらいで自分の名前とアジトの住所を書いて警察に届けるというのは、完全に狂ってる。二度と表には出さない！」

この松崎激怒発言の時期は、「坂入解放」の一ケ月後くらいの頃だったそうだ。松崎と「松崎組」は、〈松崎所有の沖縄・今帰仁村の別荘の周辺に不審な人物がウロツキだしたので、「国鉄改革」に協力した松崎をこころよく思わない者たちが襲撃するおそれがありと、警戒したため……〉趣旨のことを、松崎の「沖縄別荘売却」の理由として述べているが、そんなのは例によっての大ウソで、真相は「坂入充」（南雲巴）の大ドジ行為から「沖縄のアジト」が警察にバレたため、慌てて売却したというのが真相だったのだ。

松崎の言葉とおり、その後、「坂入充」は二度と表には出て来ていない。いずれにせよこの松崎激怒発言の言葉使いと内容は、「一九九九年十二月、革マル派中央に対し、決別を通告したことをもって……関係を絶った」が、いかに空々しいものか、の一端をいみじくも物語っていると思う。

「徹底検証」の総括

ここまで見てきたように、ウソにウソを塗り重ねてきた松崎とJR革マル派（「松崎組」）が、これこそ決定版であると、最終的に主張した次の二点。

> ①　松崎本人は、遅くとも「国鉄分割民営化」（一九八七年〈昭六十二〉）に際して、「革マル派」との関係を絶った。
> ②　JR革マル派（＝「松崎組」）は、一九九九年〈平成十一〉十二月、革マル派中央に対し、決別を通告したことをもって「革マル派」との関係を絶った。

このウソをさらに暴くために、「一九九九年十二月」以降の時期においても尚、革マル派との濃厚な関係が維持されていたと考えられる事例として、（1）～（4）を紹介した。

しかし、蛙の顔になんとやら、「厚顔無恥」の彼らに対しては、これだけでは不十分、効き目がないであろうから、グーの音も出ないように、①の**【松崎本人は、遅くとも「国鉄分割民営化」（一九八七年〈昭六十二〉）に際して、「革マル派」との関係を絶った。】**について、松崎が、二〇〇四年の十月中旬、JR東労組幹部や書記を集めた学習会（「新塾」＝旧「松明塾」を改称）で行った重要な講義内容を紹介することで、彼の大ウソを暴いておこう（下線とゴシック及び「注」は宗形）。

> **「…一九九〇年三月一日。３・１集会というんでしょうか。私はよく知りませんけどね。私がその場にいたら、ちょっと揉めたと思います。あそこは私の批判をされている場だなあというのは数年経って私はわかるわけですよ。労働者にとって『冬の時代』なんてなかったなんて、そんなことを言っている奴は頭がおかしいんだ。『そんな奴は出て行け』とあの会場で言われたんでしょ。私は当時あいまいな立場にいましたから、九〇年の革マル派の会議に参加したりどうとかしていませんからね。新聞（注：「革マル派機関紙『解放』」のことだと思われる）も読んでいませんからね。だからわかりませんけれど、もし仮に私がその場にいたら『冗談じゃねえ』って私は出たと思うんですよ。だって『冬の時代』なんだもの。世界と日本の労働者階級にとって、世界の人民にとって疑いなく今から十二年前は『冬の時代』だったですよ。…」**

ここでちょっと補足説明しておくと、「**一九九〇年三月一日。３・１集会**」というのは、松崎の記憶違いで、正しくは、「一九九二年三月一日」、いわゆる「３．１提起」〈革マル派主催：春闘勝利労働者総決起集会〈目黒橋公会堂〉〉のことだと思う。そして、「冬の時代」は有名な松崎の持論である。

革マル派は「３．１提起」によって、「産別幹部等に対する責任追及」を開始した。

要するに松崎・労働運動路線批判運動が開始されたわけで、それを松崎は、ＪＲ革マル派（松崎組）の学習会である「新塾」の講義で、「頭がおかしくなった松崎は、（党から）出て行け、と言われた」と憤慨しているわけである。そして、重要なことは、松崎が、しかし、自分はその場にいなかったから「（党から）出なかった」、「〝あいまいな立場〟のままで残っていた」と言っていることだ。「語るに落ちる」とはこのことで、結局、ＪＲ発足後である「一九九二年の松崎」は、革マル派のままでいた、革マル派と関係を絶ってはいなかった、と自らの言葉で、述べているのである。

「国鉄改革」は、一九八七年〈昭和六十二〉、それは、「一九九二年の五年前」。ということは、**【松崎本人は、遅くとも「国鉄分割民営化」（一九八七年〈昭六十二〉）に際して、「革マル派」との関係を絶った。】**は、案の定、彼らお得意の〝大ウソ〟だったと判明したわけである。

第四章　異形の労働組合指導者「松崎明」の〝死〟、功罪、人物像の虚実

「松崎明」死去

私が、「異形の労働組合指導者」と名付け批判的に著述してきた「松崎明」が、昨年十二月九日夜、入院先の栃木県内の病院で死亡した。享年七十四歳。

翌十二月十日付毎日新聞は、次のように同氏の訃報を伝えた。

> 旧国鉄の動労（国鉄動力車労働組合）内で順法闘争を指導し、国鉄分割民営化以降はJR東労組委員長として労使協調路線を推進した松崎明（まつざき・あきら）さんが九日、特発性間質性肺炎のため死去した。七十四歳だった。葬儀は近親者で行い、後日「偲ぶ会」を開く。
>
> 埼玉県生まれ。五五年に国鉄に臨時雇用員として採用され、動労初代青年部長として頭角を現し委員長などを歴任した。「鬼の動労」の実力者として労使対立を深めたが、八七年の分割民営化前、国鉄の最大労組・国労（国鉄労働組合）が反対する中、民営化賛成に方針転換。他労組と協力して国鉄改革を進めた。民営化後は東労組の初代委員長を務め九五年から同会長、〇一年から顧問を務めた。今秋から体調を崩していたという。過激派「革マル派」との関係を指摘され、一〇年十一月の衆院予算委員会で、岡崎トミ子国家公安委員長は「革マル派創設時の幹部の一人と思っている」と答弁した。本人は著作などで、関係は絶っていると説明している。
>
> 警視庁が〇七年、JR総連の資金着服の疑いがあるとして業務上横領容疑で書類送検したが、容疑不十分で不起訴処分となった。

また、組合側の発行文書では、次のように記述されている。

【松崎明さんは二〇一〇年十二月九日午後十一時十二分、入院先の自治医大病院で亡くなった。間質性肺炎が悪化した松崎さんは二〇一〇年九月に城西病院に入院し、回復への強い意志をもって闘病を続けた。しかし、自治医大病院に転院した十月頃から病状が急激に悪化し、医師の努力も効なく、ついに還らぬ人となった。享年七十四歳であった。

通夜、告別式は、松崎さんが生まれ育った高坂（埼玉県東松山市高坂）にある松崎家の菩提寺で近親者により十二月十一、十二日に営まれた。――（後略）――】（「追悼集の発刊にあたって」松崎明追悼集編集委員会）

常々「還暦を二回迎える」とか、「一二〇歳まで生きる」と公言し、たばこは他人の煙さえ嫌悪、特に朝一番の〝尿飲用〟健康法の励行者として夙に有名だった「松崎明」であったが、昨年春頃から、健康不良の噂が拡がっていた。

恐らくこれが本人最後のナマ講演となったと思われる、昨年五月二十三日の「九州動労同窓会」講演（博多第三偕成ビル）の中では、自身の健康状態について、こう語った。

〈今、私はちょっと気管支が悪いんです。気管支喘息なんです。札幌の全動労問題の時に「松崎は頭が悪いから機関士になれない、だから機関助士なんだ」（笑）と、そう言われましたが、そうじゃないですよ、機関士になれなかったから気管支炎なんだ（笑）。そんな具合であります。〉

この九州講演後、「松崎明」の動静は不意に途絶え、また、恒例だった『われらのインター』巻頭執筆も姿を消したため、「入退院を繰り返している……」、「末期癌患者によく効くことで有名な東北地方の温泉に……」、「ハワイで療養中……」とかの、真偽定かでない情報が飛び交うようになったという状況の中で、突如的に十二月十日、テレビ、新聞等で「松崎明」の訃報が一斉に伝えられたのであった。

奇しくもというか、中核派の最高幹部だった北小路敏氏がほぼ一ヶ月前の十一月十三日、入院先の病院で敗血症のため死亡している。享年も同じ七十四歳、同年の夏ごろに体調を崩し入院していたという。

そして、「中央ジャーナル」第二二八号（二〇一〇年十二月二十五日発行）は、「松崎明」の突然の死がわが国の左翼労働運動の今後に与える影響を、次のように断定的に推理・結論づけている（文中の傍線は宗形）。

「松崎明、北小路敏の死で左翼運動は衰退へ」論

中核派の北小路敏・政治局員（七十四）に続いて、革マル派の松崎明・元幹部（七十四）が相次いで病死し、戦後左翼は「カリスマ時代」が終焉することになった。

旧国鉄に入った松崎は、六一年に旧動労の青年部長となり、翌六二年黒田寛一らと共に革マル派を結成。以後動労の組織強化を目指し、マル生反対闘争、ＡＴＳ闘争などを指導し、七五年の「スト権スト」では全国で列車を数日に亘って止めるなど、「鬼の動労」の象徴的人物となった。

しかも八七年の国鉄民営・分割化を巡っては政治的手腕を発揮、ＪＲ東労組の初代委員長として経営側をも籠絡して瞬く間に「ＪＲ東労組のドン」と呼ばれるほどの陰の実力者に登り詰めた。

そして今年七月の参院選では自らの側近である田城郁・ＪＲ総連政策調査部長を比例代表で当選させ、初の〝ＪＲ革マル〟国会議員を誕生させたが、その後体調を崩し、十二月九日入院先の栃木県内の病院で突発性間質性肺炎のため亡くなった。

一方、北小路はブント（共産主義者同盟）の活動家として一九六〇年に全学連書記長に就任。同年、東大生の樺美智子《かんば》さんが死亡した「６．１５」国会議事堂突入を指揮したとして逮捕。

安保総括を巡る共産同の分裂、再分裂を経て六三年に本多延嘉、清水丈夫らと共に革共同中核派を結成。日韓闘争、七〇年安保闘争などで街頭武装実力闘争路線を指導したが、その後の革マル派との内ゲバ抗争のエスカレートで社会的批判を浴び、この間北小路本人も都議会議員選挙に幾度となく立候補するも、いずれも落選した。

松崎は労働運動に、北小路は大衆運動にと、それぞれ歩んだ道こそ違え、革マル、中核の指導者として一時代を担ったふたりの死で、新左翼運動は今後「衰退、消滅」過程を迎えることになる。

松崎をよく知り、北小路氏をあまり知らない私の感想としては、松崎を「カリスマ」と評するのには全く同感だが、北小路氏の「カリスマ」性については、いささか首をひねりたいものがある。組織指導者としての能力と実績において、松崎の方が「遙かに大物」だったと思う。

「松崎明」の功罪と二つの大罪

ＪＲ総連・ＪＲ東労組が主催する「松崎　明さんを偲ぶ会」は、二〇一一年三月三日、グランドプリンスホテル新高輪「飛天」の間において盛大におこなわれた。

同日、「松崎明追悼集編集委員会」が発行した『松崎明 心優しき「鬼」の想い出』には、〝巨星墜つ！〟的追悼の辞が満載され、功を称えるものは数多くあっても、表面から罪を指摘するものは見当たらないようだ。

しかし、「JR東日本革マル問題」を厳しく批判する私の視点から言わしめると、「松崎明」に〝功は皆無、あるのは罪ばかり〟である。

そして、私が「松崎明」の大罪を二つ選ぶとすれば、それは次の二点である。

① 国鉄に「革マル派思想」を導入し、先ず「動労」を左傾化させ、次いで国鉄労働運動全体を左傾化させたこと

② その結果、わが国で唯一、「労働組合」内部から、中核派等の内ゲバ襲撃による多数の「死傷者」を出したこと

これらの詳細については、私の既刊著書「六部作」の中でで縷々述べたのでここでは省略するが、ただ一点、どうしても指摘しておかなければならないのは、「松崎明」を賞賛する人々が、等しく最大の功績とする国鉄分割・民営化に際しての「松崎コペ転」こそが、②の惨劇を招いた最大原因だ、ということだ。それは、下表の事件発生年月日を考えて見れば、容易に理解できるだろう。

動労が、当時国鉄内でただ一つ、全面的「分割・民営化賛成」路線を採っていた鉄労と同一の路線へと転換する意思を社会的に表明したのは、JR発足の前年、一九八六年（昭六十一）七月九日、京都で開催された鉄労全国大会での、松崎明・動労本部委員長（当時）の有名な来賓挨拶であった。そして、ほとんど総ての「国鉄・JR内ゲバ事件」は、その直後から発生したのである。


革マル派の対立組織による国鉄・JR労働組合員に対する内ゲバ襲撃事件

	発生年月日	内ゲバ被害者	被害状況	犯行声明発表組織
1	昭55・9・22	小谷昌幸（動労中央本部教宣部長）	重傷	革労協挟間派
2	〃60・11・11	高橋由美子（動労新幹線地本書記）	重傷・夫重傷	中核派
3	〃61・9・1	佐藤 司（真国労東京地本委員長）	重傷	〃

4	〃	前田正明（真国労大阪地本書記長）	死亡・妻重傷	〃
5	〃	岡野恒雄（真国労大阪地本委員長）	重傷	〃
6	〃	仲千祐夫（真国労大阪地本執行委員）	重傷・妻軽傷	〃
7	〃	氏名略（動労大阪地本交渉部長の妻）	重傷	〃
8	〃	〃（動労大阪地本組合員の妻）	重傷	〃
9	〃62・2・23	佐藤政雄（動労中央本部副委員長）	重傷	〃
10	〃62・5・18	細田　智（東鉄労拝島支部副委員長）	重傷	〃
11	〃62・8・29	嶋田　誠（東鉄労津田沼支部副委員長）	重傷	〃
12	〃62・10・30	荒川一夫（東鉄労田端支部員）	重傷（後死亡）	革労協挟間派
13	〃63・3・3	松下　勝（東鉄労高崎地本委員長）	死亡	中核派
14	平1・2・8	加瀬勝弘（東鉄労水戸地本組織部長）	死亡	〃
15	〃1・12・2	田中豊徳（JR総連総務部長）	死亡	革労協挟間派
16	〃3・5・1	湯原正宣（東労組水戸地本組織部長）	重傷（後死亡）	中核派
17	〃5・8・27	中村辰夫（JR貨物労組役員）	死亡・妻重傷	革労協挟間派
18	〃7・11・28	一石祐三（JR東労組本部情宣部長）	重傷	中核派

〈註：上掲の一覧表から判る重要な特色は、被害者は全て「動労」又は「真国労」の組合員と関係者で、「国労」や「鉄労」、「全施労」の組合員と関係者に対して内ゲバ襲撃が行われたことは、一度たりともないということだ。

ここで「真国労」とは、「国鉄改革絶対反対の国労との心中を避けてJR会社に移住するために、国労内の革マルグループ（最高指導者は「動労」の松崎明）が国鉄改革の直前に国労を脱退して結成（※昭和六十一年四月）した労働組合」（中核派機関紙『前進』）である。〉

「松崎明」最後の公的肉声（？）→九州動労会講演録〈抜粋〉

「松崎明」とは、果たして何者か…、その人物像を探り、検証していくに先立ち、恐らく彼の最後の講演であったと思われる「九州動労同窓会」（2010．5．23　於博多第三偕成ビル）における松崎明講演録（文責：実行委員会）

の主要な部分を抜粋して紹介する。

＊　組織の力は強大でなければなりません。ＪＲ総連は疑いもなく強大な力を持っています。皆さんと一緒につくってきた動労は、日本労働運動の最強の部隊でありました。

そして、その最強の部隊は世界に冠たるものであったことは疑いもない事実であります。

今日までその魂はＪＲ総連に引き継がれ脈々と生き続けています。こういう労働組合の存在を許さないというのは、いつも、どの権力も考えることです。

＊　私も、いろんな場で言っているんですが、東の会社の松田っていう社長からね、「月一五〇万円。月一五〇万円で組合を辞めてこちらに来てください。日本電設。会社は日本電設、役は監査役です」。冗談じゃねぇよな。年俸にして一千八百万ですよ。そんな半端な金で、何で俺が（笑）。みんな笑ったけどよっぽどの貧乏人なんだ（笑）。

そんなはした金で労働者の良心を売れますか。冗談じゃないですよ。そんな金もらわなくても、生きていけますから。でもそんな誘惑はいろいろありますよ。「国会議員になりませんか」、いろいろありますよ。だから組合の幹部は不断に自分自身と闘うとともに、闘うだけじゃなく自分を研鑽する、自分を磨く、そんな努力をしっかりやりませんと堕落の口がパックリ開いて待っているんです。

新潟の松崎、「ガメ松」という。毎月、会社から三〇万円ご褒美を貰っているとデカい面してたんですよ。毎月三〇万ですよ、三〇万。九州に来て、まぁ散々やることをやってくれて、九州労をぶっ壊して、福原と一緒に総連を脱退に持っていったんだ。労働者にとって何か利益がありましたか。何か利益になりましたか。

＊　（「国鉄改革」の前後、…）俺が高崎地本に行ったときにＯＢから「政府だの官僚だのに、ペコペコペコペコ頭ばっかり下げてるじゃないか」と言われました。改革の過程ではずいぶん言われました。でも私が頭を下げるのは、私のためではありません。いいじゃないですか。この程度の頭は、いくら下げたって。

ケツを嘗めたっていいんだ。わが組織のためには。

＊検察審査会で、小沢一郎は「絶対権力者だ」、「国民の目線から見ておかしい」って言われているでしょ。とんでもない。あれは全部、アメリカの指図ですよ。

検察審査会の十一人は、アメリカの指図ですよ。警察当局だって起訴できないんですよ。証拠がないから。俺だって起訴できなかったでしょう。証拠がないから。だけどあれだけ騒いだんだよ。二十四週間も週刊誌は書いた。新聞も書いた。

＊私は比較的幅の広いほうですよ。そりゃ、自民党の幹事長だろうと、金丸さんのところだろうと、三塚さんのところだろうと、いろいろ行って、いろいろやってきました。今でも私は「左翼」と言われますが、「右翼」と言われる鈴木邦男、「一水会」と言われる新右翼の方と一緒に本を出しています。——（中略）——

私たちが「何だ、右翼が」と思っていましたが、違いますね。「本当の日本の独立が今、必要なんだ」と、共産党以上に日本の独立を言っていますよ。共産党は何だか知らないけど、「小沢責任とれ」とか言っていますが、そんなことといいじゃねぇか。いいじゃねぇかという意味は、今大事なのは日本の独立でしょう。野党で小沢を批判する前に、まず警察権力に矢を向けろ。こんなにでっかい冤罪をつくり上げちゃってさ。あっちでも、こっちでも冤罪だらけでしょ。

浦和（電車区）事件だって冤罪でしょう。その浦和の仲間が「逮捕されて当然だ」と言ったのが、あの福原一派なんだ。嶋田一派なんだ。その連中が九州ぶっ壊したんだ。そいつらと闘わないでなんで「日本の平和」とか「民主主義」とか語ることが出来るんですか。闘わない平和なんてないですよ。闘わないで日本の労働運動を守ろう？　だったら、それをぶっ壊した奴と闘え！　闘わないでさぁ、その連中とも仲良くやりましょう？　じょうだんじゃねぇ！　そんな奴とも仲良く出来るんなら、勝手に仲良くやればいい。

俺は右翼の皆さんとも仲良くしているよ。また、元左翼の日共全学連委員長の川上徹とも仲良くしているよ。本出したでしょ。元日共全学連委員長の川上徹のところから出しているんですよ。いろんな人と手を取り合ってさ、日本の独立、憲法を守ろうよってことでやっている。

＊　でもよ、俺は日本の労働運動に責任を持っている最後の指導者だと思っている、これまではだよ。これからは武井もいるし、いろんな人がずっとやっているんだけどさ。

日本の労働運動は産業報国会になっちゃったでしょ。今の内閣に八人いるんでしょ。労働運動出身者が。同盟出身の人がほとんどなんですよ。皆さん。官房長官だってそうですよ。だからそんなにうまく行かない。悔しい。悔しいけどさ、だけど、ここで鳩山内閣を支えようよ。おそらく基地問題で大きな失敗をすることになるでしょう。だから「たしろ」を、民主党を変えるために、私は「たしろ」を当選させる意味がある。

ここまで来ると、もちろん憲法を守るということはあるが、民主党の内部の腐った奴らと断固たる闘いをする。そのために「たしろ」が必要だと思うんだよ。

俺が「たしろ」なんて偉そうなこと言ったって、奴がバッジつけちゃったらさ、奴の方が偉いに（笑）決まっている。でも、もちろん俺は「たしろ」と言うよ。

当たり前のことでしょう。議員だからって、でけえ面されたらたまらない（笑）。やはりそれは民主主義を守るためにさ。憲法を守るために、日本の労働運動を守るためにバッジを付けろ。それ以外にバッジを付ける意味はない、と思います。

私は小沢さんとも会ったことがありますけれども、小沢さんがどうとかこうとかの問題じゃないんです。小沢さんが「日本には基地は要らない」「日本には第七艦隊があればいい」と言った。ここから小沢攻撃は始まったんです。明らかに攻撃を仕掛けているのはアメリカＣＩＡです。バックにいるのはロックフェラーです。モルガンです。イギリスのロスチャイルドです。今度の『われらのインター』を見てください。倉田さんという小樽商科大学の名誉教授の書いているレポートにその辺りがよく出ています。ロックフェラー、世界一の金持ち、モルガン、ロスチャイルド。本名はわかりません。正統なユダヤ人であることはわかります。いくら資産があるかもわかりません。それくらいでっかいんです。マスコミ、新聞、どんどんどん買い集めています。テレビ・ラジオ、どんどん買い集めています。だから正当な報道がなされるわけがない。ここまで来ているわけですから。

アメリカは約二〇〇年以上前に独立戦争をやったんで

す。イギリスと。日本も今必要なのは独立戦争ですよ、独立戦争。またそんなこと言うから「過激派だ」なんて言われるんですよね（笑）。でもアメリカがやったんだから、アメリカは過激派かよ。独立、必要でしょう。第七艦隊で十分だ、って言った途端に「小沢攻撃」なんです。小沢攻撃。この参議院選挙を終えると、次は衆参同時選挙、三年後にね。そこまで耐えられるかどうか。そこで一気に勝負。そういうことじゃないんでしょうかね。だから今、民主党攻撃。

おそらくそれは、世界の大資本にコントロールされているマスコミが――日本の新聞も全部支配しています。まぁある程度、良心があって、たまに本当のことを書くのが沖縄の『琉球新報』、東京の『東京新聞』ぐらいでしょう。

＊そういうことで、私が『鬼の咆哮』という本を書いて、9．11事件、あれは自作自演であるというのは世界の良識ある人のほぼ常識になっていますから。あんなもの、よそがやったんじゃないよ。「やられた」ご本人たちが計画したんだよ。ブッシュ。彼こそが張本人なんだ。イラクに何かありました？　何にもない。ペンタゴンに飛行機突っ込んだ。大型の飛行機が突っ込んだ跡がないじゃないですか。何であれだけのビルが、ビルが倒れるんですか。ジェット燃料では倒れない。倒れない。内部に何か仕掛けがなかったら倒れない。それが倒れた。不思議でもなんでもない――工作されていたからであります。

本当のことはね、今マスコミがコントロールされているけどね。それは色んな方々が、そこまでは語っていませんよ。

私があの時すぐ、「ブッシュ、ブレア、コイズミ」世紀の犯罪人って『鬼の咆哮』に書いた。それで、私はやられたんだ。ハワイに住んでいた息子のところまでＦＢＩが来た。私がドイツの空港で座席に着いたときに、「パスポートを見せろ」と言われた。だからアメリカには行きません。「ロス事件」の三浦和義さん。彼、殺されたんですから。自殺じゃありませんよ。死にませんよ、三浦さん。私らもよく会って知っているし、自殺なんかしない。殺されたんです。だから、私はアメリカの税関を通ったり、パスポートを出すところには行きません。待ってまし

たとやられちゃう。私が言いたいのは「松崎明は大物だろう」って（笑）いうのが言いたい。わかった？（笑）

まぁそれくらい、権力というのはひどいものです。権力は民衆の味方ではありません。権力者は支配者です。支配者は金持ちです。だから労働者、農民、市民が良心を持って闘うことを一番怖れるのが権力者です。それは大金持ちの代弁者だからです。だから我々は、闘わなければしょうがないんじゃないんですか。

＊

最近私は、「勲章労働運動」と言うようにしているんです。「産業報国会」って言っても若い人はわからないから。連合の会長、総評の議長、「勲一等」ですよ、「勲一等」。先輩（OB）の皆さん、「勲一等」ってどれだけすごいか知ってるでしょう。すごい民間の人だってせいぜい「勲五等」ですよ。それが総評や連合でふんぞり返っててさ。ね、財界のところにご用聞きに回ってさ。そうでしょ。だって、石綿の事件だって連合で取り上げようとしたら、そこに与する労働組合が反対だって言って闘えなかった。連合の中では、一つの単組でも反対したら闘えないとなっている。全員一致です。これじゃ悪が勝つに決まっている。そのために連合を作ったんだ。そのために総評を解体したんだ。それがインチキの「労働戦線統一」なんだ。

だから私は総評で堂々と「総評解体反対。戦線統一反対」とずーっと言って来た。でも一方は弾圧、だから憎まれるよ。一方は勲章さ。でも一方は弾圧さ（笑）。

でも五回も家宅捜索をやられて、何も出来なかった。何も出来なかった！　ただ我々が悪いって言うのを世の中に宣伝しただけだった。その宣伝のお先棒を担いだのは福原だよ。嶋田一味だよ。武市だよ！　そういう連中と闘わないで、誰と闘うの！　どうやって憲法を守るの！　冗談じゃない！　そういう闘いは嫌だ？　そういう連中とうまくやりたい？　そう思うなら、やっとけよ！　そんなら。

私はそうとしか言いようがありませんね。

今日、私は仲間の皆さんと会って、数年ぶりに元気になりましたね（笑）私は。松っつぁんとしてはすごいです。今日の元気さというのは。

皆さん！　憲法を改悪させないために闘いましょうよ！　残念ながらユニオンは尖兵です、尖兵。　三年後の衆参同時選挙に向けて、一斉に頑張っていきましょうよ、総連の方から、また話があると思いますけど、是非皆さん、日本の労働運動を守るために、子供たちの未来を守るために、憲法の改悪を許さないために、共に闘いましょう。　ありがとうございました。〈拍手〉

「松崎明」最後の公的文章（？）→ＪＲ中核派の最高指導者・故中野洋氏への追悼文

松崎が晩年最も力をいれていたと思われるものの一つが、創刊号からの『われらのインター』巻頭言その他、主要論文の執筆であった。　が、二〇一〇年四月十五日発行の第三十一号の巻頭言（随想）執筆者は、元「トラジャ」の大久保孟氏（元動労本部青年部長）であった。

そして、松崎本人のものとしては、大久保氏の文章のすぐ後に、**【革命ではない〝民主〟「革命」…だが…私は民主「革命」を断固支持する（２）】**が掲載されたのと、巻末近くでの、ＪＲ中核派の最高指導者であった千葉動労・故中野洋氏〈二〇一〇年三月四日逝去：享年七十歳〉への「追悼文」の二つだけであった。

また、その「第三十二号」以降、巻末俳壇での作句を除き、松崎氏の執筆は完全に途絶え、『われらのインター』の巻頭言執筆者は、四茂野修氏や石川尚吾氏、佐々木信正氏など、いわゆる「松崎組」幹部たちが交代で担当する形、いわば「四番バッター」不在のまま、今日に至っている。

そして、同誌は、二〇一一年四月十五日、第四十二号が発行された。

このような次第で、前項の「九州動労同窓会」（２０１０．５．２３）講演録が「松崎明」の最後の肉声を伝えるものならば、二〇一〇年四月十五日発行の『われらのインター』第三十一号に掲載された〝革共同〟時代の盟友中野洋氏への「追悼文」は、〝最後の執筆文章〟とも言えるものかと思われるので、次にそれも紹介しておきたい。

故　中野　洋氏への想い、追悼　　松崎　明

中野洋さんの実家を訪ねたことがある。　記憶は定かではないのだが、たしか勝浦あたりだったように思う。

お母さんはベッドに横たわっていた。脊髄カリエスだと聞いた気がする。

中野洋さんとは青年部づくりの過程で知り合った。お互い、日共系の活動家の経験を持っている。千葉には日共系のメンバーがかなりいた。後に市議会議員なった水野君、三浦君等々。山下君は魚捕りが上手で、投網を打ち、海辺の小魚をなんなく仕留めた。あの天麩羅の味は忘れられない。実にうまかった。酒など、ほとんど飲むことはなかったので、やけにとりたての魚天がうまく、うれしかった。

中野洋さんは、実に頭も良く、原則をわきまえた上での幅広い柔軟さをも備えた指導者であった。

彼はある時、淋しそうに「東大に行きたかった」と打ち明けたことがあった。家庭の事情でそれは諦め、鉄道に入った。

ふと彼は、「私はスポーツ選手でした。何だかわかりますか?」とやや照れながらささやいた。「わかんねぇなぁ」と私が言うと、「日本の伝統的なものです」と彼。

答えかねていると、「相撲ですよ」と話してくれた。

たしかに、ガッチリとした体格で、本当に強く、国体出場程の実力だったとのこと。

動労千葉地本は、その当時、「デレシノ」と呼ばれたSさんを始め、ノンキ節のおおらかな幹部が多かった。Hさんはしっかりした書記長であった。

中野洋さんは、千葉を変革し、強力な組織へと導いた。尾久機関区で、私が学習会を作り、中野、三浦両氏などが参加し、共に学習をした。

革共同が分裂し、私は革マル派、彼は中核派のメンバーとなった。党派の対立の中で袂を分かつことになった。

今日の状況の中で、労働組合リーダーとしての能力、資質は抜群であった。どこにでもいるという薄っぺらなリーダーとは根本的に違っていた。

共に闘い抜きたかったが、路線の違いは致し方ない。しっかりと目を見開いたままの戦闘態勢を堅持した中野洋さん。心から称え、冥福を祈ります。

さようなら、中野洋さん。

〈まつざき　あきら〉

「良くする会」幹部らへの取材を通じて明らかになった「松崎明」の一面と松崎組の蠢動

JR総連・JR東労組主催「松崎　明さんを偲ぶ会」は、二〇一一年三月三日、グランドプリンスホテル新高輪「飛天」の間において盛大におこなわれた。

当日、出席者に配布された〈松崎明追悼集『心優しき「鬼」の想い出』〉には、アンジェイ・ワイダ、クリスティナ夫妻、鈴木邦男、常石敬一、宮崎学、戸塚秀夫、佐藤優、山崎耕一郎、川上徹、武藤功の各氏など、主として晩年近くに親交を深めたそれなりに著名な人々が弔辞を寄せている。が、それらの人々の「追悼の辞」を読んで、感じるのは、ほとんどの人が、「松崎」という人物の光の部分ないしは外向けの顔しか見ていないように思う。

思想的立場は相反するものの、私が本心から「優秀な指導者を多数排出した国鉄労働運動史上一、二を争う人材」と思う旨を法廷証言（2009．3．3東京地裁）の場でも述べた「松崎明」は、敵と味方を峻別し、外向けと内向けの顔を巧みに使い分けた人物。光の部分と闇の部分、陰と陽の二面性を併せ持った人物であった。

以下に、そのような「松崎明」の人物像と、いわゆる「松崎組」（＝JR革マル派）の党中党ならぬ労組内党活動の実態＝JR東労組内部における秘密裏の蠢動実態について、松崎に私淑し、松崎に学び、育てられ、成長した元同志「JR東労組を良くする会」幹部たちへの取材から聞き知った幾つかの驚愕的事実を報告・説明したい。

〈取材その一〉　都内渋谷のホテルでの「沖縄革マル派問題」を巡る革マル派中央とJR革マル派との会談

松崎の組合私物化及び「松崎組」（JR革マル派）完全支配のJR総連・東労組の現状を批判して新労組（ジェイアール労働組合）を結成、本部委員長に就任したした本間雄治氏は、二〇〇九年三月三日、「梁次邦夫原告裁判」の被告側証人として、東京地裁に出廷、証言した。

本間氏が、「私は、かつて、JR各社の労働組合の中における革マル派の組織であるマングローブの一員でした」と率直に証言したことは、関係者の間で非常に大きな話題となったが、その本間氏が、裁判所に提出した「陳述書」の中に、次の重要な記述がある。

> 革マル派の党中央と、私たちJR内革マル派の間には、一時、緊張関係がありました。この頃、私たちは、革マル派党中央のことを、ポルポト派になぞらえて「ポト」と呼んでいました。

私たちＪＲ内革マル派と、革マル派党中央（その代理となったのは弁護士でした）の間で話合いが持たれたこともありましたが、そのとき、小田裕司氏〈註〉ＪＲ総連前委員長〉や石川尚吾〈註〉ＪＲ東労組前委員長〉氏などはＪＲマングローブの一員として革マル派党中央と交渉し、私たちはその防衛役として会場の付近をガードしていました。

私は、この話を以前から薄々耳にしていたので、大いに興味を持ち、「ジェイアール労働組合」の母胎である「良くする会」の幹部数名に取材して、詳しい情報を得ることが出来た。彼らの話を総合すると、それは次のような驚愕的内容のものであった。

※【一九九三年、革マル派の「DI提起」「3・1路線」をめぐって、「沖縄・JR革マル派」対「革マル派党中央」の対立という形で、革マル派内部が二分する事態に立ち至った。

沖縄革マル派は「シスコ」、ＪＲ革マル派は「マングローブ」と内部では呼称されていた。マングローブとしては、こうした事態に、「革マル派党中央へのカンパを凍結する」という決定を下し実践した。

この時、「トラジャ」の大久保孟や上野孝などが、革マル派中央に拉致・監禁されてしまった。

そして、この事態を解決することを目的に、都内渋谷の某ホテル内で「革マル派党中央とマングローブとの話し合い」の場が持たれた。

革マル派党中央として参加した人々の中に、渡辺千古弁護士、林千春弁護士もいた。

マングローブは、在京を中心に一〇〇名を超える体制で会場に行った。そして、その内の十名程度が話し合いの場に臨んだ。他のメンバーは襲撃・拉致等に備えて会場周辺の警護にあたった。

この時、マングローブを代表して会場内に入った者は、**石川尚吾、小田祐司、田岡耕司、奈良剛吉、船戸秀世、武内美保、高橋佳夫**などであった。

さらに、大藪俊行、木瀬慶子、京力正明、坂本昇一、佐藤哲夫、高橋克彦、高橋正和、竹内巧、冨塚正広、渕上進栄、柳原修治郎、山下信二などの面々が警護のために会場周辺で警戒に当たっていた。しかし、この場では、両者歩み寄ることはできなかった。

その後、革マル派中央から「凍結している二億円のカンパを早急に納入しろ」、「窓口も閉めるのか」などの議論が

あり、議論は継続することとなった。】※

傍線と文字ゴシックは私だが、在京の「マングローブ」〈Aメンバー〈同盟員予備軍〉を指導する同盟員〉が一〇〇名を超えるというのには、先ず驚いた。一大勢力である。

これでは、「党中央に対して遠慮無くものを言うJR革マル派に驚いた」(沖縄革マル派幹部)のも当然である。

そして、本間雄治氏の陳述書に、「私たちはその防衛役として会場の付近をガードしていました」とあるように、私が取材した数名の「良くする会」幹部らは、皆、当日はガードマンとして活動したとのことであった。

これはつまり、本間雄治氏など「良くする会」幹部らの党内序列は、石川尚吾・JR東労組前委員長、小田裕司・JR総連前委員長、田岡耕司(元トラジャ)氏らと比べてまだ低く、会場内には入れなかったということであろう。

また、「(九十名前後にも及ぶ)他のメンバーは襲撃・拉致等に備えて会場周辺の警護にあたった」のだそうだが、この一事をもってしても、JR総連、JR東労組は「普通の労働組合」とは、全く言い難い。何故なら、このような「JR総連・JR東労組役員・幹部」らの異様な行動は、「松崎組」以外のお飾り役員や、大多数の一般労働組合員は、一切与り知らない事柄であるからだ。「松崎明」が〈異形の労働組合指導者〉であるように、JR総連、JR東労組もまたわが国で唯一、〈異様な「労働組合」〉なのである。

なお、私が「驚愕的」としか言いようがない取材内容、上掲の事柄の事実性は、先に紹介した、「JR革マル派リスト裁判」用の「準備書面(原告第十二回)」〈2010．6．30提出〉中の5の(1)「3．1問題」において彼ら自身が記述した次のような記述が、これを裏付けている。

＊　革マル派は、一九九二年三月一日に開かれた春闘討論集会で、労働組合運動に関し、「賃プロ(賃金プロレタリアート)魂注入主義」「資本との対決主義」といわれた方針……を提起し……。

＊　翌年一九九三年に、革マル派内で、「3．1路線」が問題にされたが、その総括や組合運動の建て直しなどを巡って、組織内は大混乱をした。とりわけ、全軍労をはじめとする沖縄の労働者組織と革マル派中央は激しく対立した。JR内の労働者は、動労時代から

沖縄の労働者と親密な関係にあり、沖縄の労働者を支援した。　これに革マル派中央は怒り、ＪＲ内の革マル派グループと革マル派中央は激しく対立した。……

これに対し、革マル派中央は、一九九四年七月、「トラジャ」のメンバーの浅野孝を拉致し監禁した。

＊　ＪＲ内のメンバーは、これを許すことができない蛮行であるとして、それまで形式的に続けてきたカンパの納入や機関紙の購入を取りやめるとともに、拉致監禁されたトラジャのメンバーを解放するように迫った（当時革マル派の弾圧事件の弁護を行っていた弁護士に間に入ってもらって、交渉の場の設定を頼んだ。　なお、弁護士が交渉の場に立ち会ったことはない）。　革マル派中央は、これに応じなかったばかりか、他の「トラジャ」メンバーを拉致し、監禁した。

＊　……ＪＲの組合内の「革マル派」のメンバーは、機関紙の購読を拒否し、カンパを革マル派中央に納入することを拒否した。

革マル派中央は、会議が終わると、再び「トラジャ」メンバーを連れ去り、監禁を続けた。

＊　その後も、ＪＲのメンバーと革マル派中央の対立は続き、一九九七年二月、上野孝や原告大久保孟らの「トラジャ」の一部は、海外へ逃亡した。

「トラジャ」のメンバーがいなくなってしまったため、一九九七年四月、ＪＲの組合内に残った革マル派のメンバーらは、原告田岡耕司らを中心に新たに責任体制を作った。

原告田岡らは、革マル派中央と不定期に会合を持った。

しかし、革マル派中央とＪＲのメンバーとの対立は激化するばかりであった。

そして、カリスマ教祖、黒田寛一をもってしても収拾不能となってしまった「沖縄革マル派問題」の混乱が、文字通り松崎の〝ツルの一声〟、「機関紙をとれ、会費を納めよ、これを無条件で」（一九九五年〈平成七〉十一月一日、残存トラジャの大久保、小西両名に対する松崎の再度通告）によって収束の方向へと向かったことは、「宗形仮説」で既述したところである。

なお、「準備書面（原告第十二回）」には、「原告田岡らは、革マル派中央と不定期に会合を持った」とあるが、これに関連して、当時、ＪＲ革マル派内で「ＣＩＡ長官」と呼ばれていた革マル派非合法部隊のトップ、塩田明男がその関連の会合に顔を見せたこともあった、という驚くべきというより、空恐ろしい話も、一連の取材の中で聞いた。

※【参考事項】ＪＲ革マル派の勢力

「マングローブは、在京を中心に一〇〇名を超える体制で会場に行った…」とのことに吃驚仰天したのに関連して、ここで〝ＪＲ革マル派の現有勢力〟について、簡単な推計を試みてみたい。

①〈動労五万人、青年部一万五〇〇〇人の中に、革マル系活動家一、七〇〇人と言われる。〉（立花　隆『中核ＶＳ革マル（上巻）』講談社文庫　一九七五年一月刊）二七七頁

③〈革マル派の組織動員力約二、六〇〇名、内学生活動家約七〇〇名、労働者活動家は革マル派組織の七〇％を占める一、八〇〇名と推定される。〉（福田博幸『狙われる国民の足』全貌社　一九八九年一月刊）二三〜二四頁

③〈ところで、新左翼運動というと、すべて学生運動がらみだったかのような印象をもたれる読者も多いのではないかと思います。実際には、すでに一九七〇年代には労働運動がその主戦場だったのです。そうでなければ新左翼は資金的にも組織の存続が苦しくなり、身動きがとれなくなっていたでしょう。学生自治会の凍結などがあってもビクともしなかった諸党派は、すべて労働者のカンパに支えられて運営されていたのです。……（中略）……（一九七八年の三里塚開港阻止決戦）当時の警察白書でも新左翼活動家の八割は労働者で、学生は二割ほどだとされています。……（中略）……

革マル派本来の白ヘルに赤いテープ（黒字でＺか反戦）とは少し違うものの、動労青年部のヘルメットは白ヘルに青いテープ（赤字で動力車）が巻かれていました。

一九七三年に空母ミッドウエイの世界で唯一の海外母港に、米海軍横須賀基地がなった際、その阻止闘争に登場した二千人近い動労青年部の白ヘルが、横須賀港周辺をジグザグデモしたときは見る者を圧倒したものです。〉（荒　岱介『新左翼とは何だったのか』幻冬舎新書　二〇〇八年一月刊）一三二〜一三五頁

上掲①、②、③を総合し、「松崎明」がＪＲ労働組合運動の主導権を握り、ＪＲ総連及びＪＲ東労組に君臨してか

ら二十年余も経過したことを併せ考えると、その数は、おそらく「二千名前後」で、かつ「わが国革マル派労働者活動家の大多数を占めている」と言ってよいのではないだろうか。

〈取材その二〉伊東さつき会館における「松崎明」の松明塾講義

本間雄治氏の「陳述書」には、また、次の既述がある。

なお、この対立関係にあった頃（あるいは対立関係があったように見えた頃）を含め、松崎明氏は、その主催する学習会を年に数度、伊東さつき会館で開いていましたが、そのとき、同氏は、

「自分（松崎）は革マル派を作った一人であること。

自分の実践を理論化したものが革マル派理論であること。

革マル派中央がおかしくなっていて、**正当な革マル派はわれわれである**こと。

革マル派理論を正当に受け継ぎ、新たな革命党を建設することが必要であること。そのための労働運動場面における実践が必要であること」

などを語っていました。

このような話は、私だけでなく、高橋佳夫氏や石川尚吾氏なども聞いています。そういったときには、四茂野修氏が講師として来たこともありました。

傍線と文字ゴシックは私だが、これもまた、もの凄い内容で、びっくり仰天した。

これに関連して、本間雄治氏以外の「良くする会」幹部らを私が取材して聞き知った内容は概略次の通りである。

※【革マル派による「坂入充・拉致監禁事件」が発生し、一切の革マル派中央との窓口を閉じ、JR総連は革マル派党中央に対して告発を行い、記者会見も行なった。

こうしたことの一方で、「松崎明」が主催する学習会が、伊東さつき会館で年に数回、泊まりがけで行われた。

その中で、「松崎明」本人から、自分は革マル派を作った一人であること。「松崎明」の実践を理論化したものが「革マル派理論」であり、理論化した人が当時革マル派議長であった「黒田寛一」であることなどを聞かされた。

また、革マル派党中央はおかしくなっており、正当な革マル派はわれわれであり、革マル理論を正統に受け継ぎ、

新たな革命党を建設することが必要であること。そのための労働運動場面における実践が重要であること、などが「松崎明」自身によって語られた。

この学習会の名前は、「松明塾」と呼ばれていた。「松明塾」への参加者は、一定のレベル以上の者に限定され、「JR革マル派リスト裁判」の被告である本間雄治、小林克也、阿部克幸、新妻和弘、峰田尚男、斎藤藤俊の各氏なども参加していた。

他方、同裁判原告団側の林和美、大久保恵美、高橋由美子、大藪俊行、高橋佳夫、武内美保、石川尚吾、柳原修治郎、高橋正和、遠山雄一郎、冨塚正広などの各氏も参加していた。四茂野修氏が講師として来たこともあった。

そして、二〇〇二年四月二十七日〜二十九日に開催された『松明塾』においては、全国の各JR労組本部・JR総連の中心的メンバーが招集され、各労組の役員人事について議論し、最終的に「松崎明」から具体的に個々のポストを指定された。また、その後、〝紛争問題〟に発展する嶋田邦彦氏の「JR東労組副委員長」人事も、この時に、告げられた】※

あまりにも不透明な「松崎明」をめぐる〝金〟の問題

かつては〝「松崎組」（JR革マル派）右派〟だった、と言った方が理解しやすい「良くする会」の幹部たちは、二〇〇六年八月三日と同年九月二十六日の二度に亘って記者会見の場（共に都内駿河台「山の上ホテル」二階会議室）を設け、同会の目的、性格、活動方針などをマスコミに詳しく説明し、質疑応答を行なった。本書で紹介したJR革マル派解説「三角図表」や、四十三人の実名リストなどもその際に提示されたものだ。

「良くする会」主催のこの記者会見には、朝日、毎日、読売、日経、NHK、テレビ朝日、「週刊現代」の記者や、フリーのジャーナリストなど、十数名の人々が出席し、質疑では、「松崎明」の組合私物化の実態や、同人をめぐる不透明な〝金〟の問題などの説明も行われた模様である。

私は、「JR発足」以降、死に至るまでの松崎の「金の使い方」は、かなりいかがわしいと思っている。〝労働貴族〟の多かった国労役員と異なり、かつての動労の金の使い方は、役員であっても、労働者の代表に相応しく、極めて質素なものだった。それは、早くから同労組の最高実力者と目されていた松崎といえども決して例外でなかったことを私はよく覚えている。が、それは、「大国労」に比べ、動労の組合員数は圧倒的に少なく、〝貧乏〟だったからである。

そして、ＪＲ発足後、自他共に認める「ＪＲ労働組合の最高権力者」の地位に上り詰めた松崎について、私の耳に入ってきた噂は、松崎が「労使対等なのだから、労働組合の役員報酬もＪＲ東日本役員のそれにある程度見合ったものであるべきだ」と主張して、組合役員の給与を大幅に改善し、特に松崎本人のベースアップは急ピッチであった、というものだった。　松崎による組合役員給与改善の恩恵をこうむった例の一つとして、「松崎組」のある人物が地方の役員から、ＪＲ東労組本部役員に抜擢され、その月の給与明細書を見たとき、本給以外の「諸手当」の中に、根拠不鮮明な①五万円と、②十二万円の二種類の役員手当が支給されていたので吃驚したという話を、私はその本人から直接聞いたことがある。「マングローブ」の一人であったその人物は、そうするのが当然だと思い、月々集金される革マル派へのカンパ資金は、その中から捻出したが、それでも余裕があって有り難かったということだった。

また、二〇〇〇年か二〇〇一年ころの話だが、目黒のさつき会館の一階に松崎の長男篤氏（ＪＲ総連の関連会社で、何故か松崎が一人株主の「さつき企画」元社長）の「音楽スタジオ」があり、都内でも有数と思われる一流設備が整えられていた、という話もその人物から聞いた。　当該「音楽スタジオ」は、松崎の側近、忠実な部下として知られ、陰では「茶坊主ナンバー１」と称され、私も旧知の佐藤政雄氏（鉄道福祉事業協会理事長）が、篤氏の「欲しい」という声に応えて設けたものだそうだが、その効果が出たのかどうか、松崎篤・亜弓（篤氏夫人）作詞、松崎篤作曲の楽曲「起ち上がれ　未来へ」が、組合主催のコンクールで優勝曲となり、現在も「ＪＲ東労組組合歌」として唄われている。　が、複数の元「松崎チルドレン」の話によると、これは、当時、ボス（松崎）が喜んでくれるようにと、主催した彼ら「チルドレン」たちが、仕組んで優勝させたものだという。

なお、当時、「さつき企画」社長松崎篤氏の年間給与は二千万円、なにもやっていない篤氏夫人が、八〇〇万円と囁かれていたとも聞いた。　ちなみに、自らが提起した裁判における東京地裁の宣誓証言で、自分の給与と長男篤氏及び夫人の給与について問われた松崎原告は、次のような「とぼけた無責任」証言を行っている。

「代理人」とは、被告「講談社及び西岡研介記者」側の弁護士である。

松崎明・証人反対尋問記録（09．1．26　東京地裁）抜粋

（代理人）これまでの役員経験で、それぞれ給与が支払われていたはずだが、JR東労組委員長時代はいくらもらっていたか。

（松崎）覚えていない。一億はいっていない。

（代理人）一、〇〇〇万円程度か。

（松崎）だいたいそのくらいだ。

（代理人）会長時代も同じくらいか。

（松崎）そのぐらいだと思う。


（代理人）篤氏の給料はどのくらいあったのか。

（松崎）知らない。

（代理人）唯一の株主なのに知らなかったのか。

（松崎）代表取締役で一、〇〇〇万円くらいか？　興味がない。

（代理人）取締役では。

（松崎）そんなに貰っていないと思う。

（代理人）唯一の株主が役員報酬を知らなかったのか。

（松崎）すべて佐藤政雄氏に任せていた。

（代理人）株主としてやるべき義務ではないのか。

（松崎）興味がなかった。

（代理人）篤氏の妻はさつき企画から給料を貰っていたのではないか。その名目は何か。

（松崎）それも知らない。佐藤政雄氏に任せていた。

（代理人）東日本内では特に影響力があり、さつき企画の株式の一〇〇％を持っている証人が、息子や奥さんに仕事、給料を関係団体から払うことに、公私混同と謗りをうけないようにするのが普通だと思わないか。

（松崎）当時はそう思わなかったが、今思えば、説明が必要だと思う。


「松崎明」という人物のいかがわしい側面がよくわかる証言だと思うのだが、読者の方々はいかがであろうか。

松崎のJR東労組委員長及び会長時代の報酬が「一千万円」程度だなんて大ウソだ。JRでは係長や助役ぐらいの低い役職でも年俸は一千万円を軽く超える者がたくさんいるのは誰でも知っている。私は、自分の体験からして、「JR東日本の部・課長で、年俸一千万円未満の者はいない」と断言してもよい。

ましてや「労使対等なのだから、組合の役員報酬もＪＲ東日本役員のそれに見合ったものであるべきだ」との考えで、組合役員給与の改善に努めてきた本人の法廷証言である。　人間誰しも、最も関心を持つ自分の年収について、「覚えていない」「だいたいそれぐらい」「知らない」「興味ない」などの連発と併せて、〝冗談もいい加減にしろよ〟と言いたい。

「鉄福」（鉄道福祉事業協会）のどうにも怪しい金の流れについては、拙著『ＪＲ東日本労政「二十年目の検証」』の中の、「福祉事業協会のズサンな会計処理」という項目のところ（二一二〜二一五頁）で、詳細に紹介・記述したところであるので、ここでは省略する。

また、松崎をめぐる極めて不透明な〝金〟の問題については、前著『異形の労働組合指導者「松崎明」の誤算と蹉跌』中の、しどろもどろで遂にプッツンの「松崎証言」として、詳しく紹介・説明したところである（一〇九〜一一五頁）。　その中には、光子夫人がとった常識外の、というより〝不自然〟な行為に関する次のような〝奇怪〟なやりとりまであったのだ。


（代理人）　奥さんがアメリカ不動産屋へ手紙を書いて、コナのコンドミニアムの費用をさつき企画に分担させようとしたことは知っているか。

（松崎）　知らない。

（代理人）　さつき企画の会社の支払にするため、申告書を税務署に出す必要があるため、ヒロでの領収書を送って欲しいと要請したようだが。

（松崎）　覚えていない。

（代理人）　コナのコンドミニアムの費用を、なぜ、さつき企画が支払うことになるのか。

（松崎）　わからない。

（代理人）　コナのコンドミニアムは個人のもので、さつき企画とは関係ないのでは。

（松崎）　そうだ
（代理人）　さつき企画がコナのコンドミニアムの費用を負担したことはあるのか。

（松崎）　ない。

（代理人）　証人はそれを確認したのか。

（松崎）　コナとさつき企画は関係ないのだからそうしたことはないはずだ。


これは、西郷隆盛ならぬ「松崎明」が、子孫に美田を残すため、ＪＲ総連の関連会社「さつき企画」を松崎家の財布代わりに使用していたことの一端を示すものではないだろうか。

　松崎の不審な「金」の問題について、疑問点を簡潔に言っておく。

　松崎は、生まれ在所（埼玉県旧高坂）に住宅を所有しているほか、都内（目黒）に高級マンション（「二つ」との説もある）、群馬県の嬬恋に別荘、沖縄の今帰仁村と宮古島にそれぞれ別荘、ハワイのコナとヒロにそれぞれ別荘を持っていた。

　他方、購入資金については、①親から遺産として百坪ほどの「土地」（売却価格約八〇〇〇万円）を貰ったが、これは売り払い税金分を除いた残りの全部をポーランドに寄付した。②これを知った組合員が「松崎さん一人に出させるわけにはいかない」と言ったとか言わないとかで、出してくれた金が一五〇〇万円～二〇〇〇万円集まったので頂戴した。③奥さんの親から六〇〇〇万円（売却価格）の株券を貰ったので現金化した。以上、概算すると、松崎の購入資金は、最大で「約八〇〇〇万円＋（給与所得－生活費）の剰余金」ということになる。これを、常識的には「一億円」前後と見積もっていいのではないだろうか。

　もちろん、あそこを売って、それでここを買って……などやりくりはいろいろあるだろうが面倒なのでそれは考えないことにする。細かいことを言えば、松崎は息子の篤氏にハワイで花屋を経営させたが失敗しているなどもあるが、同様にこれも考えない。

　「一億円」そのものも、私のようなお金に縁がなかった者には吃驚する大金だが、それでも松崎の所有「不動産」とは、釣り合いが取れていないと私には思われる。

　部下組合員が出し合ってくれた「一五〇〇万円～二〇〇〇万円」の〝自分の金〟を、何故か、組合所管の「国際交流基金」口座に預金したことと併せて考えると、恐らく、超越的「最高権力者」として、動労・ＪＲ東労組に永く君臨し続けた松崎は、自分の金と組合の金とを「明確に区別することなく自由に」使っていたのではないか、と私は考えている。

　その根拠の一例として、「松崎の金の使い方」に関し次のような実話を、かつて彼の忠実な部下であった者から聞いた。

〈　ある時期から松崎は湯水のようにお金を使い出すんで

すよ。　自分の力を誇示するために平気でそういうことを突然するんです。　私も松崎の塾生でしたから、栃木の山小屋に勉強会に行くんです。　で、最終日に、（松崎が）「みんな頑張ったから、ゴルフに行こう」となるんですよ。　勉強がなくなるので「ラッキー」と思って喜んで付いていくと、松崎が「いいゴルフ場だなあ」って、いきなり昼の食事中に言うんです。　「支配人を呼んで来い」と言われて（私が）連れて来ると、「ここの会員権は幾らだ」って聞くんです。（支配人が）「五〇〇万円です」と答えると、「おー、やっすいなー、じゃあ一つ買おう」って言い出すんです。　私も当時は茶坊主でしたから、「凄いなー」と思って尊敬のまなざしで見るんですよ。

あと、突然、「お前、苦労しているんだろ」って言って、みんなの前でポンと金を渡したりしていました。〉

松崎の「異様な金の使い方」に関して、「警察作成」資料には次のようなことも記されている。

〈一九九三年（平成五）九月十五日、「沖縄革マル問題」関連で、松崎が側近のマングローブ木瀬慶子を介してトラジャの浅野孝に一千万円を渡した。

一九九三年九月三十日、浅野孝が松崎に一千万円の宛先を訊ねたところ、松崎は「今はあの連中に出す気がしないからお前たちで使え」と答えた。〉

松崎は私が育ったのとほぼ同程度の貧しい家庭に育ったようだ。　松崎は自らこう語っている。

【（道路を隔てた向かい側の）お医者さんの息子にはお金があるからものが買えるけど、私にはない。　……（中略）……。　そういうこともあって、貧富の差に頭にきた。……（中略）……。　それから、私は育英資金をもらって高校へ行きました。　冬だってオーバーを着られないほどだから、普通高校へ行けないわけですよ。　工業高校へ行って、なんとか早くおふくろを楽にさせたいという思いです。

その（川越工業）高校の時にふと古本屋で『共産党宣言』を見つけましてね。……】（別冊宝島『左翼はどこへ行ったのか！』所収、「なぜ革命を目指し、なぜ革命を捨てたか！」〈元JR総連顧問　松崎明（国際労働総研会長）〉三二一頁）

もし私が週刊誌の記者だったら、「松崎の遺産」の相続実態を調査して面白い記事にするところなのだが……。

私が見、感じた「松崎明」の人物像

今や、「国鉄労働運動史上、希有の逸材」の評価が定着している「松崎明」については、国鉄人生をほぼ労働関係業務一筋で過ごした私は、業務を通じて彼の表裏に亘る人物像をかなりの程度知り得たと思っている。かつて、東京には南、北、西の三鉄道管理局があったが、松崎の出身現場である尾久・田端機関区は私の勤務する東京北鉄道管理局管内であったことも加えて、彼とは公私共に接触の場が少なからずあり懐かしい想い出も幾つかある。

＊〈一流の人材〉

彼は間違いなく一流の人材だった。動労千葉・中核派の中野洋氏への追悼文で松崎は若き頃の中野氏の「東大志望」に触れているが、松崎も家庭の事情さえ許せば、東大合格も決して夢ではなかったかもしれないとさえ思うくらいだ。

優秀なのは頭脳だけでなく、スポーツも万能だった。字も上手で、美声の持ち主でもあった。詩も作れば俳句も詠んだ。『解放』紙上にしばしば掲載された黒田寛一の俳句よりは、『われらのインター』紙上の松崎明の俳句の方が上ではないかと、私には思われる。

人あしらいと気働きも尋常でなく、昔、東京の五反田あたりに、動労の車輪マークを印刷したコースターを使用している松崎・動労ご贔屓のスナックバーがあったが、その店での動労東京地本と東京三局幹部合同の宴席で、「今日は北の労長（労働課長）がいるから一曲……」と、私の顔が立つように、「北帰行」だったか、「北へ」であったか、当時流行っていた歌謡曲を朗々と唱ってくれたこともあった。稀代の人たらしでもあって、金丸信・自民党幹事長とか、田村元・運輸大臣など往時の自民党実力者たちが一コロ状態であったことは有名な話である。

＊〈言うこととやることの乖離〉

言うことは非常に立派だったが、やっていることは別というより大差があったと思う。例えば、彼が反戦平和主義者であることは、有名だが、松崎が指導した当時の「動労」労働運動には〝暴力〟の要素が大であった。特に国鉄の「マル生」（旧国鉄の生産性向上運動）挫折後の動労の急速な組織拡大に際しては、動労青年部員による管理者や鉄労組合員に対する数え切れない有形無形の〝暴力〟行為が伴って実効を上げていた。共産党系の「動労札幌地本」問題に際しての動労本部派の激しい暴力的行動、中核派系の「動労千葉地本」問題に際しての動労本部派の激しい暴力的行動は当時の労働界では有名な話だった。　唯我独尊で、対立する中核派を〝ウジムシ〟などと蔑称し、新左翼各派から孤立した革マル派と、対立組織の鉄労を「鉄牢」、国労を「黒労」とか「酷労」などと蔑称する動労の行動パターンは、その口の悪さと共に、〝瓜二つ〟である。

敵と味方を峻別、内部に批判を許さず、かつての同志嶋田グループ（JR革マル右派）が「東京問題」や「浦和電車区事件」などに対する松崎指導に批判の声を小さく挙げるや否や、除名や組合員権停止などの統制処分濫発で強引に排除するなど、日頃松崎がよく口にする「平和」とか「ヒューマニズム」、「人権」とはおよそ相容れない行為を行なって恬として恥じない。

＊〈その「言うこと」も常在〝豹変〟、ご都合主義〉

代表的なのは、鉄労京都大会での有名な松崎「コペ転」演説（「鉄労の皆さん方が選択してきたこれまでの道筋〈＝国鉄分割・民営化路線〉に則って、私たちはその経験に学びながら一生懸命頑張りたい……」）である。　しかし、JR労働組合の主導権を握ったあとの松崎は、迅速・巧妙に鉄労の主勢力を駆逐し、悪口の言い放題に転じたのは関係者周知のことだ。

また、かつては「毎日新聞」幹部と親交を深め、同社から本も出し、講演では自分も取ってる良い新聞だからと毎日紙購読を勧め、販路拡大にも一役買ったものだったが、「生前最後の講演」の中では、こんなことを言っている。

〈　おそらくそれは、世界の大資本にコントロールされているマスコミが――日本の新聞も全部支配しています。まぁある程度、良心ががあって、たまに本当のことを書くのが沖縄の『琉球新報』、東京の『東京新聞』ぐらいでしょう。〉（2010.5.23「九州動労同窓会」講演）

これでは、「サンデー毎日」〝鬼の回顧録〟五回連載で、松崎のイメージ向上に一役買い、他紙が無視する中で、唯一、「遺産の土地を売ってポーランドへ寄付」と埼玉版（松崎の居住区）で、美談調記事を掲載してまで頑張った毎日新聞も立つ瀬がないだろう。

一時期の毎日新聞系著名人たちの松崎とその周辺に対する無批判かつ「目に余る肩入れぶり」に憤慨した私は、「JR東日本革マル問題」批判・追及の第一作、『もう一つの未完の「国鉄改革」』（月曜評論社　平成十四年六月刊）の中で、【社会の公器「毎日新聞」への幾つかの疑問】と題して、個人名まで挙げて批判的に詳述した（一七二〜一七九頁）ところだ。

もう熱が冷めたのか、それとも当時の無思慮を反省したのか、松崎明追悼集編集委員会編の『松崎明　心優しき「鬼」の想い出』には、当然あるべき「毎日新聞社著名人士」たちの名が見当たらないようだ。が、それらの人々は、当時何を考え、松崎亡き今、どう考えているのか、一言あって然るべきだろうと思う。

なお、松崎から「国旗を大事にしている」と聞いたとかで、新右翼、一水会の鈴木邦男氏が感激して、「偲ぶ会」には長文の追悼文まで寄せているが、その松崎を崇め盲従した「JR総連・東労組」は、反国旗・国歌行動に率先して参加している。これは松崎がそれを容認・奨励していたからに他ならない。

東労組の記念大会講演や役員慰労会などで、「社長に言っておけ!!」「松田（会長）出て来い！　大塚（社長）出て来い！」「俺に文句があるあるなら堂々と来い！」「掛かって来いよ！」と叫んだかと思うと、機関誌『セミナー』では、会社の姿勢に急に理解を示したりもする。

浦和電車区事件では、組合運動としては明らかに行き過ぎの「強要」を労組法上の正当行為、正義、善として評価したかと思うと、同事件裁判での傍聴券獲得に組合員の参加を「強制」するのは宜しくない、参加するかしないかは組合員の自由だなどと、これも機関誌『セミナー』で、急に物わかりのいいことを書いたりする。

例えば彼の次の記述、「無理強いしてはダメです。議論は必要だけれども、（組合の方針に）当然反対の人と賛成の人はそういう立場があっていい。それが労働組合だ」（『セミナー』第八一号掲載・松崎論文）が、本心からのものであったら、「JR浦和電車区事件」や「〝嶋田一派〟の排除事件」など、絶対に起こる筈がないではないか！

＊〈当局人脈の活用と「裏（下）で煽って、表（上＝トップ折衝）で納める」得意手法〉

国家公務員には東大卒中心の「キャリア」制度があるが、国鉄にも同じような「本社採用学士」制度というものがあった。松崎は若い頃から、これらキャリア組、国鉄のいわゆる「本社採用学士」中でも特に将来の大物と目される人々の間で非常に高い評価を受けていた。その松崎と近しく、影響力を持っていた大物「本社採用学士」として、運転系では山之内秀一郎氏、事務系では田村剛氏が衆目の一致するところだろう。私は、松崎に中曽根政権時の「国鉄改革断行」決意を自覚させ、有名な「松崎コペ転」に特に寄与したのは、このどちらか、おそらくは両者であったろうと思っている。

ところで、松崎は、宮崎学氏との対談本『松崎明　秘録』（同時代社）の中で、〈黒田寛一が裏で煽って松崎攻撃をやらせておいて、後で「あれはマズかったよ」と、こっそり詫びをいれてくるわけですよ…〉などと語っている（同書四〇頁）が、実はこの「裏で煽って、表（松崎の場合は〝当局トップ〟との折衝）で納める」こそ、松崎の十八《オハ》番《コ》であって、それを知らない国鉄幹部は非常に多かったというのが私の実感である。既刊書の中で、書いたことがあるのでこれ以上触れないが、国鉄キャリア組の中でも特に優秀と目された人々の間に少なからずあった「松崎大人物」論には、労働課・交渉実務担当者としてしばしば苦渋を嘗めさせられ、散々苦労した私としては、大いに「異議あり！」である。

とにかく、松崎は国鉄当局のエリート人脈を活用する術《すべ》に長《た》けていた。そして「国鉄改革」前後からの、松崎の華麗な政界人脈、マスコミ人脈とのつながりも、すべて「国鉄・JR当局エリート人脈とその社会的信用」があったからこそ可能となったものだということを、指摘しておく。

＊〈非情・冷酷な一面→「知りすぎた男」への冷酷な処遇〉

松崎はよく「ヒューマニズム」を口にした。その彼には、また、「嶋田グループ」（JR革マル右派）排斥問題にも見られたように、非情かつ冷酷な一面もあった。

私は動労東京地本と最も縁の深い東京北鉄道管理局育ちだが、同局の人事課長K氏、機関車課長O氏は、共にキャリア組で、松崎と非常に親しく、「動労に強い（食い込んでいる）」ことでも有名だった。私は同輩の労働課長として、麻雀仲間でもある二人と仲良かっただけに、新生「JR」が発足し、松崎が自他共に認める「JR労働運動界の最高権力者」となった後の両氏がどんなに偉くなることかと、楽しみに見ていたところ、以外にもそうはならなかった。順調に栄進どころか、むしろ誰の目にも「左遷的」と映る人事が行われたのである。何故なのか、私にはその理由がわからないが、直感的に感じたことは、ヒッチコック監督の映画ではないが、K人事課長もO機関車課長も、「松崎明」と「動労の内情」について、あまりにも「知りすぎた男」だったのではないか、ということだった。なにしろK人事課長などは、動労スト時など、動労東京地本（東京駅八重洲口側にあった汚い木造建屋時代）に泊まり込み、寝食を共にして内部情報を取っていたほど、松崎・動労に信用されていた。

松崎の非情と冷酷性に関して、私が看過ごせないもう一つの事例は、『松崎明　秘録』の中の発言だ。

同書で聞き手の宮崎学氏は、「自分が党派に入れた人間をどうするか」と題した項目（九四頁）で、

【宮崎　それで一つ、今日、お聞きしたいことがありましてね、松崎さんもそうでしょうし、私もそうだったんだけれども、何人か（共産）党員にした人間がいるわけですよね。　私の場合一〇〇人になるか二〇〇人になるか、数はけっこう多いんですけれど。　私なんか党からポッと離れちゃったわけですよ。　ところが残った人間は残ってるわけですね。

――（中略）――

私が共産党に入れたやつが、（内ゲバで）解放同盟にボコボコボコやられているというふうな状況があったわけなんですね。　けれども、自分がオルグして入れた奴がまだ残っているということに関してですね。　どう考えればいいんでしょうね、これは。】

と訊ねたのに対し、松崎は、「うん、まあ、残る人は残る人の主体性（の問題）なんでしょうね。…」と軽く受け流している。

また、次のようにも対話している。

【宮崎　自分がオルグした人間に対して、オルグした自分はどんな責任を持たなきゃならんのだろうか、と考えることがあるんですが、松崎さんはどう思われますか。

松崎　思想やイデオロギーではなくて、人間としての責任でしょうね。　相手は自分の良い面に感化されて、いっしょいにやろうと決意したんだと思いますから、それをしっかり固持させていく責任がこっちにはあると思います。

その点では、何よりも恥を知る人間、人のために仕事ができる人間ということが大事だと思いますね。】

革マル派の創設者松崎明一人の能力と魅力のために、おそらくは二千名前後もの国鉄職員・ＪＲ社員が「革マル派入り」した。　そして、国鉄・ＪＲ労働組合内部から、対立過激派の内ゲバ襲撃による「七名の死者」を含む多数の負傷者が出るという悲惨な結果となった。　他の労働組合に例を見ないこの重い事実を前にして、真摯な悩みがよく伝わる宮崎氏の問いに対する松崎の答えは、いかにも軽く、無責任極まりないと私は思う。　松崎の非情、冷酷な人間

性の一側面がよく現れているとも思う。

＊〈濃厚な「横領と蓄財」疑惑〉

『治安フォーラム』五月号に掲載の記事「後継者を見届けることなく、この世を去った松崎明元JR東労組会長」の中に、次の記述がある（四頁）。

〈注1〉　**松崎氏による業務上横領**

警視庁公安部は、（平成）十五年六月、JR総連の役員三人が、JR東海（株）の助役を取り囲み、暴行を加えた暴力行為等処罰に関する法律違反事件（十四年六月発生）で、目黒さつき会館を捜索した。この捜索で、同会館内にある「日本鉄道福祉事業協会」等から松崎氏名義の預金通帳が押収され、松崎氏の業務上横領疑惑が浮上した。

その後、警視庁は、松崎氏がハワイにあるリゾートマンションの購入に充てるため、十二年四月、業務上保管していたJR総連の国際交流活動資金三〇〇〇万円を横領したとして、十九年十一月、東京地検へ書類送検した。同年十二月、嫌疑不十分で不起訴となったものの、松崎氏らが提訴した国家賠償請求訴訟等では、「松崎氏が、横領したものと疑うことには、十分な合理性が認められる」との判断が示されている。

上掲事件に関連して、一時期、「松崎逮捕か!?」の噂が広範に流れ、マスコミが色めき立ったものだった。結局それは不発に終わり、騒ぎは収まったものの、不起訴決定後、松崎と松崎組幹部たちが、あたかも「真っ白」であったかのごとく、内外に向けて喋ったり書いたりしていることは、まったくもっていただけない。

上掲記事中の「松崎氏が、横領したものと疑うことには、十分な合理性が認められる」との明確な裁判所判断から解るように、松崎の横領容疑は「白」ではなく、「限りなく黒に近い灰色」なのである。私は本心から「真っ黒」だと思っている。このことについては前著『異形の労働組合指導者「松崎明」の誤算と蹉跌』の中でも触れたが、「松崎不起訴」は、事件が発覚するや否や、〝間髪入れず〟にJR総連が「組合は一円たりとも被害を受けていない」趣旨の声明を出したことが端的に示す、①「被害者の非協力」と、②「〝金の出し入れ〟にタッチする者の全員が〝松崎組〟組員」だということが、その要因なのだ。

更に言えば、当時の「警察」と「検察」の問題もあったと思う。「JR東日本革マル問題」に対する警察の不明朗な動きに関しては、私の第一作『もう一つの「未完の国鉄改革」』第六章「〝JR東日本革マル疑惑問題〟に関する幾つかの疑問」の〈1．柴田初代監査役ほか、警察出身幹部の果たしている役割への疑問〉で詳述したところだ。そして、西岡研介著『マングローブ』（講談社刊）第八章「〝コウノトリ〟と呼ばれた男」の中で、〈黒いコウノトリ〉として登場、松崎との癒着を強く批判されたJR東日本初代監査役柴田善憲氏の警察派閥に属すると言われる米村敏朗氏が、松崎不起訴決定当時の警察庁警備局長だった。この米村氏に関しては、西岡『マングローブ』の中に、「JR浦和電車区事件」がらみで、次の記述がある。〈柴田氏から圧力をかけられた（公安部長の）米村氏は、それまでの捜査方針を急遽変更。前述のとおり、捜査直前になって突然、現場の捜査員に「強制捜査の中止」を命じたのだ。つまり警視庁公安部による浦和事件の捜査を、当時の公安部のトップ自らが、潰したわけである。〉（二九一～二九二頁）

他方、「検察」の方だが、「松崎逮捕」に関しては、当時の東京地検、高検共に積極的だったと聞いている。しかし、最後に唯一人、「M検事総長だけが反対した」との噂が流れた。憤慨した若手検事が、「デスクの脚を蹴って悔しがった」との噂まで流れきたのである。ちなみに、「黒いコウノトリ」柴田善憲氏とM検事総長は、新左翼過激派による富士重工ビルか何かの〝爆破事件〟で、共同捜査した時以来の盟友関係だとの説がある。

なお、米村敏朗氏はその後、警察庁長官と並ぶ警察官僚のトップ、「警視総監」の地位にまで昇り詰めた。

永く関わっていてしみじみ思うのだが、「JR東日本革マル問題」には一筋縄ではいかない複雑怪奇な側面がある。例えば、社団法人　日本生活問題研究所発行の『日生研レポート』二〇〇三年夏季号に「（福）」名の『過激派に蹂躙されるJR』と題した論文が掲載されているが、そこには容易ならぬことが、次のように記述されている。

> 革マル派の首領松崎明が国鉄改革推進の功労者として隆盛を誇ったこの十五年間は、中曽根政権が松崎に与えた成功報酬といえる。中曽根政権が掲げた「戦後政治の総決算＝行政改革の断行」に抵抗する反体制左翼勢力。その牙城であった社会党左派、総評、公労協、国労の無力化、解体戦略に（松崎が）加担・協力し、それを成し遂げたことに対する成功報酬だった。
>
> ……（中略）……

松崎明を頂点とする革マル派グループの勢力をここまで増長させ、影響力を強化させた責任の多くは警察官僚にある。国鉄改革時における警察の革マル派対応判断は、極めて政治的な動きで不自然なものだった。

中曽根元首相の意向があったにせよ、後藤田元官房長官、秦野章元警視総監、柴田善憲元警備局長らが深く関与し、警察の過激派対策の中から「革マル班」の組織が解散させられた。その結果、約十年間に亘って革マル派の取締りに対する「空白期間」が現出し、野放し状態となったことは治安上大きな禍根を残すこととなった。

この間に、JR東日本の革マル派は着々と組織基盤を固め、JR東日本会社の裏支配を完成させると共に、警察組織への活動家の潜り込み工作や、警察無線の盗聴体制、警察幹部達の尾行、調査、合い鍵の取得等、警察弱体化工作を徹底させた。

……（中略）……

平成十三年四月九日の全国警備関係課長会議で田中警察庁長官が「革マル派が党派性を隠してJRをはじめとする基幹産業に潜入している」と指摘するなど、今日では松崎明の擬装転向や、JR東日本会社に旧動労革マル派千二百人が、そっくり採用・温存され、約三倍の組織に増殖し続けていることは明らかになっているが、JR誕生当時は、松崎明の革マル派からの転向説は本物だと固く信じられていた。

当時、松崎明の革マル派転向説を積極的にマスコミ等に流し、反共系新聞「世界日報」や自民党の機関紙「自由新報」に松崎明を登場させてPRした仕掛け人は秦野章だった。松崎明と秦野章を仲介したのは、映広企画社長小松重治（秦野の日大の後輩）で、松崎からその報酬としてJR東日本の看板広告利権を取得している。

……（中略）……

そして秦野は、松崎のガード役に柴田善憲を配置し、JR東日本の監査役に就任した柴田善憲をJR東日本側の警察庁との窓口にし、位置付けた。以後、柴田は年収三千万円に達する報酬が保証され、その見返りとして警察庁に対し、「松崎の転向は本物」「東日本に革マル派の危険性は無い」との虚偽報告を、十年間に亘って流し続けてきた。

柴田の警察官僚OBとしての犯罪性は高い。

今、改めて、「JR東日本革マル問題」の背後に潜む闇の部分や、「国鉄分割・民営化」の結果としての〝旧国鉄利権の再配分〟問題等への分析と再考察が必要であろうと思う。

＊〈「南雲巴」こと坂入充氏の追悼文の中に出現した〝松崎批判〟!!〉

松崎明追悼集編集委員会発行（2011．3．3）の「松崎明　心優しき〝鬼〟の想い出」は、生前の松崎に対する、感謝、賞賛、悲嘆などの文章に埋め尽くされているが、一つだけ、およそ〝追悼集〟には相応しくない「松崎批判」の文章があるのを発見した。

その文章を書いた人物は、かの「革マル派によるJR東労組OB拉致・監禁事件」で一躍有名人になった坂入充氏である。同氏と私との間には浅からぬ因縁があり、そのことは、拙著『もう一つの「未完の国鉄改革」』の中で詳述した（第三章五項「坂入氏と国鉄黒磯駅事件」七四～七五頁）。

坂入充氏の「松崎明」追悼文は、次のとおりである〈松崎明追悼集編集委員会編「松崎明　心優しき〝鬼〟の想い出」六一頁〉。

真っ正面からの思想闘争を望む

坂入　充

松ツァンは最高の理論で武装していたばかりか、何人も魅了せずにはおかない天性の持ち主であった。運動面での指導も天才的で、国鉄時代には機関助士廃止・マル生反対の闘いや国鉄改革運動を領導した。また、二〇〇〇年の革マル派中央によるJR東労組のOB坂入充拉致問題さえも最大限に活用した。

しかし、これほどのお方であっても、過ちに気付かず袋小路に陥ちこんでいる幹部たちへの対応には難点があった。過ちを犯した幹部たちそれぞれの思想水準に下り立ち、変革し、引き上げる努力は十分であったとは思われない。自分は正面に出ず、周辺の幹部たちに変革の闘いを促すという、いわゆる「回し蹴り」の傾向が強かったからだ。これで苦しんだ幹部たちは、松ツァンが亡くなった今、何を考えているだろうか。

我が師、松ツァンの永眠に際し、私は今後の指導者たちに、こうした手法は絶対に取らないように望む。

私は、「かなり激烈な松崎批判文」だと、これを読んで感じた。何故、追悼集編集委員会が削除せずに、これを掲載したのか、その意図が解らない。単なるミスとも思えないのだが……。

この文章でいう「過ちに気付かず袋小路に陥ちこんでいる幹部たち」、「過ちを犯した幹部たち」とは、福原福太郎氏及び本間雄治氏、小林克也氏など、いわゆる「嶋田グループ」（＝ＪＲ革マル右派）の人々を指すことは言うまでもない。要するに、坂入氏は福原・嶋田グループ幹部たちへの恩師・松崎の対処姿勢を痛烈（私にはそう読み取れる）に批判したのだ。私の知る限り、ＪＲ革マル左派内部からの「松崎批判」は、今のところ、これ一つのみである。

私は既刊書の中で、「嶋田一味」と名付けてこれらの人々に松崎が行なった異常な弾圧行為を、事件発生当時から、愚行、大ミス、老耄、老害など、かなり失礼な言葉を用いて批判したが、案の定、本間氏らは、「ＪＲ東労組を良くする会」結成文書で、革マル派との訣別を社会的に宣言し、やがてジェイアール労働組合（＝ＪＲ労組）結成にまで至った。

「ＪＲ東労組を良くする会」から発展的に形成された「ＪＲ労組」（本間雄治委員長）は、「ＪＲ革マル派四十三名リスト裁判」で、ＪＲ総連・ＪＲ東労組と争う一方、「ＪＲ連合」との友好関係を徐々に深めつつあるように見える。

これも時代の流れとはいえ、松崎の晩年最大の愚行、大失策が然らしめたものというしかない。

ＪＲの最大産別労組「ＪＲ連合」は、二〇〇七年十一月十五日、『ＪＲから暴力を排除し職場の信頼と安全を築く総決起集会』（於：都内・田町交通ビル）を開催、盛会裡に終了した。

同総決起集会に寄せられた本間雄治・ＪＲ労働組合中央執行委員長の「連帯挨拶」を、次に紹介しておく。

本間雄治氏は、かつて松崎の忠実な部下であり、中枢の幹部役員の一人であったが、松崎の指導方針を批判したことから「嶋田一味」と見なされ、排斥された人物だ。

同氏の〝メッセージ〟からも、松崎と松崎組（ＪＲ革マル派）の支配下にあった「ＪＲ東労組」の正体及びその異様な活動実態を、十分に窺い知ることができると思う。

ＪＲ労組・本間雄治委員長【メッセージ】

『ＪＲから暴力を排除し職場の信頼と安全を築く総決起集会』開催おめでとうございます。

私たちジェイアール労働組合も、6．21結成以来ヨチヨチ歩きながら着実に歩を進めています。四十九名で結成し四ヶ月を経た今日では三八四名を擁する組織へと拡大することができました。今後さらに拡大し、革マル支配を排しJR東日本を社員、そしてご利用していただくお客様の手に取り戻すべく奮闘します。

革マル派に牛耳られる東労組は、ミヨシ会メンバーの懲戒解雇撤回を掲げ三十六協定をも人質に、『行き場のない迷走』を繰り返し争議集団への階段を転げ落ちています。

東労組を牛耳る彼らは、われわれジェイアール労組に結集・賛同する組合員をデマと組織的暴力をもって排除し、残された組合員の口を強権的に封じ込め、革マル労働組合としての純血を維持しています。

十月二十七日に開催された東労組長野地本全機関長会議の来賓として挨拶に立った石川東労組本部委員長は週刊現代にすっぱ抜かれた組合費横領問題に関して「旧動労のスト権ストの賠償として準備してきた金を一時的にさつき会においただけのこと」と述べたといいます。この石川委員長発言は、またまた松崎前顧問を窮地に追いやったと言えます。当時の動労は、二〇二億スト損倍粉砕という方針であり、支払うことを前提とした金など組合員から集めていません。闘争資金として積み立てていた組合費が動労解散以降も存在していたとするならば、それは松崎氏を中心とした当時の動労執行部が横領し、隠した財産でしかありません。なぜならば、動労解散時にすべての積立金等は、組合員に還付し、残された金や土地・建物などの資産は、その時点で継承法人としての「さつき会」に移行したはずです。無いはずの金がどこから出てくるのでしょうか?

このこと一つをとっても、動労時代から組合員を欺き、自らの懐を暖めていたことが分かるというものです。

一方、松崎氏は「国際労働総研」なるものを起ち上げ、その会長に納まり『われらのインター』なる雑誌を発行しているようです。

これは憶測ではありますが、設立資金として、東労組・JR総連の組合費が使用されているのではないでしょうか?　あるいは、講演料・執筆料・購読料の名目で月々数百万円の金が松崎氏の懐に流れているのではないでしょうか?

この五年間の彼らの行動を見れば分かるように、異論者は徹底的にパージし、忠誠を誓う者のみで純血を守ってきました。その彼らが「インター」を語り、「人と人との壁を越えて結び合う」などと注釈したところで、片腹痛いというものです。彼らこそが、この間、多くの組合員の内外に聳え立つ高い壁を張り巡らしたのですから。

この壁から、組合員を救い出すために共に奮闘しましょう。

貴、連合集会の成功を祈念します。

二〇〇七年十一月吉日
ジェイアール労働組合
中央執行委員長　本間雄治

「東京問題」、「浦和電車区事件」、「九州労問題」などへの松崎指導を契機に、松崎を尊敬し、私淑し、薫陶を受けた人々の中から、有能な者、気骨のある者が、松崎の逆鱗に触れ失望し、あるいは追われ、次々と去っていった。残っている幹部の大方は、「お茶坊主衆」、「損得で動く者」たちである。そして一般の組合員のほとんどは組合運動に「無関心」、その他は「触らぬ神に祟りなし」主義者である。

忠実な部下、腹心中の腹心の立場にあった筈の〈〃南雲巴〃こと坂入充〉氏ですら、不服・批判的な気分を内に秘めつつ仕えていたという不安定な状況の中で死期を迎えた松崎も、死後のことが不安であったろうし、心残りであったろうが、「育ての親」「重鎮」「余人をもって代え難い存在」（2003．1．23「東労組中央執行委員会見解」）の人に突然去られ、ドングリの背比べ状態で残された千葉勝也氏ほかJR革マル派幹部たちの不安、心細さは、さぞかし大きいことだろうと同情する。私の見立てで、彼らの前途は、「会社次第」だろう。

『治安フォーラム』五月号掲載の香川三吉「後継者を見届けることなく、この世を去った松崎明元JR東労組会長」は、最後で次のように見通し、解説、希望している（傍線は宗形）。

【 事情通によれば、」JR総連、JR東労組は、松崎氏の死去後、組合内に動揺がみられたようで、他労組からの勧誘等、少しでも組織への妨害行為の兆しなどがあった場合は、速報するよう指示するなど、神経質になっているようだ。

三月三日、都内のホテルで、JR総連や傘下労組の幹部ら約二〇〇〇人が参列して盛大に開催された「松崎明さんを偲ぶ会」でも、幹部が挨拶で「革マル派キャンペーンを許さない」等と発言し、組織の引き締めに躍起になっていたとのことだ。

JR東日本（株）等、会社側も、JR内の革マル派排除に動き出したと聞く。松崎氏の死去を機に、第二の松崎氏の出現を防ぐべく、会社幹部にはJR内における革マル派の一掃、労使関係の正常化を図ってもらいたいものであ

る。】（二一一頁）

＊〈「国鉄改革利得者」ナンバー1〉

私は渡部昇一・上智大学名誉教授の若き日の名著、『知的生活の方法』（講談社）に感服して以来の永い同氏の著書・評論集の愛読者だが、教授は、「敗戦利得者」という表現をよく用いていおられる。　たとえば、次のようにだ（傍線は宗形）。

【全面講和とは要するに、「ソ連が加わらない講和条約は結ぶべきでない」ということである。　これはソ連の独裁者スターリンの言い分だ。

東京大学総長の南原繁《なんばらしげる》は全面講和派を代表する一人だが、その本部は岩波書店である。岩波書店と関係を保ち、一緒にやっていきたい学者たちは、当然ながら全面講和を主張した。　岩波書店と関係があった知識人で「多数講和でいい」といったのは慶應義塾長の小泉信三ぐらいだろう。

当時は東西冷戦の最中でアメリカとソ連の話がつく可能性がない。全面講和にこだわることは、日本が占領されたままでよいという主張に異ならないからである。

……（中略）……

そもそも、全面講和を主張したのはＧＨＱ（連合国軍最高司令官総司令部）の占領体制下でいい思いをした「敗戦利得者」が中心である。　それは、共産党員か、コミンテルンか、あるいは思想的にその影響下にあった人で、戦前の日本に恨みをもち、占領体制を望ましいと思っていた。　そういう類《たぐい》の人間が学者、教育者はもとより、政党の中にも（多数）残った。……】（「真実の日米衝突史――その歴史から何を学ぶべきか」〈月刊誌『歴史街道』二〇一一年三月号〉）

戦後の岩波書店と共産党が完全に牛耳っていた岩波労働組合の実態については、青年婦人部の党員活動家だった元社員、長島陽子さんの著書『中国に夢を紡いだ日々　さらば「日中友好」』（論創社）に詳しい記述がある。　同書の冒頭の見出しタイトルは、〈「戦後民主主義」のメッカに入社〉である。

ところで、運、不運ないまぜて、数え切れない程の犠牲者を出した「国鉄改革」（国鉄分割・民営化）においても、多数の「国鉄改革利得者」が出現した。

例えば、紙数の関係から説明は省略するが、ＪＲ東日本初代社長住田正二氏、同二代社長松田昌士氏などは、間違いなくその該当者だ。また、広い意味では大勲位、中曽根元総理もその一人だと私は考えている。それは、勘の良い方ならば、先に紹介した『日生研レポート』二〇〇三年夏季号の掲載論文『過激派に蹂躙されるJR』の記述内容からもうっすらとその匂いを嗅ぎ取ることができるのではないだろうか。

が、しかし、何と言っても、異形の労働組合指導者「松崎明」こそ、〝「国鉄改革利得者」ナンバー1〟である。その理由は、既刊書の中で随時述べたところだ。

「国鉄改革」なかりせば、いかに有能な松崎であっても、国鉄時代と同様、能力の劣る国労幹部の後塵を拝し、口惜しい思いをし続けなければならなかったことだろう。

今、私が一口に言うならば、松崎明とは、

〈「国鉄改革」という千載一遇の機に乗じ、革マル派を使って組合権力を獲得し、国鉄・JRエリートの人脈と信用を利・活用して「JR革マル組織の維持・拡大」と巨額の「蓄財」に成功した男〉

である。

「松崎明」の後継者と〝辞世の句〟

私の目に映じた「松崎明」の人物像について語ってきた本項の最後に、「松崎明」の後継者は誰かということについて私見を述べておきたい。

私の知る松崎は、「ナンバー2を絶対に作らない男」であった。かつて後継者として噂になった人々には、城石靖夫（青函）、加藤實（東京）、奈良剛吉（東京）、嶋田邦彦（新潟）の各氏などがあり、特に嶋田邦彦氏は内外から大本命視されていたが、全部消えた。松崎は終始、断トツ、超絶のナンバー1で有り続けたのである。そして、かつて嶋田邦彦氏との会話の中で、松崎から「…愚図で全然駄目…」と小僧っ子扱いされていた（嶋田邦彦編著『虚構からの訣別』）千葉勝也氏が、現「東労組本部委員長」である。

『治安フォーラム』五月号掲載の香川三吉「後継者を見届けることなく、この世を去った松崎明元JR東労組会長」は、この点について、〈「後継者」を育ててこなかった松崎氏ではあるが、ここでは、事情通の話などから、松崎氏の後継者候補と考えられる人物をあげてみたい〉と前置きして、①四茂野修氏（昭和二十四年九月生まれ）、②千葉勝也氏（昭和二十九年三月生まれ）、③角岸幸三氏（昭和十九年一月生まれ）の名を挙げ、その一長一短に触れた後、〈しかし、松崎氏の後継者となる人物がなかなか見当たらないのは、松崎氏が、組合内の既得権益を独占し、後継者を育ててこなかったから、というのも事実である。本稿で見てきたように、ここ数年で布石し始めたものの、如何せん遅すぎの感があり、〝誤算〟もあって未完に終わったのではなかろうか。〉と述べている（七～一一頁）。

私も執筆者香川三吉氏とほぼ同一見解である。恐らく黒田寛一死去後の〝党中央〟と同様に、松崎死去後の〝JR革マル派〟も又、ドングリの背比べ的「集団指導体制」に入ったのではなかろうか。『われらのインター』第四十一号（二〇一一年三月十五日発行）掲載の座談会「松崎明さんの闘いを語り継ぐ」第二回で、司会者水沢隆氏の肩書きが「国際労働総研共同代表」となっていたことが、これを示唆しているように思われる。同氏もまた、懐かしき我が「国鉄東京北鉄道管理局」管内の現業職場だった大宮操車場駅出身者で、若き日（人事課勤務係長時代）の私が手がけた「大宮操」職場規律紊乱事件をめぐって因縁のある人物である。

ところで、「松崎明」の〝死〟後、彼の近辺の人物や、縁の深い人物の訃報が相次いでいる。だからどうだというわけではないが、一応、報告しておこう。

本年二月十日、「JR浦和電車区事件」裁判の被告側弁護団団長の後藤昌次郎弁護士死去。四月十七日、柴田光治氏（元JR総連委員長）が死去（七十二歳）。四月二十二日、『治安フォーラム』五月号掲載記事で松崎「後継者候補」の一人に挙げられていた角岸幸三氏（元JR東労組委員長）急逝（六十七歳）。

多彩な趣味を持ち田端機関区時代の仲間を通じて俳句作りにも熱心だった松崎が死の近くで残したものらしい作句が、数句『われらのインター』〈第四十一号〉で披露されている。その中で、私が最も彼の「辞世の句」に相応しいと思うのは次の句だ。

D型も　D民同へ　涸谷に　　　あきら

Dとは動労、D型とは松崎が領導したかつての「（鬼の）動労型労働運動」、民同とは「（国鉄）民主化同盟」のことである。

「D民同へ　涸谷に」の中に、新左翼運動の衰退に対する松崎の嘆きが感じられる。

松崎は、党と「松崎組」（JR革マル派）の将来に大きな不安を感じつつ、満ち足りぬ思いで、この世を去ったようである。

〈**参考資料**〉『治安フォーラム』（二〇一〇年三月号）

【「反スターリン主義」を標榜する筋金入りのスターリニスト＝松崎明元JR東労組会長】（成田　忍）　重要記述抜萃〈傍線など宗形〉

＊…、若き日の松崎明元JR東労組会長は、昭和二十九年に日本民主青年同盟に入り、昭和三十年に日本共産党に入党したが、スターリン批判やハンガリー動乱に大きな衝撃を受け、日本共産党から離れたようである。　昭和三十二年ころからは、黒田寛一元革マル派議長（平成十八年六月二十六日死亡）が「反スターリニズム」を掲げて主宰していた勉強会に参加し、同元議長と行動を共にした。　昭和三十八年二月には、副議長として同派の結成に参画し、以後、黒田元議長の片腕として活躍してきた。　松崎元会長は、昭和三十年に国鉄職員となり、その運転士の労働組合である動労の指導者として頭角を現した。　組合員を次々とオルグすることにより、同派の組織拡大にも大きく貢献し、革マル派内では、「理論の黒田、実践の松崎」と並び称された。松崎元会長は、その後、昭和六十二年の分割民営化に際しては、経営側に積極的に「協力」して動労組合員の雇用を確保することで、動労の温存・拡大に成功し、これが、その後のJR総連・JR東労組の母体となった。（p．三）

＊…（常軌を逸したいわゆる「浦和電車区〈強要〉事件」を引き起こした）そのJR東労組やJR総連を、現在に至るまでの長年にわたり指導・支配しているのは、松崎元会長その人である。　松崎元会長とJR総連・JR東労組との関係については、次のような問題点が指摘されている。

①　松崎元会長が、形式上はその役員どころか組合員にもなっていないにもかかわらず、現在も事実上の最高権力者として、組合員約五万八〇〇〇人のJR総連、同じく約四万六〇〇〇人のJR東労組の指導に当たっており、私物化さえしていること。

②　JR総連・JR東労組には、執行部を中心に革マル派が相当浸透しているなど、革マル派がJR総連・JR東労組を壟断していること。

③　JR東日本は、人々の安全な輸送を本務とする公共交通機関であるにもかかわらず、革マル派が、JR総連・

JR東労組も利用して、経営に容喙《ようかい》したり、鉄道事故等を意図的に発生させたりしているとの報道もなされていること。

以上のうち、本稿では、主に①、②の指摘について最近の動向を詳述した上で、昭和十一年生まれ、今年七十四歳の松崎元会長が、現在もJR総連・JR東労組のトップとしてゆるぎない権力を維持しているからくりについても考察してみたい。

1　「独裁」を象徴する最近の動向

(1)　組合費を私物化

松崎元会長については、最近、組合費横領の容疑が取り沙汰されている。その容疑とは元会長（当時、JR東労組会長）が、ハワイにあるリゾートマンションの購入費に充てるため、平成十二年四月、業務上保管していたJR総連の国際交流の活動資金三〇〇〇万円を横領したというものである。平成十九年十一月、元会長は東京地検へ書類送検されたが、同年十二月、嫌疑不十分で不起訴となった。

業務上横領事件の捜査では、財産的損害を受けた然るべき立場にある被害者の協力が不可欠とされる。特に、法人組織等を舞台とするものについては、会計帳簿等ついての精緻な分析が必要であり、その意味でも被害者の協力、供述が欠かせない。ところが、本件では、最後までそうした被害者が確保されず、不起訴になったものである。

しかし、元会長らが提訴した国家賠償請求訴訟等では、業務上横領容疑に関して裁判官に「白」との印象を与えることはできず、平成二十一年中、上表（※省略）のとおり、この事件と異なる判断が次々と示された。

これらの判決では、松崎元会長の業務上横領の容疑を明確に認めている。筆者がさらに驚いたのは、元会長が、平成二十一年一月二十六日、上記損害賠償請求訴訟の公判に出頭した際の証言である。焦点となったリゾートマンションの購入原資については、〝沖縄の別荘を売却した代金三八〇〇万円を国際交流基金名目の口座に入れていたが、そのうち三〇〇〇万円を引き出して支払った〟と説明した。また、その沖縄の別荘購入の原資について、遺産相続した埼玉の土地・建物の売却代金、講演料等に加え、〝一五〇〇万円から二〇〇〇万円は仲間がカンパしてくれたもの〟と証言したのである。そもそも、**労働組合の指導者が、個人の資産を組織管理の口座に入れ、別荘の購**

入費用として「仲間のカンパ」を充当するなどということは、世間一般の良識ある人々には到底納得されるものではなく、公私混同の典型である。業務上横領容疑を何とか逃れようとする苦しい言い訳に過ぎず、論ずるに値しない。

こうした組合費を私物化したとしか言いようのない使途に対しても、ＪＲ総連・ＪＲ東労組の内部からは、組合費の使途を明らかにするよう求める組織だった声も聞かれない。不思議なことだ。（p．四〜六）

終　章　ＪＲ東日本労政（労務政策）担当者、ＪＲ東労組・かんり部会、「松崎組（ＪＲ革マル派）」とは全く無関係の「大多数一般組合員」への願い

「四面楚歌」の冷たい空気と「閉ざされた言語空間」

「ＪＲ東日本革マル問題」と、異形の労働組合指導者「松崎明」への批判書の第六冊目である『異形の労働組合指導者「松崎明」の誤算と蹉跌』（平成二十一年四月刊）を書き上げた時、これで多年国鉄の恩恵を受けた私の使命は果たし終えたと考えた。　そして、同書の〈おわりに〉は、大塚陸毅会長以下現行ＪＲ東日本経営者の方々に宛てて、誰が見ても〝会社優位〟の外部環境が整った今こそ、この方々が、未完の「ＪＲ東日本革マル問題」の完全解決に向け、十全の自浄能力を発揮されることを切に祈念した「お別れの挨拶」として受け止めていただけるようにとの想いを込め、真剣に書いた。

それから約二年が過ぎたばかりか、〝最大の障害〟であった「松崎明」の存在がこの世になくなってからも半年の余が経過した。　しかし、「ＪＲ東日本革マル問題」は依然として「未完」のままである。

『治安フォーラム』本年五月号の掲載記事「後継者を見届けることなく、この世を去った松崎明元ＪＲ東労組会長」で、執筆者は、〈**ＪＲ東日本（株）等、会社側も、ＪＲ内の革マル派排除に動き出したと聞く。**〉と述べておられる（同誌一一頁）が、残念ながら私は未だその「欣快なる情報」には、接し得ていない。

想い起こせば、私が『もう一つの「未完の国鉄改革」』（平成十四年六月刊）で、「松崎明」及び「ＪＲ東日本革マル問題」批判を開始したとき、殆ど四面楚歌状態に陥り、かつての上司、先輩、同僚、部下、後輩たちの冷ややかな視線を感じ、多くの友人を失った。　ＪＲ東日本が松崎及び松崎組完全支配下の「ＪＲ東労組」偏重の労政を採っていたことから、「触らぬ神に祟りなし」だったのだ。　予想し、覚悟していたことだが、やはり淋しかったし、口惜

しかった。

そして何よりも、頼みも何もしないのに、警察が一方的に心配して、自宅と身辺警護の必要性の有無を訊ねてくれたのには、本人もだが、家族が非常に驚いた。

次のような忘れ難いこともあった。

＊『もう一つの「未完の国鉄改革」』を献本した尊敬する先輩（□□さん）からの礼状の一節

……（前略）……

ところで、貴兄の著書について、ある人（元職員局労働課長のひとり）から、次のような話がありました。少し苦言を呈するような話で、貴兄に言うかどうか迷ったのですが、ありのまま知らせるのが友達だ、と思い、お知らせします。気にすることはないかと思いますが、頭の片隅に入れておいてください。


〈ある人の話〉

著者の略歴など中身を見ればわかるとはいえ、「元国鉄労働課長」と書かれているが、一般には「国鉄労働課長」といえば本社の課長と思うのが常識だ。世間に、国鉄時代の幹部が今もこういう主張をして対立しているのかと取られかねない。本の帯に大きく「元国鉄労働課長」とあるが、はっきり言って迷惑だ。

もう、今の労使関係に関心はないが、組合はともかく、会社側がこの本を薦めたり、読まないように言ったりしているとの話があるが、どちらも正常ではないね。

著者の主張の真否は知らないが、われわれはもう関心もないので、昔の労働屋が同調しているかのようにとられては、若い人がわれわれと付き合えなくなる。労働屋全体と著者とは無関係だ、と分かるように著者自身が努めてほしい。

君の親しい人だと聞いたので、誰の言だと言わないで、それとなく言っておいてくれないか。


およそ、このような話でした。貴兄には反論があろうかと思いますが、ともかく、こういう話があった、ということは頭に入れておいてくれませんか。

いい話でなくて恐縮ですが、お世辞を言わずに事実を知らせるのも友達の勧めかと思い、お話しする次第です。

ご健勝、ご活躍を祈ります。

＊　共に勤務した職員局労働課の尊敬する先輩（□□さん）への返書の一節

……（前略）……

さて、本日は率直なお便り、誠にありがとうございました。あの本を書いたときから毀誉褒貶は覚悟しておりますので、まったく気にしておりません（あの○○さんですら、△△さんのお葬式の際、「宗形君はＪＲ東海の葛西から金を貰って云々……」と言っていたそうです）。

なお、弁解する気はないのですが、「元国鉄労働課長」というのは業者が販売政策として帯に用い、私が、誤解が生ずるから、と訂正を申し入れたのですが間に合わなかったものです。

〈ある人〉がどなたかは存じ上げないのですが、「今の労使関係に関心がない」というお考えには寂しい気持ちがしました。私が今、一番腹を立てているのは、かつて在籍した職員局労働課の組織、気概、伝統が、松崎グループの手によってズタズタにされ、見る影もない有様になっていることです。現在のＪＲ東労組の幹部役員は殆ど全員が旧動労のプロです。組合内部の真に必要な情報はまったく取れず、逆に経営側情報はすべて筒抜けです。松崎グループはマフィア化しつつあり、松崎の長男篤は、「さつき商事」社長です。現状に危機感を持たない「労働屋」とは一体何なのだろうか?というのが私の正直な気持ちです。

□□さんには深く感謝しております。政・官・財、マスコミ等の識者に宛てた私の書面と、最近の「ＪＲ東日本革マル問題」の実状が良く判る文書を同封させていただきました。〈宗形　拝〉

第一作出版当時、私を取り巻いていたＪＲ東日本会社周辺の異様な雰囲気、状況がよく判る事例だと思う。

しかし、国鉄・ＪＲには、〈ある人〉のような人物ばかりではなく、私の労を多とし、理解し、慰め、励ましてくれる人々も少なからず居り、救われた。その人々の好意が身に滲みて嬉しく、心の支えになった。それらの中の一つも次に紹介させていただく。

＊　献本したキャリア組（国鉄本社採用学士）の方からの礼状の一節（文字強調は宗形）

……（前略）……

すぐにも御礼を申し上げるべきところ、本を読んでから
と思ううちに時間が経ってしまい、今日になりましたこと
をお詫び申し上げます。
著作を読ませて頂いて改めて感じることは、「国鉄改革
未だ成就せず」という思いです。
私も在職中、何とかしなければと微力ながら努力したつもりではありますが、蟷螂の斧の感でした。**野宮君**とも一緒に仕事をしましたので、野宮君が亡くなったことは返す返すも残念でした。癌と聞いていますが、彼の無念を思えば、私は自殺ではないかと今でも思っています。何故なら、彼は仙台時代に家族も含めて革マルからいろいろの嫌がらせ（例えば、**鶏の生首**をアパートの玄関に投げ込むなど）があり、妻も本人もダメージを受け、かつ労政の正常化も挫折したわけですから。
……（中略）……
過日私の妻が外出の折、線路に何者かが入って捕まらないとかの理由で一時間以上も新幹線が止まるなどがありましたが、これらはJR経営者に対する脅しである可能性があります。また、**各職場に松崎チルドレンが送り込まれ、管理者や組合幹部を突き上げ、松崎本部？の意のままに現場を操るなどの他、大卒新入社員の中にも革マル分子が送り込まれている**など、時間の経過と共にますます革マル化が進んでいる感じがあります。
……（後略）……

国鉄・JR東日本キャリア組、エリートの一人であった者の自責と痛憤の弁として、非常に重い意味があると思う。

「野宮君」とは、JR発足直後、国鉄時代から〝松崎・革マル嫌い〟で有名だった松田昌士常務取締役（当時）を支えた「JR東日本〝改革三人組〟」（内田重行人事課長、夏目誠総務課長、野宮一樹勤労課長）の一人、野宮一樹氏のことである（佐藤正男・東北福祉大学教授『オーラル・ヒストリー』〈東京大学社会科学研究所・編〉）。

各職場どころか、JR革マル派「管理者」が続々誕生している怖るべき実態については、新潟地本のJR革マル派秘密組織「NCクラブ」（日本海クラブ）の例を挙げて拙著『JR東日本労政「二十年目の検証」』で詳細に記述、警告したところだ（一七四〜一七九頁）。

また、「大卒新入社員の中にも革マル分子が送り込まれている」件については、JR東日本が大卒就職希望者の人気最上位企業にランクされた当時、その可能性について、本社人事部に勤務していた数名の知人から直接話を訊き、確証を得ている。それらの「革マル分子」は、経過年数

から判断して、おそらく現在はすでに本社・支社の部・課長クラスの地位に達しており、出世の早い者ならば、有力な役員候補者であるだろうと思われる。

なお、「ＪＲ東日本」本体のみならず、日本電設その他の関連会社にも、すでに「松崎チルドレン」が少なからず浸透していることは、「ＪＲ東日本革マル問題」ウォッチャーの間では常識である。

能天気にも、〈〝ＪＲ革マル派組織の維持拡大〟を最大の使命とした「松崎明」〉の歯の浮くようなお世辞に舞い上がり、松崎と癒着、革マル派浸透の「ＪＲ総連及びＪＲ東労組」を偏重、革マル排除の旗幟を掲げた「ＪＲ連合及びその傘下労組」を軽視・敬遠する**【異常な労政】**を容認した住田正二・初代社長。

松崎・ＪＲ東労組偏重労政推進の最高責任者で、自分を信じて着いてきた革マル排除派の部下を裏切り、冷遇、松崎から一時は〝同志〟とまで呼ばれた「ヤルヤル詐欺」の松田昌士・二代社長。

保身上、「ＪＲ東日本革マル問題」に関しては、見ざる、言わざる、聞かざるの〝三猿主義〟を忠実に実践することで無事、社内の出世競争に勝ち残った人々。

このような人々は、どんな顔、そしてどんな想いで、上掲の文を読むのだろうか。

ＪＲ東日本労政の基本方針と問題点

本書の取材中に私は、警察庁から天下りしたＪＲ東日本・Ｈ監査役が、〈ＪＲ東日本が「労政変更」できない理由〉として、大駅長の某氏に次のように語ったという話を聞いた。

> ＪＲ東日本において「革マル松崎の排除」は絶対不可能である。ＪＲ東日本会社が革マル派の存在を認め、革マル勢力排除に動けば、東日本会社は国鉄改革の失敗を自認することになる。このため、「社内に革マルは存在しない」との基本見解は絶対に崩せないのだ。

だが、昔も今も、この見解は完全に間違っている。何故なら、このＨ監査役発言当時、自民党政権は一度ならず「ＪＲ総連、ＪＲ東労組へ革マル派浸透」の〝政府答弁書〟を出しており、今では、民主党政権下の鳩山前内閣のみならず菅現内閣も、自民党内閣と同一内容の〝政府答弁書〟を出しているからである。政府が認めていることを会社が認めたとて、何ら恥ずべきことではない。それを「国鉄改革の失敗」というなら、政府も同罪である。むしろ、政府が公式文書で認めていることを、正当な理由もなく会社が認めないとしたら、その方がよほど問題であり、恥ずべきことだ。

ここで、「松崎・住田・松田体制」又は「松崎・花崎体制」などと陰で言われた、松崎が東労組を完全支配し、会社に対しても陰に陽に影響力を発揮してきた過去二十年余の間に、「JR東日本革マル問題」及び「JR東日本労政」に関し、住田氏や松田氏たちJR東日本経営幹部は、時に応じてどのような言動をとってきたのかを簡単に振り返ってみよう。

◇ JR東日本会社の公式見解（国会提出）

【 JR東日本にとって最も大切なことは、安全、安定かつ効率的な輸送を通じ、その事業を維持、発展させていくことである。

昭和六十二年の会社発足以来、JR東労組は一貫して、当社発展のため、諸施策に労働組合の立場から協力してきており、当社としては、これからも同労組との協力関係を保っていく考えである。

当社は、良好な労使関係の維持、向上に努め、今後ともお客様に信頼に応えつつ、さらなる会社の発展に努力して参りたい。】

◇ 住田正二元社長の文書発言録

【 一部の評論家やJR東日本に好意を待たない人々の中には、JR東日本の労使関係は安定しているように見えるが、実情は反対で経営サイドが主力組合であるJR東労組に抑え込まれ、人事権も組合の意のままになっていると主張する。全く根も葉もない話であるが、執拗にこのような風説をまいて、JR東日本の労使関係を混乱させ、JR東日本の経営がつまずくことを狙っているように思える

― 中略 ― JR東日本の歴代トップはこの点きっちりやってきているし、また組合側から人事について注文をつけられたことは一度もなかったと断言できる】（住田正二著『官の経営　民の経営』（毎日新聞社刊））

（宗形註）「松崎明」の逆鱗に触れて左遷され、無念の退社

したことで有名な「キャリア組」（本社採用学士）の代表的人物は内田重行氏。同じく「準キャリア組」（支社採用学士、中央鉄道学園大学課程卒業者）としては、佐藤正男・東北福祉大学教授。「ノンキャリア組」（その他の一般大卒及び高卒者）では、吉田光晴氏（「ＪＲ浦和電車区事件」原告）などの諸氏がいる。

内田重行氏は、私が国鉄高崎鉄道管理局総務部長当時の総裁室秘書課総括補佐で、ＪＲ東日本の初代人事課長である。「国鉄秘書課総括」とは、将来の総裁、副総裁、常務理事につながる往時国鉄内における〝栄光のポスト〟であった。

佐藤正男・東北福祉大学教授は、ＪＲ東日本仙台支社勤労課長当時に松崎に苦言を呈したことなどから不興を買い左遷、外部出向などを経て若年退社、学問研究者への道を選択した。国鉄中央学園大学課程業務科と職員局労働課共に私の後輩で、つい先日も、新著『経営人事管理論』〈弘文堂　平成二十三年四月十五日刊〉の恵贈を賜った。

◇　松田昌士元社長の発言録

【（松崎氏と）私は今、国鉄改革を一緒にやり、かつ、ですね、いま新会社を一緒に支えているというつもりですから、その意味では気持ちとしては一緒にやっている、死なばもろともと言うか、そういう感じでいますよ】（一九八九年七月、中央労働委員会での証言）

【松崎委員長が革マルかどうかは関係ない。それがマイナスというのであれば別だが、今のところ何もない。それより何万人もの動労を一糸乱れず引っ張っていけた人間はいない。今になって（松崎を）切れという方がおかしい】（『日経ビジネス』一九九一年十二月二日号）

◇　「ＪＲ東日本労政（労務政策）」の基本

【清野人事部長が「いや、東日本は東海（会社）や西（日本会社）のような、（〝革マル排除〟なんていう）そういう短絡的な労使関係はとらない。東の場合は時間をかけて、連中が牙を出してきたら、なでなでしてあげて…」つまり管理権を切り売りしてってことですね。…切り売りをして、そして「いつの間にかその牙がなくなるように、遠大な計画でいくんだ」と。】（佐藤正男・東北福祉大学教授『オーラル・ヒストリー』〈東京大学社会科学研究所・編〉三二三頁）

◇「JR東日本労政（労務政策）」の基本の補足資料

【松はカクじゃないか、という話も出ているが、それはそうに決まっている。会社として松がカクじゃないなどと一度も言ったことはない。しかし、松は生き延びるために会社に協力する姿勢をとってきた。共産党や協会派と闘わせるにはカクマルを使うよりないというのが会社の判断だった。

この方針は間違っていなかった。西や東海のようにカクマルを切ってあばれさせるのは得策ではない。あれはバカだ。ストをやられて困っているようだが、あれは自業自得だ。東ではストをやらせない。今後もやらせない。これが東の方針だ。

松の最近のやり方には少々頭に来ているようだが、おとなしくさせておくにはこの方法よりない。少々高いアメをしゃぶらせても結局はその方が安上がりだ。これが東の労務方針だ。

松はせいぜい二～三年だ。年齢はごまかせない。松が辞めればカクもたいしたことはない。島田（ママ）〈宗形註〉嶋田邦彦氏のこと〉なら取り込める。その時は会社が前に出る。勝負するということだ。菅家を辞めさせるような動きもあるが、アレは旧鉄労の闘士だから辞めさせると旧動労の片肺飛行になってまずい。その時まで守っていく必要がある。……

この方針はトップも承知していることだ。柴田監査役も承知している。】（『財界展望』一九九三年八月号）

「JR東日本革マル問題」の現状

異形の労働組合指導者「松崎明」死去後の今も、「JR東日本革マル問題」は不変、依然〝未解決〟のまま残されている。これは、同時に、労使関係の側面から見ての「国鉄改革は〝未完〟」を意味している。

「松崎チルドレン」が牛耳り、自民・民主両政権共通見解、同一内容の「政府答弁書」を〝デマ〟、〝デッチアゲ〟と強弁して絶対に認めないJR東労組の現状は、国民に多大の犠牲を強いた「国鉄改革」の「精神」に明らかに違反し、国民の期待を大きく裏切るものである。

敢えて言うが、現行JR東労組において枢要なポストに就いている役員は、①「松崎組」（JR革マル派）役員、②先に鉄労系の菅家書記長の事例〈『アクセスジャーナル』（2010．11．30）掲載記事〉で説明した外部向けの

「お飾り」役員（革マル戦略と最高機密にタッチ不能者）、③「二股」役員（革マルに恥部を握られて動きのとれない者か、〝損か得か〟だけで動く「日和見主義」者）だ。

そして、「松崎組」役員の意のままに動かされ、自民党政府、民主党政府が共に閣議決定し、国会に提出した「答弁書」で公式に認めた「ＪＲ東労組の内部、特に役員の中に革マル派が深く浸透している…」趣旨の今や〝国民周知の事実〟に対して、自由な発言が完全に封じられているＪＲ東労組が、「普通の労働組合」であるはずがない。

「松崎明」が異様な労働組合指導者であったと同様に、現行ＪＲ東労組もまた「異様な労働組合」である。

本書の最後にあたり、心あるＪＲ東日本経営幹部の方々に切に訴えたい。

私は既刊書の中で、松崎に対し、「既に老害」「晩節を汚さず、直ちに引退すべきだ」と忠告した（彼はその忠告を無視したが）こととのバランスで、ＪＲ東日本経営幹部の方々に対しては、早急な〝「政府答弁書」への見解の明確化〟を勧めたいと思う。「答弁書」の政府見解を、〝正しい〟と考えるのか、それとも〝間違っている〟と考えるのか。「同意」か「不同意」か、そのどちらであるにせよ、早急に「政府答弁書」に対する「ＪＲ東日本会社としての姿勢」を明確にすべきである。

「ＪＲ東日本革マル問題」の解決に向けて、ＪＲ東日本の先ずはそれが「第一歩」だ。すべてはそこから始まるのである。

そして、かつて「国鉄の岩盤」と呼ばれた国鉄の現場管理者、その後身とも言うべき人々の組合組織であるＪＲ東労組「かんり部会」の諸兄及び大多数の「松崎組（ＪＲ革マル派）」とは無関係な同労組・一般組合員の諸君にも訴えたいことがある。

「ＪＲ東日本革マル問題」に関して、また、「政府答弁書」に関して、組合内部に「言論の自由」がありますか⁉

あれば結構。もしなければ、それは何故なのか、自分の頭で考えて欲しい。その際の参考として事実に基づく若干の情報を提供しておく。

＊　松崎は組合を私物化し、組合費を自分のために不正使用していた。そのため組合費流通過程の要所要所に「組合（＝松崎）採用の女性書記」を主体とした腹心の部下（松崎チルドレン）を配置し、不正事実情報が外部

に漏れないようにした。

＊　ＪＲ東労組の組合費は、年十四ヵ月、これは一般他労組や「ＪＲ連合」傘下労組の十二ヵ月より、二ヵ月分高い。

＊　ＪＲの最大産別組織は、もう数年前から「ＪＲ総連」ではなく、「ＪＲ連合」だ。
「ＪＲ連合」の組合員数は、七万八千名（対前年比二千名増）。「ＪＲ総連」の組合員数は、六万九千名（対前年比一千名減）〈厚生労働省「平成二十二年労働組合基礎調査結果」〉

＊　「ＪＲ連合」の本部構成人員は「ＪＲ総連」のそれより遙かに少ない人数で、質素に運営されている。「書記採用者」は、一人もいない。
他方、「ＪＲ総連」は、多数の「組合（＝松崎）採用書記」や、「浦和電車区事件」の被告らを本部役員として抱え、「ＪＲ浦和電車区事件」裁判、「週刊現代」裁判等、敗訴続きの多数の裁判に革マル系弁護士を起用し、多額の裁判費用を費消しているが、その明細は一般組合員の前に必ずしも明らかでなく、著しく透明性を欠いている。

どうか、現在進行形の「ＪＲ東労組の内部、特に役員の中に革マル派が深く浸透している…」趣旨の政府見解の〝汚名〟をすすぐため、又、ＪＲ東日本の名誉と健全な発展のために、〈東労組組合員であり、ＪＲ東日本社員である〉自分はどうすべきなのか、真剣に考え抜き、周囲の人々と話し合い、一緒に正しく行動して欲しい。

最後に、「松崎チルドレン」の諸君にも一言。
一介の年金生活者、年老いた国鉄ＯＢである私に、ここまで言われ、書かれ、「頭に来た！」「この野郎、許せねー！」とどうにも腹の虫が治まらぬ方々は、遠慮はご無用。当方は、法廷の場でも、公開討論の場でも、どこにでも出て行く用意がある。
諸君のボス（「キャップ」？）、異形の労働組合指導者「松崎明」は、かつて組合大会において、来賓のＪＲ東日本幹部と多数の組合代議員及び傍聴者を前に、「社長に言っておけ!!」と大喝し、新旧役員慰労会の場では、多数の組合役員を前に、「松田（会長）出てこい！」「大塚（社長）出てこい！」「俺に文句があるあるなら堂々と来い！」「かかって来いよ‼」と啖呵を切って大物ぶった。

私は、生来小物の上、〝下品で乱暴な言葉〟は使い慣れないから、「松崎チルドレンの皆さーん、三波春夫でもあるまいし〈おーい、ムナカタさん……〉（『われらのセンター』第二十一号）なんて、遠くの方で弱々しい声で呼んでないで、前に出ていらっしゃい！」「私に文句があるなら、どうぞ、真正面からかかっていらっしゃい！」と丁寧に申し上げておく。

〈二〇一一年四月二十四日、墓参後「故・内田重行さんの遺志を受け継ぐ会」に出席帰宅して〉

※〔巻末付録〕「ＪＲ東日本革マル問題」関係年表

＊一九五七年〈昭和三十二〉日本トロッキスト連盟結成（一月）国鉄新潟闘争（七月）『探求』創刊　国鉄職員二年目の松崎明（二十一歳）
　この頃黒田寛一との接触始まる

＊一九五九年　革共同第一次分裂（七月）松崎、革命的マルクス主義者グループ（ＲＭＧ）で活動「木曜会」（国鉄読書会）を組織し、新聞『ケルン』を創刊（十二月）

＊一九六一年　松崎、動労青年部を創設し初代青年部長に就任（八月）

＊一九六三年〈昭和三十八〉三月十九日、春闘共闘委主催の全国青年労働者中央総決起集会（明治公園）で、動労一〇〇〇人余りと革労協五〇〇人が、会場内で牛乳瓶や空き缶を投げ合い、旗竿で殴り合うなどの「内ゲバ」を展開〈警察庁発行『焦点』〉
一九六三年四月、革命的共産主義者同盟分裂（第三次）により松崎（二十七歳）、革マル派副議長に就任　動労青年部長を退任　尾久支部委員長に就任　尾久・田端統廃合反対第二波闘争（十二月十三日）で逮捕され、国鉄を解雇　以降組合専従

＊一九六九年〈昭和四十四〉四月、大江志農夫（第六代動労本部青年部長）が中核派の襲撃により重傷（於日比谷・野外音楽堂）：動労内ゲバ被害者第一号

＊一九七〇年〈昭和四十五〉六月、松崎明が、日比谷野外音楽堂における革マル派全学連集会において、「どうしても演説してくれと言われて駆けつけた…」と連帯の挨拶

＊一九七四年〈昭和四十九〉一月五日、革マル派九州地方委員会議長・吉川文夫（元国労関西本部書記）が中核派の襲撃により「実質上虐殺」〈その後の奮闘により奇跡的に生還〉（『黒田寛一のレーベンと為事』p. 三七〇）

一九七四年十月、中核派が内ゲバで、関西革マル派議長・大阪総評幹部松井章から奪取した「革マル派国鉄委員会」議事録から、「松崎明」が、同会議の正規メンバーとして出席、〈革マル派としてのフラクをどうつくるか〉を討議していたことが判明

一九七四年二月十四日、狭山闘争集会で中核派と動労が「内ゲバ」戦〈立花隆『中核ＶＳ革マル』巻末年表〉

＊一九七七年四月〜六月、国鉄東京北局「黒磯駅現地対策班」派遣＝「国鉄黒磯駅事件」
〈坂入充（ＰＮ「南雲巴」が裏の指揮者として現地指導）〉

＊一九七八年五月、浦和市で開催された動労東京地本主催の集会で演説した松崎明（委員長）は、【動労、国労とは違って、全逓が「マル生」に敗北した、その理由は、「内ゲバ」をよそおった「権力の謀略」によって、「多くの全逓の若き活動家」が「殺されてきたこと」にある】と述べた（竹田誠著『国鉄スト権奪還ストライキ（一九七五）』）。
〈これら松崎の言動は、松崎自身によってスピーチされたものであり、筆者（※竹田）は、その集会に出席していた。…〉↔同年、七月、動労津山大会で「貨物安定輸送宣言」

＊一九八〇年〈昭和五十五〉九月二十二日、小谷昌幸・動労本部教宣部長が革労協狭間派の襲撃を受け重傷

＊一九八四年十一月九日、『注目‼「鬼の動労」の緊急提言』（国鉄動力車労働組合・動労と連帯する会編〈市民出版社刊〉）↔「私たち動労は、国鉄の〝分割・民営化〟については断固として反対であります」↔〈出版当日の一八〇度変身（加藤寛回顧談）〉

＊一九八五年〈昭和六十〉十一月十一日、高橋由美子・動労本部書記が夫（全日通労組員）と共に中核派の襲撃を受け重傷

＊一九八六年〈昭和六十一〉四月、国労から約三〇〇名の者（国労革マル派）が脱退、「真国鉄労働組合」（真国労）を結成

一九八六年七月、鉄労京都大会で、松崎・動労委員長が

来賓挨拶で謝罪＝「松崎・コペ転」
一九八六年七月、動労が総評から脱退
一九八六年九月一日、真国労大阪地本前田正明宅を中核派が襲撃、本人死亡、妻重傷
佐藤　司・真国労東京地本委員長（重傷）
岡野恒雄・真国労大阪地本委員長（重傷）
沖千祐夫・真国労大阪地本執行委員（重傷）
〈氏名略〉動労大阪地本交渉部長の妻（重傷）
〈氏名略〉動労大阪地本組合員の妻（重傷）
＊一九八七年〈昭和六十二〉二月二十三日、佐藤政雄・動労本部副委員長が、中核派の襲撃で重傷
一九八七年三月、宇都宮地裁は「国鉄黒磯駅事件」に対し、「国鉄勝訴」の判決。その後、平成元年四月東京高裁においても「国鉄勝訴」。原告側の上告放棄により確定
一九八七年〈昭和六十二〉四月一日、国鉄分割・民営化実施：新生ＪＲ七社発足

一九八七年五月十八日、細田　智・東鉄労拝島支部副委員長が中核派の襲撃により重傷
一九八七年八月二十九日、嶋田　誠・東鉄労津田沼支部副委員長が中核派の襲撃により重傷
一九八七年十月三十日、荒川一夫・東鉄労田端支部員が革労協の襲撃により重傷後死亡
＊一九八八年三月三日、松下　勝・東鉄労高崎地本委員長が中核派の襲撃により死亡
＊一九八九年二月八日、加瀬勝弘・東鉄労水戸地本組織部長が中核派の襲撃により死亡
一九八九年十二月二日、田中豊徳・ＪＲ総連総務部長が革労協狭間派の襲撃により死亡
＊一九九一年五月一日、湯原正宣・ＪＲ東労組水戸地本組織部長重傷後死亡（革労協狭間派）
＊一九九二年三月一日、革マル派は、春闘勝利労働者総決起集会（目黒橋公会堂）で、労働組合運動に関し、「賃プロ魂注入主義」「資本との対決主義」を打ち出し、

〝ダラ幹〟産別幹部等に対する責任追及開始➡「3.1提起」＝「松崎・ＪＲ労働運動路線」批判行動

一九九二年三月五日、大阪で沖縄教労の高橋利雄変死体で発見（「沖縄革マル派問題」関連）、革マル派はこれを契機に結党以来最大規模の党内闘争に入り、組織瓦解的危機に陥った〈※ 中核派機関紙『前進』史観〉

一九九二年〈平成四〉五月、「ＪＲ連合」誕生（「ＪＲ総連」からの脱退労組と「鉄産総連」）

一九九二年五月二十四日、革共同結成三十五周年政治集会（豊島公会堂）の場で、鈴木啓一（森茂）、根本仁、宮城啓、池上洋司が、強要され、「組織に忠誠を誓う」旨を発言

＊一九九三年五月七日、黒田、「反スタ魂の抜けた賃プロ魂注入主義」と批判、ＤＩ（全逓労働者土井）一派の粛正開始＝黒田、「松崎・ＪＲ労働運動路線」支持へ転向

一九九三年八月十九日、党中央は、トラジャの上野孝、浅野孝を沖縄に派遣➡〈ミイラ取りがミイラに〉

一九九三年八月二十七日、黒田がトラジャの上野孝と電話で話し合うが、上野は不同意

一九九三年八月二十七日、中村辰夫・ＪＲ貨物労組役員死亡・妻重傷（革労協狭間派の襲撃）

一九九三年九月十五日、松崎が側近のマング木瀬慶子を介してトラジャの浅野孝に一千万円

一九九三年九月三十日、浅野が一千万円の宛先を問い、松崎「今はあの連中に出す気がしないからお前たちで使え」

一九九三年十一月八日、「黒田辞任」を要求する文書（第一レター）が解放社に届く

一九九三年十一月末、「トラジャ会議」⇕党中央が、ＪＲ東労組と沖縄革マル派との交流を妨害したことへ

の抗議として、森将美、四茂野修、田岡耕司の意見で、「東労組本部としてボーナスカンパを凍結する」と決定。　浅野孝は「松崎と相談済み」と誤信して賛成

一九九三年十二月八～九日、「セイロン会議」⇕上野孝らが第二戦線づくりの方針を決定、分裂行動を開始。①仲原擁護（紅子論文の否定）、第二戦線以降の事象は「党中央＝第二エイズ」、③反常任、反黒田、反革マル派、④以上を前提に党内フラクを作る、⑤会費をストップさせる。

一九九三年十二月十一日、ＪＲ東労組本部とＪＲ東京地本が年末カンパを凍結

一九九三年十二月十二日、ＪＲ東労組新潟地本と高崎地本が年末カンパを凍結

＊一九九四年一月十五日、田岡耕司が沖縄を訪れ、松崎の通告（①労働運動に専念せよ、②党内問題は党内で論議せよ、③党中央に従って活動せよ）を伝達

一九九四年一月二十七～二十八日、「拡大トラジャ会議」⇕トラジャ、党中央の双方が出席

一九九四年一月二十九日日、「ダージリン会議」⇕党中央批判の論議

トラジャ遠山雄一郎・福原福太郎・奈良剛吉、田岡、王（ＰＮ）、一石祐三、坂本昇一、北見（ＰＮ）、不動（ＰＮ）、梁次邦夫らが出席

「宮城は死んでいる。手紙はエイズが書いたもの」（上野）、「仲原を追い詰めた方が悪い」などと党中央を批判

一九九四年二月二十一日、党中央は、「黒田からの提起」として、〈①沖縄問題は棚上げにする、②常任、トラジャの権利停止を解除し、トラジャはＷＯＢ常任会議に出席する、③事態を打開できなかった責任を取り、議長を辞任する〉、の三項目を上野に伝えた。

一九九四年四月八～九日、「トラジャ会議」「セイロン会議」⇕カンパ上納中止を決定。中央への総攻撃開始。〝仲原擁護〟〝産別自決〟〝第二戦線的競争組織結成〟

〝中央カンパ拒否〟を掲げて、他産別フラクションメンバーへのオルグ活動を開始

一九九四年五月十八日、黒田が大江（支農夫……加藤、遠山、一石らの育成者）に電話
「松崎さんの意見では、『中央とちゃんと議論せよ、機関紙・カンパを戻せ』となっている筈。マングの要請を受けて、新しい人が常任になった。彼らを指導して欲しい。私を楽に死なせて欲しい」。大江は、「私は腰の骨が折れている」

一九九四年五月二十日、黒田が淺野に電話。淺野は、「やる気が出ないですね。腰砕けになって立ち上がれない」

一九九四年五月二十二日、革共同政治集会開催（日比谷公会堂）：マングローブは欠席

※一九九四年五月二十六日、黒田は、「トラジャ同志へ」と題した文書（γ文書）で、議長を辞任することを表明

＊一九九五年五月二十八日、ＪＲ会で松崎が講演「機関紙を取れ、会費を納めよ」

※一九九五年十一月一日、松崎が再度、残存トラジャの大久保と小西へ通告。「機関紙を取れ、会費を納めよ、これを無条件で」

一九九五年十一月十七〜十八日、大久保孟、小西富士雄が党中央との議論の場に就く

一九九五年一石祐三・ＪＲ東労組本部情宣部長が中核派の襲撃で重傷（以降〝襲撃〟無し）

＊一九九六年〈平成八〉八月、警視庁公安部は都内足立区の革マル派「綾瀬アジト」を摘発

一九九六年五月、革マル派第十九回大会。自己批判したトラジャがオブザーバー参加し、「マングローブ組織再創造」を訴え。

一九九六年六月、革マル派第二十回大会。

※一九九六年十月十三日、革マル派「ハンガリー革命四十周年政治集会」で黒田議長辞任

＊一九九七年二月二十八日、「日本青年会館」（都内新宿区）で開催された「鉄道会拡大幹事会」（ＪＲ内革マル派幹部会議）を革マル派非合法部隊が〝侵入・盗聴〟する事件発生

＊一九九八年一月、警視庁公安部が都内練馬区の革マル派「豊玉」アジトを摘発

一九九八年六月、ＪＲ東労組の定期大会及び傘下十一地本定期大会で、「松崎組」（ＪＲ革マル派）が、主要役員ポストをほぼ独占し、「ＪＲ東労組完全支配」が最終段階を迎えたことを内外に印象づけた。

＊一九九九年〈平成十一〉一月、公安調査庁【内外情勢の回顧と展望】で、「ＪＲ東労組への革マル派の浸透が一段と進んでいる……」と固有労組名を初めて明示し、警鐘を鳴らす

一九九九年五月、ＪＲ総連・東労組内部に「ＪＲ労働運動研究会」（ＪＲ労研）結成〈※「ＪＲ労研・中央幹事会」代表＝船戸秀世、同事務局長＝坂入充〉

一九九九年六月、ＪＲ労研が、『ＪＲ労働者の実践』創刊号を発行

一九九九年七月、警視庁公安部が革マル派非合法活動家を逮捕（ＪＲ西労組委員長宅侵入）

一九九九年十一月、警視庁公安部が、ＮＴＴとＮＴＴドコモ社員二名を逮捕（元動労所属）

＊二〇〇〇年一月、革マル派がＪＲ東労組東京地本の旗開き会場に押しかけ周辺にビラ配布

二〇〇〇年五月、革マル派は、朝倉文夫『反戦・平和への闘い　～マルクス主義への道～』（全国マルクス主義研究会）を刊行。同書の巻頭には、「ハンガリー革命四十周年の地平」と題して、朝倉の「ハンガリー革命四十周年記念集会」における松崎賛美講演録を掲載

二〇〇〇年十月五日、ＪＲ総連傘下「九州労」から、六五二名の組合員が一斉脱退、その数日後に八十六名が更に脱退

二〇〇〇年十月七日、ＪＲ東労組が声明文、「九州労からの大量脱退＝ＪＲ総連破壊を怒りを持って弾劾する！」を発表

二〇〇〇年十月九日、浅野・小西・神保のトラジャ「三人組」が、九州労事務所に乱入

二〇〇〇年十一月三日、革マル派が、ＪＲ総連・東労組ＯＢの坂入充（「南雲巴」）を拉致

二〇〇〇年十一月七日、参議院交通・情報通信委員会で、山下八洲夫議員（民主党）と金重警察庁警備局長との間で、「ＪＲ東日本革マル問題」に関して質疑応答

二〇〇〇年十二月一日、革マル派全国委員会編著『日本労働運動に炎を』（解放社）刊行

二〇〇〇年十二月三日、革マル派が都内「なかのゼロホール」で開催した革共同政治集会に、浅野・小西・神保のトラジャ「三人組」が登壇・演説

＊二〇〇一年三月二日、衆議院予算委員会において、西村慎吾議員（自由党）と漆間警察庁警備局長との間で、「ＪＲ東日本革マル問題」に関する質疑応答

二〇〇一年四月、党中央が前原茂雄編著『連合型労働運動に抗して』（解放社）刊行

二〇〇一年四月九日、田中警察庁長官が、全国警備関係課長会議の席上で、「革マル派が党派性を隠してＪＲをはじめとする基幹産業に潜入している」と警告的指摘

二〇〇一年五月二十五日、衆議院国土交通委員会において、西村慎吾議員（自由党）と漆間警察庁警備局長との間で、「ＪＲ東日本革マル問題」に関する質疑応答

二〇〇一年六月七日、衆議院国土交通委員会において、

山下八洲夫議員（民主党）と漆間警察庁警備局長との間で、「ＪＲ東日本革マル問題」に関する質疑応答

二〇〇一年六月十五日、「ＪＲ会社法改正法案」が参議院本会議において可決、成立

二〇〇一年八月三日付ＪＲ九州労「組織部報」（第二六五号）は、「小西富士雄が坂入充を伴い九州一円の組合員宅を訪問している」として、「革マル派による介入の粉砕」を訴え

二〇〇一年十月、革マル派が、マルクスの没日に合わせ、ハンガリー革命四十五周年記念出版図書：唐木照江・岩倉勝興・岡本夏子共著『黒田寛一のレーベンと為事』（あかね図書販売）刊行：〈特徴：松崎への敬意と国鉄・ＪＲ内ゲバ犠牲者の特別扱い〉

二〇〇一年十二月一日、「ＪＲ会社法改正法」施行により、ＪＲ本州三社は完全な民間会社

二〇〇一年十二月、松崎明著『鬼の咆哮』（毎日新聞社）刊行

＊二〇〇二年一月～、「サンデー毎日」が松崎明『鬼の回顧録』を集中連載

二〇〇二年四月十三日、「坂入充」がほぼ一年半ぶりに帰宅

二〇〇二年四月三十日、東京地裁が「ＮＴＴ顧客情報流出事件」の被告二名に対し、〝有罪〟の判決。被告側は控訴せず、同事件は一審で確定

二〇〇二年十一月一日、警視庁公安部が、ＪＲ東労組大宮地本梁次邦夫副委員長ら七名を逮捕（「ＪＲ浦和電車区事件」）

＊二〇〇三年〈平成十五〉二月七日、山下八洲夫参議院議員（民主党）が「ＪＲ東労組の役員逮捕、家宅捜索及びＪＲ東労組への革マル派浸透に関する質問主意書」を国会に提出

二〇〇三年三月十八日、政府は、閣議の後、山下八洲夫参議院議員宛て、内閣総理大臣小泉純一郎名の政府「答弁書」によって、〈左翼過激派「革マル派」が、ＪＲ総連及びＪＲ東労組に深く浸透している〉との認識を明らかにした。

二〇〇三年十一月、四茂野　修『「帝国」に立ち向かう』〈『松崎明　秘録』の露払い本〉

＊二〇〇四年五月、党中央が玉川信明編著『内ゲバにみる警備公安警察の犯罪（上下）』刊行

＊二〇〇五年六月谷川　忍（福原福太郎）著『小説　労働組合』

二〇〇五年十二月十六日、ＪＲ総連に与した民主党枝野幸男議員らが「ヒアリング」に藉口し、警視庁公安部捜査に〝圧力〟〈第二議員会館第三会議室：枝野幸男、山岡賢次、金田誠一、三谷光男、田名部匡代、平岡秀夫、梁瀬進、谷博之の各議員が出席〉

二〇〇五年十二月二十六日、ＪＲ総連・東労組提訴の浦和電車区事件関連「週刊新潮掲載記事」事件で東京地裁は「週刊新潮」社側勝訴の判決を下した〈二〇〇三年二月二十日発売号で、「革マル派幹部の釈放要望書に署名した五人の国会議員」記事を掲載：今野東・生方幸夫・佐々木秀典・楢崎欣也・谷博之各議員〉

＊二〇〇六年五月十八日、東京高裁は、週刊新潮「革マル派幹部の釈放要望書に署名した五人の国会議員」記事掲載事件で、一審と同様〝新潮社側勝訴〟の判決。同裁判は、この高裁判決をもって〝確定〟となった。

※二〇〇六年六月二十六日、黒田寛一死亡

＊『週刊現代』が二〇〇六年七月二十九日号で、ＪＲ東日本と革マル派の関係を追及した異例の長期連載（二十四回）をスタート〈西岡研介記者執筆〉

＊二〇〇七年二月二十一日、衆議院国土交通委員会において、冬柴鉄三国土交通大臣に対し、伴野豊議員（民主

党）が、警察庁警備局長答弁の「革マルがＪＲ総連・東労組に浸透しているという認識」について確認し、冬柴国交大臣は、「政府も同一認識である」旨回答

二〇〇七年七月十七日、東京地裁「浦和電車区事件」判決（被告七名全員有罪）↓〈ＪＲ東日本は、八月三十日付で、該当員社員六名を懲戒解雇処分に付した〉

＊二〇〇八年四月、松崎明著『松崎明　秘録』（同時代社）刊行

＊二〇〇九年一月二十六日、東京地裁・「松崎明」証言

二〇〇九年三月三日、「梁次邦夫原告裁判」で、被告側証人として、本間雄治・宗形明・西岡研介が証言

二〇〇九年六月五日、東京高裁「浦和電車区事件」判決〈被告側の控訴棄却〉

＊二〇〇九年七月十七日、「松崎明」原告・最終準備書面

＊二〇一〇年四月二十七日、佐藤勉議員（自民党）が、「革マル派によるＪＲ総連及びＪＲ東労組への浸透に関する質問主意書」を提出

二〇一〇年五月十一日、民主党鳩山内閣は、佐藤勉議員「質問主意書」に対し、「（政府は、）ＪＲ総連及びＪＲ東労組内には、影響力を行使し得る立場に革マル派活動家が相当浸透していると認識している」などとする答弁書を閣議決定

二〇一〇年五月二十三日、「九州動労同窓会」（博多第三偕成ビル会議室）で、富岡郁男（元動労全国乗務員会会長）が、松崎の前座講演の中で「九州労偽装大量脱退事件」は、ＪＲ総連と九州老幹部が共同謀議したものであったことを明かした↕〈生前最後の松崎講演〉

二〇一〇年六月三十日、「ＪＲ革マル派リスト裁判」に関し原告側準備書面（原告第十二回）

二〇一〇年七月十一日、第二十二回参議院議員通常選挙、田城郁・ＪＲ東労組中央本部政策調査部長が、民主

党公認で比例代表区から出馬し当選➡〈ＪＲ革マル派国会議員初誕生〉

二〇一〇年八月三日、衆議院予算委員会で、平沢勝栄議員（自民党）が、パネル表示した〈五・一一「鳩山政権答弁書」と梁次・枝野選挙協定「覚書」〉を掲げて、中井洽国家公安委員長と菅首相に質問

二〇一〇年十月一日、佐藤勉議員（自民党）が、「革マル派によるＪＲ総連及びＪＲ東労組への浸透に関する質問主意書」（第二次）を提出

二〇一〇年十月十二日、民主党菅内閣は、佐藤勉議員「質問主意書」（第二次）に対し、菅直人内閣総理大臣名「答弁書」を閣議決定

二〇一〇年十一月八日、平沢勝栄議員（自民党）は、同党佐藤勉議員の第二次「革マル派によるＪＲ総連及びＪＲ東労組への浸透に関する質問主意書」とそれに対する「政府答弁書」に関しても、衆議院予算委員会の場で再度同問題を採り上げ、政府の見解を質すと共に、国民への説明や調査など適切な対処方を求めた

※二〇一〇年十二月九日、「松崎明」死去

＊二〇一一年二月一日、衆議院予算委員会で柴山昌彦議員（自民党）が「ＪＲ総連・ＪＲ東労組への革マル派浸透問題」について質問〈枝野官房長官関連〉

二〇一一年二月八日、衆議院予算委員会で棚橋泰文議員（自民党）が「ＪＲ総連からの政治献金問題」について質問

二〇一一年二月十日、衆議院予算委員会で平沢勝栄議員（自民党）が「ＪＲ総連・ＪＲ東労組への革マル派浸透問題」などについて質問〈『週刊文春』二〇一一年二月九日発売号：枝野官房長官「警視庁公安部捜査に〝圧力〟をかけた」記事関連〉↕『週刊文春』記事関連の「ヒアリング出席警察官僚等六名」の参考人招致を要請

二〇一一年二月二十一日、衆議院予算委員会で平沢勝栄議員（自民党）が質問に立ち、JR総連からの献金問題や浦和電車区事件、田城郁参議院議員の問題など、多岐に亘って、政府の見解を問い質した

二〇一一年三月一日、最高裁は「週刊現代・東京都損害賠償請求訴訟」（原告・四茂野修JR総連特別執行委員）で、原告の上告棄却〈同裁判は、一審（08．1．19東京地裁）、二審（09．8．26東京高裁）共に被告・西岡研介氏、同・東京都側勝訴〉

二〇一一年三月三日、「松崎明・偲ぶ会」（東京都港区・グランドプリンスホテル新高輪）

〈著者略歴〉

宗形　明（むなかた　あきら）

昭和９年、東京都生まれ。国鉄中央鉄道学園大学過程（業務科）卒業後、国鉄大学委託研究員（一橋大学「藻利重隆」研究室）として「労務管理」を学ぶ。国鉄東京北鉄道管理局労働課長、新幹線総局労働課長、職員局主幹、高崎鉄道管理局総務部長、国鉄清算事業団労務課長、同新潟支社長。現在中小企業診断士・社会保険労務士。著書に『もう一つの「未完の国鉄改革」』（平成14年６月、月曜評論社発行）、『続　もう一つの「未完の国鉄改革」』（平成17年１月、高木書房）、『ＪＲ東日本労政「二十年目の検証」』（平成17年６月、高木書房）、『「国鉄改革」の完成に向けて』（平成18年３月、高木書房）、『「JR 総連・東労組」崩壊の兆し⁉』（平成19年10月、高木書房）『異形の労働組合指導者「松崎明」の誤算と蹉跌』（平成21年４月、高木書房）など。

異形の労働組合指導者
「松崎明」の〝死〟とその後
〜「ＪＲ東日本革マル問題」の現状〜

平成二十三年七月十七日　第一刷発行

著　者　宗形　明
発行者　斎藤信二
発行所　株式会社　高木書房
東京都北区田端新町　一―二一―一―四〇二
〒一一四―〇〇一二
電　話　〇三―五八五五―一二八〇
ＦＡＸ　〇三―五八五五―一二八一
印刷・製本　日本ハイコム株式会社

乱丁・落丁は、ご面倒ですが、小社宛お送り下さい。送料は小社負担にてお取換えいたします。定価はカバーに表示してあります。

ISBN978-4-88471-507-6

元国鉄労働課長が明かす

「国鉄改革の裏側～日本の大動脈から革マルは一掃されたか～」シリーズ

第1弾【もう一つの「未完の国鉄改革」】（平成14年6月刊）

第2弾【続もう一つの「未完の国鉄改革」】（平成17年1月刊）

第3弾【JR東日本労政「二十年目の検証」】（平成17年6月刊）

第4弾【「国鉄改革」の完成に向けて】（平成18年3月刊）

第5弾【「JR総連・東労組」崩壊の兆し⁉】（平成19年10月刊）

第6弾【異形の労働組合指導者「松崎明」の誤算と蹉跌】（平成21年4月刊）

高木書房